U0749937

英语的共同体——

英国民族认同建构中的语言因素

侯明华 著

·杭州·

图书在版编目(CIP)数据

英语的共同体:英国民族认同建构中的语言因素 / 侯明华著. —杭州:浙江工商大学出版社,2021.10

ISBN 978-7-5178-4511-9

Ⅰ. ①英… Ⅱ. ①侯… Ⅲ. ①英语—社会语言学—研究 ②民族主义—研究—英国 Ⅳ. ①H31-05 ②D095.61

中国版本图书馆 CIP 数据核字(2021)第104335号

英语的共同体——英国民族认同建构中的语言因素

YINGYU DE GONGTONGTI——YINGGUO MINZU RENTONG JIANGOU ZHONG DE YUYAN YINSU

侯明华 著

责任编辑 张莉娅
责任校对 李远东
封面设计 红羽文化
责任印制 包建辉
出版发行 浙江工商大学出版社
(杭州市教工路198号 邮政编码310012)
(E-mail:zjgsupress@163.com)
(网址:http://www.zjgsupress.com)
电话:0571-88904980,88831806(传真)
排　　版 杭州朝曦图文设计有限公司
印　　刷 杭州宏雅印刷有限公司
开　　本 710mm×1000mm 1/16
印　　张 13.25
字　　数 204千
版 印 次 2021年10月第1版 2021年10月第1次印刷
书　　号 ISBN 978-7-5178-4511-9
定　　价 56.00元

前　言

在世界近代史上，英国率先实现了政治、经济和文化的转型，在世界范围内起到了引领作用。在英国近代化转型的过程中，中央集权化的英国民族国家的形成是一个十分重要的因素。因此，英国民族身份认同是国内外学界一直关注的问题。近年来英国民族身份认同因为牵涉现实政治因素，更是引发了学界的激烈争论：近代英国民族认同是何时形成的？导致其形成的因素有哪些？要回答这些问题，必须回到历史的脉络中去具体考察。近年来国内外学者对于英国民族国家问题的研究多从政治、战争、宗教的角度展开，很少论及语言在英国民族认同形成过程中的作用。本书试图从语言的角度对英国民族认同的建构过程进行论述，希望能对英国民族认同研究有所促进。

本尼迪克特·安德森在《想象的共同体》一书中，创建性地提出了民族作为"想象的政治共同体"的著名概念。彼得·伯克借鉴了安德森的这一概念，指出语言不仅表达了共同体的凝聚意识，也是建构或重构共同体的手段。本书在安德森和伯克的论点的基础上，基于对英国民族建构的国别考察，具体分析和论述语言因素在英国民族认同形成过程中所起的作用。

首先，英国民族观念的起源与英语语言的发展紧密相关。早期英格兰的统治者和文化精英认识到语言对于国内族群融合的重要意义，倡导和推广古英语的使用。9世纪时，阿尔弗雷德国王就大力倡导英语的教学和普及，鼓励用英语创作文学作品，并用英语编撰史书和法典。"英国历史之父"比德在他的《英吉利教会史》中首次提出"英吉利人"这一名称，将所有英格兰人视为一个宗教共同体。他强调指出本族语在维系英吉利共同体上的重要作用，鼓励修士用英语传教。英语因此成为统治者和文化精英整合英格兰统一国家的工具。这一时期(9—10世纪)是英国民族意识的萌发时期。

1066年的诺曼征服事件打断了英国民族建构的进程,为英国民族身份认同增添了不确定因素。社会阶级结构的巨变导致英语的地位和功能发生变化,语言地位的变化又进一步建构人们的心理意识,对社会集体认同产生了影响。说法语的统治阶级认同法国文化,他们不关心广大民众所用的语言,也没有意愿通过语言整合民众,建构民族认同。同样,说英语的广大民众也无法对诺曼统治阶级形成认同。在这种情况下,英语也无法发挥建构共同体的作用,英国民族认同建构进入曲折和调整时期。

13世纪初,英国与欧洲大陆关系的变化为民族认同的建构提供了有利条件。诺曼征服后英国统治者兼领英法两国领地,为以后英国与大陆的冲突埋下了伏笔。1204年,英国失去了诺曼底及其他法国领地,这使得联系英国与欧洲大陆的纽带不复存在。英国的盎格鲁-诺曼贵族被迫做出选择:是继续效忠英国国王还是转向法国国王?他们中的绝大多数选择效忠英王,保留他们的英国领地。领地和利益的变化导致他们的身份认同发生变化。盎格鲁-诺曼贵族开始认同他们的英格兰身份,将英格兰事务作为他们的首要关注点。与此同时,英语逐渐成为贵族阶层的母语,地位有所上升。法语则逐步成为英国贵族需要学习的外语,会法语成为身份和等级的标志。

英语真正得到统治阶级和民众的一致认同是在英法百年战争期间。14世纪中期前后英国与欧洲大陆之间发生了一系列的冲突和敌对,最终发展成英法百年战争(1337—1453)。在这场旷日持久的战争中,英国统治者如何动员民众共同反法?诉求于民族通用语言就成了凝聚民族力量和激发民族意识的重要手段。统治阶层和民众开始重新审视自己使用的语言,法语成为"敌人"和"他者"的语言而在使用上受到抑制,英语作为维持统治阶层和民众内部认同的纽带日益受到重视,得到了广泛使用。13世纪末,英格兰统治者多次在议会发表言论,将法国入侵与英语的灭亡联系在一起,以争取全国各阶层的支持。这说明此时英语已经成为英国民族身份的重要标志,它与民族性之间的联系深入人心。

在中世纪晚期,英国统治阶层和文化精英在英国民族认同的建构中发挥了领导作用。统治阶层通过语言政策逐步将英语提升为官方语言,鼓励共同体内部实现语言的融合统一；文化精英则通过民族语作品的创作和传播来凝聚民族意识，建构民族认同。印刷技术的引入使得英语印刷品能够在全国范围内迅速传播，教育的发展提升了大众的读写能力，使得大众能够通过阅读（包括听读）英语文学、宗教作品来想象民族。因此，正是在中世纪晚期，各种社会、文化因素的结合为民族认同的形成提供了条件，使得民族共同体这一想象方式成为可能。这一时期是英国民族认同的形成时期，作为民族共同语的英语在其中起到了至关重要的作用。

在论述过程中，本书综合使用了史料考证、文本分析等研究方法对中世纪英国社会和语言的大量史料进行了考察分析，并在此基础上论述了不同时期语言在民族认同建构中所起的作用，从而对两位学者的论断进行了进一步的考察和修正，并对英国民族认同形成的时间和方式提出了自己的见解，以期深化学界对英国民族认同建构中的语言因素问题的认识和研究。

目　录

绪　论

第一节　写作缘由及其价值

一、问题的提出

英国作为欧洲的一个重要国家，在世界近现代历史上占据了非常显著的位置。在世界现代化进程中，英国曾起到了引领的作用。政治上，英国的议会制首开代议制的先河，并先后创立和完善了选举制度和责任政府制度，建立了现代政治民主制度。经济上，英国通过工业革命成为世界工厂，并引发了人类历史上首次工业化浪潮。与英国在世界近代史中的领先位置相呼应的是其民族国家构建的进程。

9世纪末，威塞克斯国王阿尔弗雷德领导盎格鲁-撒克逊人抗击丹麦入侵，开启了英格兰统一国家的建设进程。1066年的诺曼征服打破了这一进程，并将英格兰与法兰西联系在一起。英法之间的战争冲突成为中世纪西欧历史的主线之一，最终发展为14—15世纪的英法百年战争。旷日持久的对法战争极大激发了英格兰人的民族意识，英格兰民族开始形成。随后发生的玫瑰战争严重削弱了封建大贵族的势力，王权进一步得到巩固。强大的王权成为统一国家、整合民族的核心力量，有力推动了英国民族国家的形成。统一的英国民族国家率先完成了政治革命和工业革命，从而实现了近代转型。民族国家在英国近代化过程中的重要角色使得人们开始关注英国民族认同问题。英国民族认同是何时形成的？促使其形成的因素有哪些？要回答这些问题，必须回到历史的脉络中去具体考察。国内外学者多从政治、战争、宗教的层面去思考英国民族国家的建立，但很少论及语言在近代民族国家形成中的作用。[①]要从历史的角度梳理英国民族身份认同的形成过程,语言不失为一个好的视角。

语言是人的本质属性之一,它既是表达沟通的工具,也是思维最重要的载体。同时语言也是人们区分所属群体最重要的标记之一,语言的这种族群属性标记功能使它成为人们身份和认同的重要辨识和表现手段。[②]民族语言是民族文化认同的一个重要构成要素和标志。英语从英国下层劳动人民的语言转变为民族共同语的过程也正是英国民族国家形成、民族认同确立的过程。那么,英语语言在英国民族身份的建构过程中起到了什么样的作用?这正是笔者通过此书试图回答的问题。

二、研究意义

(一)学术价值

第一,本书将从历史的视角,借助相关理论来分析语言在社会身份建构中的作用。传统的社会语言学研究多强调社会关系和社会变迁对语言的影响,而本书通过分析英语在英国民族身份建构中的作用,不但论述了英国社会变迁对语言的塑造和影响,同时借助史料分析了语言对社会身份乃至共同体的建构功能,这有助于突破之前学界对语言与社会关系的传统认识,形成更加平衡的语言-社会观。

第二,英国民族认同问题是当今学界所关注的问题。本书通过分析语言参与英国民族身份构建的历史过程,揭示了近代英国民族认同的建构过程,对英国民族认同的形成时间和内涵提出了自己的见解,这将有助于深化学界对英国民族认同问题和中世纪欧洲民族问题的认识和研究。

第三,本书属于语言研究、政治学研究和历史研究的跨学科综合研究范畴。本书的理论基础是民族建构主义理论,从语言视角来观察分析民族认同的建构过程。从社会史的角度,笔者尽可能地收集翔实的史料来阐释英语在英国民族认同建构中的作用,为英语语言史的研究提供新的视角。

---

① 岳蓉:《"英国民族国家的形成"研究述评》,《史学月刊》,2002年第8期,第5—11页。

② 陈平:《语言民族主义:欧洲与中国》,《外语教学与研究》,2008年第1期,第4—7页。

同时，将英语的发展置于历史研究的框架之中，特别从中世纪社会史的角度系统探讨了语言作为社会机制在社会共同体建构中的作用。这样的研究属于跨学科研究，不仅为语言史研究补充了社会史的维度，也为世界史的研究提供了新的跨学科视角。

（二）现实价值

本书通过分析民族语言在民族身份认同中所起的作用，揭示了民族共同语在构建和维持民族认同上的重要功能，这对现实政治和政策制定也有借鉴意义。

第一，这项研究对于巩固我国多元一体的中华民族共同体认同有一定的借鉴意义。语言是民族身份认同建构的要素。在英国近代史上，英语语言在英格兰民族国家的形成过程中起到了对内唤醒民族意识、凝聚民族认同，对外同其他民族相区隔的重要作用。中国是历史上形成的统一多民族国家。数千年来，中国民族传统与文化绵延不绝，全国统一的文字以及书面语是关键的凝聚性因素。在现阶段，如何在复杂的国内外形势下有效推广国家通用语言，进一步增强各族人民对于中华民族的认同感，已经成为一个重要课题。因此，本研究对于现阶段我国加强中华民族共同体认同情况有一定的参考借鉴价值。

第二，深入研究英国历史上语言演变与共同体认同构建的关系，对我国新时期基于民族认同的语言规划工作也有现实的参考价值。国家认同是国家的核心利益之所在。我们应当尊重民族认同和地方认同，但民族认同、地方认同应当建立在国家认同的基础上，建立在中华民族认同的基础上。从语言规划的角度着眼，需要研究语言认同与民族认同、地方认同的关系，以及语言认同与国家认同的关系。因此，语言认同关系的研究成果，对于现阶段语言规划工作中国家通用语言与少数民族语言之间的关系处理也是有一定价值的。

第二节　概念界定与说明

一、民族

民族和民族主义是极其复杂的历史现象，也是社会科学领域的重要课题。学术界为民族以及民族主义概念所下的定义五花八门，致使民族主义研究成为一个“名词的丛林”。[①]然而，迄今为止，这些定义都充满争议，没有形成一个清晰严谨的概念体系。由于本书并非以民族主义理论为研究对象，而是将其作为概念工具去研究英国民族认同建构中的语言因素问题，所以笔者并不试图为民族及其相关概念下一个准确定义，而是在借鉴相关学者的经典分析的基础上，根据本书的研究目的对民族及其相关概念做出界定和说明。

民族(nation)是社会科学领域最具争议的概念之一。从词源的角度来看，英文nation源于拉丁语的natio，而natio原指一类具有同一出生地的居民团体。到了中世纪，拉丁语文献中的natio一词开始指被分隔在各地、不相往来的人类群体。比如在中世纪的大学里，师生根据各自出生地或所讲母语，被分成若干natio。[②]因此，近代之前的nation，其意义主要与自然地域、语言和血缘关系相关。

进入近代以来，nation一词的含义不断演化，其政治含义逐渐超越了自然地域的概念。经过法国大革命后，nation的含义从自然地域意义上的乡土(land)，扩展到同一地域生活的人民构成的共同体(country)，最后将建立于这个共同体基础之上的政治组织和权力机构(state)也包含在内。在《牛津英语词典》中，nation指一个广泛的众多个人的集合体，通过共同的血统、语言或历史联结在一起，构成一个独特的种族或民族，这个集合体通常被组织为一个独特的政治国家，并且占据明确的领土。因此，近现代意义上的nation

① Banjamin Akzin, *State and Nation*, London: Hutchinson, 1964, p. 7.

② 李肇忠：《近代西欧民族主义》，北京：人民出版社，2011年，第22—23页。

一词,既是一个地域范围内的政治组织,也是生活在这个地域范围内的人民的共同体。[①]

许多学者都试图给民族下一个准确客观的定义。强调民族概念的客观或主观因素。在这种定义方式中,强调客观因素的范例是斯大林的经典定义:"民族是人们在历史上形成的一个有共同语言、共同地域、共同经济生活以及表现于共同文化上的共同心理素质的稳定的共同体。"[②]这种定义指出了民族的一些客观特征,在概念上比较清晰明确。但它的缺陷在于无法涵盖民族的所有重要特征,所以常常把民族的一些要素排除在外。

强调民族主观因素的范例是本尼迪克特·安德森(Benedict Anderson)的经典定义:"民族是一个想象的政治共同体——并且被想象为本质上有限的,同时也是享有主权的共同体。"[③]同属于这一类的还有厄内斯特·盖尔纳(Ernest Geller)对民族的定义:"如果某一类别的人,根据共同的成员资格而坚定地承认相互之间的权利和义务的时候,他们便成为一个民族。"[④]因此,只具有共同文化的人还不一定属于同一民族。只有当两个人相互承认对方属于同一民族,他们才算属于同一民族。这种定义的优点在于避免了对民族客观特征的罗列,强调民族成员的主观意愿和认同。但这类定义同样有一个问题,即主观认同的范围太宽泛,很难将民族与其他社会集团如部落、城邦国家和帝国区分开来。

上述对民族的定义大致可以分为两类:一类认为民族是历史上自然形成的稳定人类群体。斯大林等人的定义属于这一类,他们强调民族存在的客观因素,如共同语言、血缘、文化、宗教、地域、历史等。这些因素是民族存在的现实基础,也是区分不同民族的客观标准。这种观点的哲学认识论基础是本质主义,即认为民族性是人的本质属性,是文化和社会环境先天决定

---

① 李寒梅:《日本民族主义形态研究》,北京:商务印书馆,2012年,第9—10页。

② 同上书,第11页。

③ 本尼迪克特·安德森:《想象的共同体:民族主义的起源和分布》,吴叡人译,上海:上海人民出版社,2011年,第6页。

④ 厄内斯特·盖尔纳:《民族与民族主义》,韩红译,北京:中央编译出版社,2002年,第9页。

的。另外一类定义则认为民族是在主观意愿基础之上建构而成的人类共同体。安德森和盖尔纳的定义属于这一类,其哲学认识论基础是建构主义。[①]

比较这两类定义,可以发现两者皆有其合理之处,也都存在缺陷。前者对我们把握民族的概念,理解民族的内涵有较大帮助,但是它将民族、种族等视为人与生俱来的属性,并以此为前提来区分民族,必然导致民族的客观属性绝对化。建构主义者看到了这一点,从而将民族属性视为历史中的建构和文化人造物。这有助于我们从更深刻的意义上去理解民族概念及其被建构的历史过程。然而,建构主义范式由于拒斥之前的客观主义研究方法,完全否定本质论,有陷入相对主义和虚无主义陷阱的危险。

因此,笔者认为我们在把握民族的概念时,既要认识民族认同形成的客观要素,如共同语言、宗教、文化或共享历史等,也要看到人们的主观认同在民族建构中的作用。

二、民族认同

认同是社会研究的一个基本概念,由英文名词identity及其衍生出来的含动态意味的词汇identification翻译而来,同时具备“认同感”和“认同行为”的含义,而identity还有“身份”的含义。弗洛伊德(Sigmund Freud)将认同概念由哲学领域移植入心理学领域,并表述为个体与他人、群体或被模仿人物在感情上、心理上趋同的过程。[②]后来埃里克森(E. H. Erikson)在弗洛伊德的基础上进一步指出“认同”实际上是对“我是谁”这个问题的回答,是在与他者的比较中形成的一种自我认知和自我界定,是自身独特的、与他人不同的特征。认同不仅是个人的,而且是群体的、社会的。[③]由此,认同的概念开始走出单一的心理学视角,聚焦于民族、国家这类社会群体。

民族认同可以大致分为三个方面。首先,认同的基本内涵是指人们的身份,民族认同是人们的一种身份意识,它具体地表现为人们意识到自身属

---

① 关于建构主义认识论的介绍,详见文献综述部分。

② 车文博:《弗洛伊德原著选辑》(上卷),沈阳:辽宁人民出版社,1988年,第375页。

③ 李忠、石文典:《当代民族认同研究述评》,《西北民族大学学报》,2008年第3期,第24—28页。

于某一民族以及民族国家。其次,民族认同是人们的一种心理情感,它具体地表现为人们对于自身所在的民族以及民族国家具有的忠诚与热爱等心理情感,同时也表现为同一民族以及民族国家的人们彼此之间具有的亲近与友爱等心理情感。最后,民族认同是人们的一种责任意识,它具体地表现为人们意识到需要对自身所在民族以及民族国家承担责任。①

相对于民族认同,民族意识是较早出现的概念。在关于民族主义的论述中,这两个术语经常被不加区别地混用。玛格丽特·马宗达对这两个术语做了一个区分,她认为民族认同主要是一个静态的概念,假定民族是什么,因此它通常暗示某种程度的一致性,民族认同对于民族的所有公民而言都是一致的。人们在唤起民族认同时通常带有保守主义的意图——要去维持、恢复构成这个"身份认同"的要素。因此,应该把民族认同与更具动态性和鼓动性的民族意识概念区分开来。民族意识主要是指人们联合起来成为一个集体性主体,拥有对未来事业的共同目标。②

综上所述,笔者将民族认同定义为"民族成员对于自身民族身份的意识和信念",它主要由统治阶级和文化精英领导的政治、宗教和文化运动所塑造并发展。

三、语言规划

由于语言是建构民族认同的重要手段,所以为了建构民族共同体,统治阶层总会鼓励共同体内部进行语言融合和同化,并控制"外人"的影响和渗透。语言学家埃纳尔·豪根(Einar Haugen)将统治阶层介入公民语言选择和语言行为的方式分为两类:地位规划(status planning)和本体规划(corpus planning)。地位规划是确定语言及其变体的社会地位,内容较多涉及语言政策,比如国语的选择、民族共同语的确定等。本体规划是在地位规划的前提下进行的,目标是促进国语、民族语等语言不断规范、完善,使其发挥地位

---

① Ross Poole, *Nation and Identity*, London: Routledge, 1999, pp. 20-35.

② Margaret Majumdar, *Postcoloniality*: *The French Dimension*, Oxford: Oxford University Press, 2007, p. 127.

规划赋予的语言功能。库珀(Cooper)之后又增加了一类规划,即习得规划(acquisition planning),是指主要通过教育手段来传播标准语言变体的政策及措施。[①]

英国语言学家查尔斯·弗格森(Charles Ferguson)进一步深化了豪根提出的语言规划概念,他将本体规划称为语言发展(language development),并将其分成三个过程:文字化(graphization)、标准化(standardization)和现代化(modernization)。文字化是指创立一门语言的书面文字体系。标准化是发展和制订统一的语言规范,实现标准变体在不同语域和方言基础上的统一。现代化则是指词汇的扩大以及话语新风格和形式的发展,以适应现代工业化社会的需要。[②]笔者将语言规划定义为"统治阶层为建构民族共同体,对语言的社会地位和功能进行规划的活动"。

四、英格兰与英国

现今英国(Great Britain)的正式国名是"大不列颠及北爱尔兰联合王国",由英格兰、苏格兰、威尔士及北爱尔兰四部分组成。关于英国民族认同的内涵,巴布尔(Barbour)认为英国民族身份认同有两个层级。大多数英国人都认同自己属于英国民族,是British。这是国家层面的民族身份。同时他们又认为自己分属于英格兰、威尔士、苏格兰和爱尔兰民族,这是次级层面的民族身份。[③]

英格兰民族是历史上英国民族的主体,它在英国政治、经济和文化的发展方面都居于核心主导的地位。近代英国(Britain)正是在中世纪英格兰王国的基础上,将威尔士、苏格兰和爱尔兰逐步吸纳并入的结果。本书论述的英国主要是指从中世纪一直到近代与英格兰合并之前的英格兰王国,旨在分析它的统治者和精英阶层如何运用语言工具整合英格兰人民,最终形成

---

① Peter Mackridge, *Language and National Identity in Greece, 1766-1976*, Oxford: Oxford University Press, 2009, p. 41.

② Ibid, pp. 23-24.

③ Stephen Barbour & Cathie Carmichael, *Language and Nationalism in Europe*. Oxford: Oxford University Press, 2000, pp. 18-43.

近代英格兰民族的过程。因此,在本书中英格兰和英国属于同一概念,可以换用。

五、本书论述的历史时段

本书的研究对象是英国民族认同建构中的语言因素,论述主要时段为中世纪时期。学界对中世纪欧洲历史的时间分期一般为公元500—1500年,但也有一些学者认为英国历史的中世纪时期始于1066年,以诺曼征服为开端。[①]不同的分期方法既反映了研究者对不同历史事件的观点,也取决于他们的研究框架和研究问题。笔者认为,英国民族意识的发展初始于盎格鲁-撒克逊时期,稳定的民族认同形成于16世纪晚期。因此,为了保持研究的完整性,本书采用前一种中世纪分期方法,并向后延伸至16世纪后期。

第三节　研究综述

一、西方学术思想中的语言与民族认同

在西方,关于语言与民族-族群身份认同关系的思考由来已久。语言学家约翰·约瑟夫(John Joseph)在《语言与认同:民族、族群和宗教身份认同》一书中描述了西方思想家对语言和认同之间关系的传统观点。早在古典时期,亚里士多德(Aristotle)就认为人的言语象征着心灵(mind/soul)的激情,这种心灵的体验对于所有人都是相同的。然而,这个观点显然不能让人信服。如果这种心灵体验都是相同的话,怎么还有不同的语言呢?哲学家伊壁鸠鲁(Epicurus)提出了一个相反的看法。他指出不同种族(ethnos)成员的情感乃至他们对周围世界的感知都是不一样的,而这种情感和感知正是他们独特语言的来源。伊壁鸠鲁关于语言和身份认同的论断在西方开创了一个思

① 哈里·狄金森:《关于"历史分期"问题的讨论》,《英国史新探:全球视野与文化转向》,钱乘旦、高岱、黄硕译,北京:北京大学出版社,2011年,第418—425页。

考语言与族群身份的传统。[①]

到了启蒙运动和浪漫主义时代，很多哲人都开始关注语言同民族的关系。卢梭(Rousseau)在他的《论人类不平等的起源和基础》一书中，就想象了各个民族迥异的语言和思维是如何在历史进程中产生的。他的探索在德国浪漫主义者和哲学家赫尔德(Herder)那里延续。赫尔德指出，不同的语言结构导致不同的认知模式，语言是民族文化遗产中最特殊的因素。他认为，语言唤醒了族群的存在意识，并使这种意识得以延续，同时借此把自己与其他的群体区分开来。语言“把一个民族的内在心灵与内在力量”具体化，“没有语言，民族即不存在”[②]。赫尔德试图以语言和民族精神(Volksgeist)的联结来促进德意志民族的文化认同，他的文化民族主义观念对欧洲现代民族主义影响十分深远。

继赫尔德以后，德国教育家和语言学家洪堡特(Humboldt)更加深入地探究语言形式与民族性的关系。在《论人类语言结构的差异及其对人类精神发展的影响》一书中，他指出：各种语言可以按它们将信息组成词语的方式分成不同的类型，一个民族的思想发展会受到其语言结构类型的影响。语言是一个民族生存所需的空气，“一个民族的精神特性和语言形成这两方面的关系极为密切，不论我们从哪个方面入手，都可以从中推导出另一个方面。语言仿佛是民族精神的外在表现；民族的语言即民族的精神，民族的精神即民族的语言”[③]。

到了20世纪，上承赫尔德派的传统，两名美国人类学家提出了著名的萨丕尔-沃尔夫假说(Sapir-Whorf hypothesis)，主张语言不仅是沟通经验的工具，实际上也在定义经验。爱德华·萨丕尔(Edward Sapir)认为：人类并非如一般人所认为的那样仅是生活在客观的世界里，更是生活在语言中；现实世

---

① John Joseph, *Language and Identity: National, Ethnic, Religious*, Hampshire and New York: Palgrave Macmillian, 2004, pp. 42-43.

② 哈罗德·伊罗生：《群氓之族：群体认同与政治变迁》，邓伯宸译，桂林：广西师范大学出版社，2008年，第132页。

③ 威廉·冯·洪堡特：《论人类语言结构的差异及其对人类精神发展的影响》，姚小平译，北京：商务印书馆，1999年，第52页。

界有极大部分是无意识地建立在群体的语言习惯上的。本杰明·李·沃尔夫(Benjamin Lee Whorf)在1958年写道:"语言不仅是一种以声音复制观念的工具,更可以说是观念的塑造者。我们的言说共同体(speech community)根据我们的语言模式形成了一项共同的协议,而我们都是这项协议的当事人。"[①]据这种假说推论,语言不但反映了不同种族的思维差异,也决定和塑造了这些差异。也就是说,语言是族群的基本特征之一。

上述对语言和民族关系的论述思路都可以归结为本质主义(essentialism),即认为民族、阶级、种族和性别等属性特征都是与生俱来的"本质"属性,可以由此分析人们的语言行为,语言也是民族的本质特征之一。因此,民族性由来已久,民族语言和民族认同之间的历史联系也是客观真实的。

20世纪后半叶,西方学界出现了一种新的社会研究范式——建构主义(constructivism)。建构主义作为一种不同于传统客观主义的认识论和思维方式,它所指涉的是这样一种思想,即人类不是静态地认识、发现外在的客体世界,而是经由认识、发现过程本身,不断构造着新的现实世界。建构主义将认同视为个体建构自己和他人归属范畴的过程。民族身份认同在这种研究模式下不再是人们与生俱来就被赋予的,也并非永恒不变的,而是我们终其一生不断建构和协商的产物。

语言在民族认同形成中的重要性是贯穿过去几十年中民族认同研究的一个不变的主题。运用建构主义理论来研究民族主义的学者首推本尼迪克特·安德森,他的研究范式对当代民族主义研究影响巨大。在他的著作《想象的共同体》中,安德森将民族主义归为一种"特殊的文化人造物",而将民族定义为"想象的政治共同体"。这个"想象的共同体"最初且最主要是通过文字(阅读)来想象的,经语言印刷品联结的"读者同胞们"之手,形成了民族的想象的共同体的胚胎,而且,通过强制性地实施一种特定的语言或语言的变体来创造共同体的努力会产生重要的成果。[②]也就是说,阅读这些语言印

① 哈罗德·伊罗生:《群氓之族:群体认同与政治变迁》,第132—133页。

② 本尼迪克特·安德森:《想象的共同体:民族主义的起源和分布》,第43页。

刷品的读者之间在一定的地域范围内建立起了一种文化和政治上的认同，这种认同能在一定的历史条件下转化为民族认同。这样，语言就构成了“民族想象”的重要一环，成为民族这一“想象的政治共同体”的文化基础。

英国历史学家彼得·伯克(Peter Burke)关于语言文化史的著作《近代早期欧洲的语言和共同体》对语言和民族认同之间的关系进行了论述，他借鉴了本尼迪克特·安德森的“想象的共同体”的著名概念，指出语言不仅表达了共同体的凝聚意识，也是建构或重构共同体的手段。[①]在他的书中，伯克论述了近代早期欧洲语言建构共同体的进程，为语言建构民族认同的论点提供了丰富扎实的语言史论据，但他坚持认为语言与民族主义存在紧密联系是到法国大革命之后才开始的，这个论点与民族主义研究的前现代派的观点直接对立。后者认为民族自古即有，并不必然与现代性存在因果关系。

从赫尔德到安德森，西方学者都把民族语言置于民族主义的中心位置，英国左派历史学家艾瑞克·霍布斯鲍姆(Eric Hobsbawm)对此却有保留意见。安德森将民族语言视为一个假定的事实，是无意识和自然形成的，为民族认同提供了基础。霍布斯鲍姆却意识到民族语言本身也是一个建构的产物，他指出：“语言与民族的关系正好和民族神话所说的相反，民族语言并非民族意识的基础，而是如同豪根所说的，是民族意识的‘文化加工品’。民族语言只是从各种不同的通行语言之中，精炼出一套标准化的对话方式，然后再把所有的通行语言降格为方言。”[②]因此，他认为宗教或语言的“原型民族联结”与寻求独立领土国家的现代民族主义之间没有必然的联系；民族语言，如同其他对民族历史、神话和象征所做的文学或历史创造一样，都是“被发明的传统”，是社会工程师为适应工业化和民主动员的需要而“创造”出来的，是统治阶级别有用心的社会控制工具。[③]美国社会学家约翰·布鲁伊利也持相似观点，他认为无论民族认同还是民族语言，都是民族主义作为政治

① 本尼迪克特·安德森：《想象的共同体：民族主义的起源和分布》，第8页。

② 艾瑞克·霍布斯鲍姆：《民族与民族主义》，李金梅译，上海：上海人民出版社，2000年，第63页。

③ 安东尼·史密斯：《民族主义：理论、意识形态、历史》，叶江译，上海：上海人民出版社，2011年，第88—89页。

运动的产物。[①]

英国语言学家苏·赖特一直关注民族建构中语言的作用，她在《语言政策与语言规划》一书中指出，除了身份标志功能，语言同时具有交流的功能，这与语言的身份认同功能相辅相成。人类因为有交流的需要和能力才能建立起社会群体，而群体又为其成员提供重要的身份认同来源，这都需要通过语言来实现。如果一个人需要接触的社会群体正好是他所属的群体，那么这两种功能就不会冲突，而是共生的。但是当经济或政治压力要求一个语言社团的人必须和另一个说不同语言的社团接触，并在后者的语言环境中开展某种交际时，前者必须做出某种语言顺应，要么体现为语言转用(language shift)，要么体现为社会双语(societal bilingualism)。历史上的侵略和殖民有时会导致一个人类群体为了融合和剥削另一个群体而将其语言强加于其他群体的情况。人类历史，从某种意义上说，就是一部语言接触和语言冲突的历史。[②]

在语言建构民族身份认同的同时，民族认同也在不断构建和改变语言的形态。语言学家约瑟夫(John Joseph)在他的《语言与认同：民族、族群以及宗教身份认同》一书中全面探讨了语言与各种不同类型的社会身份认同之间的关系。他比较了语言认同关系的本质主义和建构主义两种研究路径，批评安德森将注意力全放在语言对民族认同的建构上，而没有注意到民族认同对于语言发展的深远影响。[③]

国内学术界对于语言和民族认同的关系的研究不多，散见于少量学术论文中，其研究关注点主要集中在近现代语言民族主义和国家语言政策之间的关系上。这些近期研究中有代表性的是两篇论文。一篇是陈平的《语言民族主义：欧洲与中国》，其简要分析了语言与民族、国家之间的关系，然后概述了欧洲国家(德、英、法)近代语言民族主义的表现，并将之与中国近

---

① John Breuilly, *Nationalism and the State*, Chicago: The University of Chicago Press, 1982, p. 3.

② 苏·赖特：《语言政策与语言规划——从民族主义到全球化》，陈新仁译，北京：商务印书馆，2012年，第5—8页。

③ John Joseph, *Language and Identity: National, Ethnic, Religious*, p. 13.

代语言民族主义进行了比较。陈平指出，语言的民族属性标记功能在近代德国和法国表现突出，但在英国、爱尔兰等则相对弱化。同主要欧洲国家相比，中国近现代语言规划工作更强调语言作为交际手段的工具价值和实用效率。[①]另一篇是戴曼纯和朱宁燕的《语言民族主义的政治功能——以南斯拉夫为例》，该文通过分析前南斯拉夫地区的民族语言关系、语言政策及规划，解析语言民族主义在该地区政治变迁中所起的作用。作者强调了语言在构建民族和国族认同中的重要地位，指出南联邦政府过度强调各民族语言的绝对平等，忽视国家通用语在构建国族认同中的重要意义，致使民族主义力量不断增强，为分裂埋下了祸因。[②]

比较西方学界对民族语言和民族认同的本质主义和建构主义研究范式，可以发现两者皆有其合理之处，也存在局限。前者代表了两千多年来西方哲学家和思想家对语言和民族身份之间关系的理性探索，奠定了语言和认同关系的理论基础，对我们把握语言和认同的概念，理解语言与民族认同的关系有非常大的帮助。但是它将民族、阶级、种族等视为人与生俱来的属性，并以此为前提来分析人的语言行为，必然导致将语言和民族身份的关系绝对化，甚至可能演化为政治上有害的种族优越论和极端民族主义。建构主义者看到了这一点，从而将民族身份和民族语言视为历史中的建构和文化人造物，是不断变化的。这有助于我们从更深刻的意义上去理解和把握民族语言、民族认同以及它们被建构的历史过程。然而，建构主义范式由于拒斥之前的客观主义研究方法，否定本质论，有陷入相对主义和虚无主义陷阱的危险。

二、关于民族认同的研究

（一）民族和民族认同的形成

目前在民族认同形成的时间问题上，国外学界有现代派（modernist）、前

---

① 陈平：《语言民族主义：欧洲与中国》，第4—9页。

② 戴曼纯、朱宁燕：《语言民族主义的政治功能——以南斯拉夫为例》，《欧洲研究》，2011年第1期，第11页。

现代派(pre-modernist)以及折中派三种观点。现代派是民族主义研究领域的主流派别,其代表人物有安德森、盖尔纳和霍布斯鲍姆等人,一般认为民族主义和民族的出现不早于18世纪末期,民族的产生与现代性密不可分。[①]虽然他们没有对英国民族问题做专题研究,但由于民族和民族主义属于具有普遍性、共同性的问题,所以他们对民族主义的观点也适用于分析英国民族认同的形成问题。

安德森在民族主义理论方面的代表作是《想象的共同体:民族主义的起源和分布》。在这部书中,他把民族归属(nationality)或民族认同以及民族主义归为一种特殊类型的文化人造物(cultural artefacts),尝试论证这些人造物在18世纪末被创造出来,是从种种各自独立的历史力量复杂的"交汇"过程中自发萃取提炼出的结果,并试图说明为什么这些特殊的文化人造物会引发人们深沉的依恋之情。

在完成了一系列认识论的变化论证后,安德森得出结论:当神圣的宗教共同体、古老的王朝和神谕式的时间观念丧失了对人类的心灵的统治力后,民族共同体这种想象形式才变得可能。正是由于这三者构成的"神圣的、层级的、与时间终始的同时性"的旧世界观的崩溃,人们才有可能开始想象"民族"这种"世俗的、水平的、横向的"共同体。因此,安德森视民族为一种"现代"的想象以及政治与文化建构的产物,这使他在当代西方学界关于民族主义性质与起源时间的"现代派(建构派)对原初派(primodialist)"论战中与盖尔纳同被归入"现代派"而受到"原初派"的批评。[②]

盖尔纳则是从社会学的路径研究民族主义的产生,他在《民族与民族主义》一书中认为民族主义的出现有赖于文化和政治单位的同一,即让文化拥有自己的政治屋顶。在农业社会中,国家感兴趣的是征税和维持统治,对促进臣民社群之间的水平交流不感兴趣。有识字能力的僧侣虽然对建构共同文化有兴趣,但无法将普遍不识字的群众纳入高级文化之中,也就无法同化

---

① Adrian Hastings, *The Construction of Nationhood: Ethnicity, Religion and Nationalism*, Cambridge: Cambridge University Press, 1997, p. 9.

② 关于这两方意见的交换,参见"The Warwick Debate, The Nation: Real or Imagined", *Nations and Nationalism*, 1996, 2(3), pp. 357-370.

社会。因此,农业社会的社会组织不利于政治和文化单位的结合,不利于政治单位保持文化的同质性,也就不利于民族主义原则。只是在偶然的情况下,在中世纪的欧洲,才会产生一个与某种语言和文化大体相对应的王朝国家,就像后来在大西洋沿岸出现的那样。[①]

盖尔纳认为民族主义的产生是在工业时代来临时。在农业社会向工业社会的过渡中,识字的普及、人员的不断流动和复杂化的劳动分工使得农业社会的旧有结构无法继续维系、濒临解体,很大程度上被一个内部呈随机性和流动状态的整体所取代。在个人与整个社群之间,不再存在有效和有约束力的组织,这个完整的政治社群因而变得极为重要,它既与国家又与文化地域联系在一起,成为现代民族。由于次生群体的削弱,加上以识字为基础的共同文化的重要性的提高,民族变成最重要的社会群体。[②]

在民族缔造(nation-building)的问题上,盖尔纳与他的弟子安东尼·史密斯曾展开过一场激烈辩论,即"沃维克辩论"。[③]盖尔纳明确地指出,民族的出现完全是为了适应现代性的需要,早期的族裔联系是不存在的,即使存在,也无关紧要。史密斯则不能接受这样一种观点,他认为:虽然民族的确是被缔造出来的,但缔造是以族裔联系为基础的,"现代民族和民族主义是扎根于既存的族裔联系及其政治动员之中,并通过这种遗产而形成的"[④]。

"排斥性"的现代主义论调显然不能为前现代派所接受。前现代派中有一些专门研究中世纪和都铎时代的历史学家,他们认为民族身份认同的很多要素在中世纪的西欧国家中已经存在了。杰弗里·埃尔顿(Geoffrey Elton)在他的《英吉利人》一书中指出英格兰民族意识产生于诺曼征服之前。927年,英格兰国王阿特尔斯坦吞并诺森伯里亚王国,建立了统一的英格兰王国。而在统一的王权形成之前,英格兰已经有了统一的教会。阿尔弗雷

---

① 这里应该是指英国和法国,因为两国同处大西洋沿岸,且在中世纪晚期已经做到政治疆域与语言文化大致对应。

② 厄内斯特·盖尔纳:《民族与民族主义》,第15—74页。

③ 关于"沃维克辩论",参见http://gellnerpage.tripod.com/Warwick.html.

④ 安东尼·史密斯:《全球化时代的民族与民族主义》,龚维斌、良警宇译,北京:中央编译出版社,2002年,第108页。

德国王也在统治时期内实施了统一语言的措施。这都是促使英格兰民族形成的重要因素。[①]

苏珊·雷洛兹(Susan Reynolds)也是较早对现代派提出质疑的学者,她在出版于1984年的《公元900—1300年的西欧王国与共同体》一书中指出,中世纪欧洲的王国,在民众心目中不仅仅是属于统治者的疆土,也是属于居住于疆土上的族群(gentes)的。这些族群被想象为拥有共享历史和文化的共同体。王国的政治结构是等级制,有赖于从贵族到平民各等级的合作共治,因此存在不同层级的集体政治身份认同和联结。虽然此时出现的这种认同并不符合现代主义者对于民族和民族主义的界定,但我们不能削足适履,拿现代民族的概念去套中世纪的族群,那样会陷入目的论的怪圈。如果民族如安德森所述是一个"想象的政治共同体",那么这个政治共同体在中世纪的西欧是存在的,实际上,早在中世纪晚期,在英法百年战争后,就出现了早期的英法民族和民族认同。[②]

英国宗教史家黑斯廷斯(Adrian Hastings)也持原生民族(primordial nation)论。在《民族身份的建构:族裔、宗教和民族主义》一书中,将他英格兰定位为"原型民族"(protype nation),认为英吉利共同体最早的表达来自8世纪的教会史家比德(Bede)。[③]比德在《英吉利教会史》(*The Ecclesiastical History of the English People*)一书中展现了英格兰人在共同的基督教信仰下的统一性。随后阿尔弗雷德国王在面临丹麦人入侵的危急形势下,着力将英格兰联合成一个政治文化统一体。在他的统治下,英格兰有了民族语言、民族文学和民族法律。因此,在1066年诺曼征服之前英格兰实际上已经是一个民族国家了。1066年后,诺曼贵族成为新的统治阶级,法语取代英语,成为文学语言。但诺曼人与盎格鲁-撒克逊人的融合速度很快,而且英语作为文学语言从14世纪早期开始复兴,预示着英国民族认同的复兴。随

---

① Geoffrey Elton, *The English*, Oxford: Oxford University Press, 1992, p. 24.

② Susan Reynolds, *Kingdoms and Communities in Western Europe 900-1300*, 2nd ed., Oxford: Clarendon Press, 1997, p. 9-10.

③ Adrian Hastings, *The Construction of Nationhood: Ethnicity, Religion and Nationalism*, 1997, p. 101.

着百年战争的揭幕,英语的使用更被提升到民族存亡的高度。作为"英国民族文学之父",乔叟写作的时代标志英国民族意识巩固的一个关键时期。因此,黑斯廷斯认为至少从14世纪早期开始,英格兰人觉得他们自己是一个民族。英格兰在最充分意义上代表了民族和民族国家的原型,其民族形成早于欧洲其他民族。

在关于民族认同的现代主义和前现代主义之争中,英国民族主义学者安东尼·史密斯属于折中派。他的民族主义理论集中于族群-象征主义(ethno-symbolism)理论之上。史密斯认为,族群具有一定共同体的名称、共同的祖先与起源神话、共同的地理区域以及一定的文化等因素,它广泛地存在于近现代以前的人类历史之中。尽管族群并不是民族,民族具有公民的内涵,而族群则不具备这一特征。但民族继承了族群的名称、起源神话、语言、地理区域等因素,因此民族与族群之间具有密切的历史延续关系,族群构成了民族深厚的历史基础。

史密斯在他的《民族神话和民族记忆》一书中指出,族群-象征包括共同体的名称,共同体的起源神话与传说故事,为共同体而奋斗的英雄人物及其事迹,共同体经历的金色时光与患难时刻,共同体的政治制度、宗教、语言、风俗传统以及思想价值观念,等等。尽管族群象征包括的内容非常宽泛,但它们都具有一个共同的特征,即通过反映着族群与民族的具体历史发展过程,象征着族群与民族作为一个共同体真实地存在。[①]因此,史密斯既反对永存主义民族论,也不同意现代派观点,认为英国民族主义出现在早期现代,即16世纪和17世纪。[②]

美国学者里亚·格林菲尔德(Liah Greenfeld)的观点与史密斯有相似之处,但她更强调民族主义与经济现代性之间的关系。在她看来,民族主义是16世纪早期率先在英国产生,后来逐渐扩散到全世界的一种特殊社会意识形态。她强调阅读用本土语翻译的《圣经》和进行个人祈祷的宗教改革极大

---

① Anthony Smith, *Myths and Memories of the Nation*, Oxford: Oxford University Press, 1999, p. 233.

② 辩论详情参见 Hutchinson, Reynolds, Smith, et al., "Debate on Krishan Kumar's the Making of English National Identity", *Nations and Nationalism*, 2007, 13 (2), pp. 179-203.

地加强和扩散了英国民族情感,她认为英国民族主义要略早于宗教改革,因为民族与全体人民一致的感觉是于16世纪20—30年代在英格兰精英中广泛传开的。但英语版《圣经》《公祷书》(*Book of Common Prayers*)和福克斯的《殉教者之书》在与罗马教会及西班牙的对抗过程中,极大地促进和推动了英国民族主义情感。到打败西班牙无敌舰队时,"排他性"的英国民族感已经扩散到大部分地区的中产阶级之中,并为后来法国、德国、俄罗斯和美国的民族主义提供了模型。[①]由于这种社会意识内在地具有平均主义的内涵,允许社会流动性,鼓励劳工自由移动,从而极大地扩大了市场力量的运作领域,促进了有利于现代经济发展所需要的社会结构的形成。

(二)关于中世纪英国民族认同的研究

上文所述的现代派和前现代派在英国民族身份认同的形成时间上观点相左,但这并没有妨碍前现代派学者借用现代派的概念和研究范式来研究民族问题。安德森提出的"想象的政治共同体"概念摆脱了民族主义意识形态的影响,将民族概念集中于主观以及文化认同之上,因此为中世纪历史研究者广泛借用以探讨中世纪的英国民族认同问题。

一些学者将研究角度聚焦于中世纪民族身份认同的文化要素之上,主要探讨语言、文学在建构民族认同中所起的作用。伊莱恩·特里哈恩(Elaine Treharne)对诺曼征服前后英语的地位和使用进行了研究,她在《生存于征服之中:早期英语的政治》一书中对现代派的一个重要观点提出了质疑,即中世纪拉丁语作为通用语言的优势地位使得俗语(vernacular)无法建构任何层次的集体身份。同时她也更正了传统的看法,指出征服后的英语文学创作并未消亡。[②]同样,索拉克·特维尔-彼得(Thorlac Turville-Petre)也在自己的著作中讨论了13世纪末期语言与民族身份之间的关系,他指出中世纪时的语言并不是建构民族认同的障碍,英国民族认同并非只能通过英

---

① 里亚·格林菲尔德:《民族主义:走向现代的五条道路》,王春华等译,上海:上海三联书店,2010年,第113页。

② Elaine Treharne, *Living Through Conquest: The Politics of Early English, 1020-1220*, Oxford: Oxford University Press, 2012, p. 7.

语来表达,而是可以用当时在英国使用的三种语言来表达的。[①]

另外一些学者的研究更具综合性,他们不但重视民族身份的文化和意识形态要素,而且从政治制度方面来探讨中世纪英国民族的建构。克兰奇(M. T. Clanchy)就在他的著作《英格兰及其统治1066—1272》中专门列出一章来讨论亨利三世亲政至第二次男爵战争时期的民族认同。[②]他对民族身份的探讨建立在三个基点上:教会、语言和政治制度,而这三点正好是现代派认为民族不可能形成于中世纪的理由所在。因此,可以将此看作对现代派的回应。休·托马斯(Hugh Thomas)的《英格兰人和诺曼人:族群敌对、吸纳和认同》是一部综合性研究之作[③],作者在书中论述了诺曼征服后英格兰与诺曼族群之间从敌对到逐渐融合的过程。该书没有简单对当时的民族认同做粗略的概括,而是全面详尽地探讨了旧的民族身份的解体和新的民族身份产生的过程。

14世纪中期的英国民族问题吸引了许多研究者的关注,其中不少人认为百年战争是中世纪英法民族国家的诞生起点。他们的著作既探讨身份认同的文化、意识形态要素,也论及民族国家的形成。这些研究中有代表性的是吉拉德·哈里斯(Gerald Harriss)的著作《构建英格兰民族:1360—1461》,以及大卫·格林(David Green)的《民族认同与百年战争》。[④]克里斯托弗·阿尔芒德(Christopher Allmand)在他的专著《百年战争:战争中的英法两国》中讨论了百年战争中法国民族国家的发展,同时指出战争对于英国民族国家形成的促进作用同样值得学界研究。[⑤]另外一些学者将14世纪中期的语言

---

① Thorlac Turville-Petre, *England the Nation: Language, Literature, and National Identity, 1290-1340*, Oxford: Clarendon Press, 1996, p. 56.

② M. T. Clanchy, *England and Its Rulers: 1066-1272*, Oxford: Blackwell, 2006, p. 39.

③ Hugh Thomas, *The English and the Normans: Ethnic Hostility, Assimilation, and Identity c. 1066-c. 1220*, Oxford: Oxford University Press, 2005, p. 43.

④ Gerald Harriss, *Shaping the Nation: England 1360-1461*, Oxford: Oxford University Press, 2005, p. 29; David Green, "National Identities and the Hundred Years War", in Chris Given-Wilson, ed., *Fourteenth Century England VI*, Woodbridge: Boydell Press, 2010, pp. 115-129.

⑤ Christopher Allmand, *The Hundred Years War: England and France at War c. 1300-c. 1450*, Cambridge: Cambridge University Press, 2001, p. 68.

和文学作为研究对象，讨论这一时期英语使用人数的增长对于民族认同的影响。丹尼斯·贝克(Denise Baker)主编的论文集《在英法文化中书写百年战争》，以及凯西·拉弗佐(Kathy Lavezzo)主编的《想象中世纪民族》都属于这一类研究。[①]

中世纪晚期，印刷技术的诞生对于语言的标准化起到了重要作用。西方学界一直重视印刷技术对于欧洲近代社会变迁的影响。印刷史学者伊丽莎白·爱森斯坦在其代表作《作为变革动因的印刷机：早期近代欧洲的传播与文化变革》一书中更是提出了“印刷革命”的概念，强调印刷技术对于文艺复兴、宗教改革等重大历史事件的革命性影响。[②]民族主义学者安德森扩展了这一观点，在他的《想象的共同体》一书中将印刷术与资本主义的结合列为民族意识产生的重要根源，强调印刷资本主义在拉丁文和方言之间创造了统一的交流场域，改变了人们思考共同体的方式，使得想象民族成为可能。如同他的“想象的共同体”概念一样，他对于印刷媒介的论述也对本书的写作提供了可供借鉴的研究角度和研究方法。

正如前文所述，国内对英国民族问题的研究一直以来较为薄弱，为数不多的研究都集中在英国民族国家的形成和发展之上，中世纪英国民族认同问题更是长期无人关注。近年来这一局面有所改观，一些学者开始从语言和文化角度对中世纪英国民族认同问题进行探讨。程冷杰、江振春在《英国民族国家形成中的语言因素》一文中借用传统的历史分期框架，结合重大历史事件，对英语在英国民族国家形成中起到的作用进行了宏观分析，但限于篇幅未能就具体问题展开论述。[③]张尚莲的《英格兰民族语言产生的社会历史根源》一书则从社会史角度，结合英格兰从古代到中世纪晚期的政治、经济、宗教、文化历史来考察英语作为民族语形成的社会根源，以翔实的史料

---

① Denise N. Baker, *Inscribing the Hundred Years' War in French and English Cultures*, Albany: State University of New York Press, 2000, p. 71.

② E. L. Eisenstein, *The Printing Press as an Agent of Change: Communications and Cultural Transformations in Early Modern Europe*, Cambridge: Cambridge University Press, 1979, p. 99.

③ 程冷杰、江振春：《英国民族国家形成中的语言因素》，《外国语文》，2011年第3期，第80—84页。

阐释了英语的发展历程以及英语在民族国家形成中的重要作用。这样的跨学科研究不仅为语言学研究提供了新的社会史维度,也为英国史的研究提供了新的视角。①

也有国内学者借鉴安德森的想象共同体以及印刷资本主义的理念,探讨印刷媒介与民族认同之间的关系。张炜的博士论文《印刷媒介与15、16世纪英国社会变迁》主要探讨了印刷媒介与社会变迁之间的关系,且列出了一章来专门论述英语印刷物的传播如何推动了英国民族国家的形成。他通过对宗教、行政管理和教育文化三方面印刷品的考察,论证了英语印刷品促进了英语的标准化和进一步普及,使得英语印刷媒介成为建构和维持英国人集体认同的重要手段。②

总之,近年来英国民族身份认同问题引起了国外(主要是英语国家)学术界的普遍关注。历史学、社会学、政治学以及文学等学科的学者都投入到这个课题中,对英国民族认同形成的时间和构成要素进行了大量跨学科的综合性研究。在中世纪民族身份认同的研究方面,不少学者采用文学和语言学的跨学科研究方法进行了许多开拓性的研究,有力推动了学界对这一问题的理解和认识。在国内学界,英国民族问题不受关注的局面近年来也有所改观,出现了一些对英国民族国家的宏观研究著述,少数学者开始从语言和文化方面来考察英国民族认同的形成。但总体来说目前为止对英国民族认同的研究还不够系统和全面,尤其缺少对长时段内语言在英国民族认同建构中所起作用的系统性研究成果。因此,本书拟在前人研究的基础上,着重考察中世纪中晚期英语对英国民族身份认同的建构作用,以求对这一时期英语与英国民族认同的关系得出更为全面和深刻的见解。

---

① 张尚莲:《英格兰民族语言形成的社会历史根源》,北京:外语教学与研究出版社,2016年,第116页。

② 张炜:《印刷媒介与15、16世纪英国社会变迁》,北京:中国社会科学院,2009年,第146页。

第四节 研究思路与方法

一、研究思路

本书提出的研究问题是英语语言的变迁如何帮助建构了英国民族身份认同,要解答这一问题,首先要解答的是民族的概念以及民族认同建构的一般过程是如何进行的。在这个问题上,笔者主要借鉴了安德森关于民族的著名定义和他的民族主义研究范式。安德森在《想象的共同体》中首先提到了定义民族及民族主义的困难,而他的研究起点是把民族归属或民族属性(nationness)以及民族主义归为一种特殊类型的文化人造物,尝试论证这些人造物在18世纪末被创造出来,是从种种各自独立的历史力量复杂的"交汇"过程中自发萃取提炼出的结果,并试图说明为什么这些特殊的文化人造物会引发人们深沉的依恋之情。

在考虑到定义民族及民族主义的困难以后,安德森遵循人类学的精神,将民族定义为"想象的政治共同体",它在"本质上是有限的,同时享有主权的共同体"[①]。这个"想象的共同体"最初且最主要是通过文字(阅读)来想象的,经语言印刷品所联结的"读者同胞们"之手,形成了民族的想象的共同体的胚胎,而且,通过强制性地实施一种特定的语言或语言的变体来创造共同体的努力会产生重要的后果。[②]也就是说,阅读这些语言印刷品的读者在一定的地域范围内建立起了一种文化和政治上的认同,这种认同能在一定的历史条件下转化为民族认同。因此,笔者在本书中将英国民族视为一个"想象的共同体",这种"想象"的构建依赖于特定的语言——英语。但如霍布斯鲍姆所述,民族语言本身也是一种构建的产物,是从"不同的通行语言中精炼出一套对话程式,然后再把其他通行语言都降格为方言"[③]。由此,笔者将

---

① 本尼迪克特·安德森:《想象的共同体:民族主义的起源和分布》,第2页。
② 同上书,第43页。
③ 艾瑞克·霍布斯鲍姆:《民族与民族主义》,第63页。

回溯英语被建构为英国民族语言的历史过程，它如何在英国统治阶层和精英分子的支持下，从英国下层农民的粗俗土语一步步上升为乔叟的民族文学语言，如何在百年战争后逐渐取代敌人的语言——法语，成为行政法律语言，又如何在宗教改革的浪潮中取代拉丁语成为宗教语言。在这个过程中，语言被社会变迁所影响和改造，但它同时也影响和改造着社会。英语在被建构为民族语言的同时，也在建构着“民族共同体”。乔叟笔下的香客群体横跨社会各群体，已是想象英格兰民族的雏形。上升为行政法律语言后，通过日常的行政司法实践，英语在政治权力的支持下强化了“统一的英格兰”的认同。在宗教改革后，《圣经》被译成英语，英语的公祷书更是进入千家万户，在日复一日的祈祷中构建新教英国的民族认同。英国民族认同形成的关键时期是中世纪晚期和文艺复兴时期，大致从14世纪初期到16世纪中期。这一时期，印刷科技的出现，促进了民族标准语的产生。宗教改革使得宗教信仰民族化，新教主义成为英格兰和苏格兰的民族宗教信仰，这都是民族认同形成的标志。

二、框架结构

根据以上思路，本书的结构安排如下：

绪论部分说明写作缘由及意义，对相关概念进行界定和说明，然后对国内外涉及英国民族认同的研究进行简要述评，并交代研究所采用的思路和方法。

第一章考察英国民族观念的起源。本章首先根据史料分别论述英语和盎格鲁-撒克逊族群的起源，然后分析早期英国的统治者和文化精英如何推动英国共同体观念的产生，以及英语语言在这一过程中所起的作用。

第二章考察诺曼征服对英国语言以及身份认同的影响，揭示英国民族身份在曲折中调整变化的过程。本章首先简要论述分析诺曼征服对英国社会的影响，然后进一步论述其对英国语言的影响。语言的变化必然带来认同的改变。因此，笔者根据史料对当时英国的三种语言的地位变化及使用范围进行了具体分析，并揭示了语言的变化对英国社会身份认同所造成的影响。本章最后论述了12、13世纪出现的民族融合以及语言之间的接触影响。

第三章考察了英语重新成为民族共同语,并参与民族认同建构的过程。这一时期英国与欧洲大陆之间关系发生变化,造成英法贵族阶层的逐渐分离。本章详细分析了这一变化对统治阶级身份认同的影响。百年战争和黑死病等变迁进一步激发了社会各阶层的民族意识,同时将英语建构为民族身份的标记。英语重新获得官方语言的地位,并成为民族文学语言,在大众文学中建构民族身份认同。但此时英语尚未实现标准化,因此不能为全英国的民众创造一个统一的交流场域。同时,英语也还未成为英国的宗教用语,因此英国民族身份认同还未完全建构起来。

第四章论述印刷媒介和标准化语言对于民族认同建构的作用。本章首先分析印刷技术的引入对于英语标准化的意义,进而论述标准化、固定化的语言对于民族想象的促进作用。印刷媒介对于民族身份的建构突出体现在英语《圣经》《公祷书》的出版传播上。这些宗教印刷品成为英国民众宗教生活的规范性文本,在日常宗教仪式中建构着英国民族认同。最后,考察了英语历史戏剧在民族认同建构中扮演的角色。历史记忆是民族认同的另一个要素,它帮助本民族成员想象一个穿越同质时间的历史共同体。大众历史戏剧在舞台和剧本上同时重现了本民族成长的历史,并在此过程中重建了民众的民族历史记忆,从而有效地建构了英国民族身份认同。

第五章是结语部分,本章回顾全书的论述要点,在此基础上对英语建构英国民族认同过程的特点进行考察和分析,得出最后的结论。

三、材料与方法

由于本书论述的是语言和社会共同体的关系,因此将同时借助语言和社会史材料分析论述英语构建英国民族共同体的过程。为达到研究目的,本书将采用以下研究方法:

第一,历史研究法。英语对英国民族认同的建构作用是历史的使然,为了更好地理解这种作用的形成,就要对英语发展所处的特殊历史时期进行详细的分析。另外,英语与民族认同关系的产生也是基于英国独特的历史背景,正因如此,本研究将具体使用历史学研究中的一些方法:归纳法,归纳英国语言与认同关系的特殊实质;综合法,综合众多历史学家、政治学家和哲学家对“语言与认同”的研究,反观英语与英国民族认同,综合分析得出其特征;史料考证法,在对英语和英国民族认同的研究过程中,需要大量阅读并考证第一手历史及文学文献,从而提高本研究的准确性。

第二,文本细读法。语言与身份认同问题是一个跨学科研究,因此需要积极借鉴其他学科的研究方法。就文学研究而言,英美新批评所常用的文本细读法为我们研究特定历史时期文献所蕴含的语言认同提供了可行方法。由于涉及的时段主要是英国中世纪和近代早期,国内获得英国该时段的相关档案和材料的难度较大,涉及中古英语和拉丁语、法语的材料也较多,给研究带来了不小的难度。笔者积极发掘已经上网了的原始档案和材料,同时参照可获得的原始文本和权威“二手”著作,以翔实的文本考证为研究打好基础。

第三,社会语言学研究方法。本研究旨在考查特定历史时段的语言社会关系,因此需要借助社会语言学的研究方法。在研究方法上,将使用“长时段”的研究方法来分析考察英国中世纪的社会语言变迁,以及变迁中语言和民族身份认同的关系演变。同时,笔者还将运用社会语言学相关理论来对中世纪英国社会的语言史料进行具体分析,以期阐明语言史的社会因素和社会史的语言因素之间的关系。

第一章　古英语与英格兰共同体的起源

在绪论里，笔者介绍了语言和英国民族身份认同的研究历史与现状。根据建构主义的观点，民族语言和民族身份都是社会建构的产物，都处于变动不居的状态。社会学家皮埃尔·布迪厄(Pierre Bourdieu)指出，认同的标准既是客观物质的，又是心理的，是在不同力量的斗争中历史地建构起来的。他强调语言在认同建构中的作用，认为人们定义地域、民族身份的过程，并不是中立地反映现实社会的“自然”分类的过程，而是能动者借助语言的象征力量来控制人们对现实世界的认识和信念，建构(make)或解构(unmake)群体的过程。[①]因此，我们可以结合英格兰早期历史上共同体观念的形成过程来考察语言是如何帮助建构共同体的。

现在的人们习惯于把英语当作与英国人民不可分割的文化资产的一部分，但实际上英语成为英国语言的一种也才不过1500多年的历史。我们现在所讲的英语，是多种语言成分的混合体，它经历了漫长而复杂的发展过程。这个过程大致可以分三个阶段：古英语(old English，450—1100)、中古英语(middle English，1100—1500)以及现代英语(modern English，1500至今)。[②]依据具体年代的分期虽然带有主观性，但也反映了历史发展的一般趋势和某个阶段的特点，是历史学习和研究所必需的。公元5世纪和6世纪，来自北欧的盎格鲁-撒克逊人通过征服占领了不列颠岛的大部分领土，带来了日耳曼语系的一个分支——低地德语(Low German)，也就是学者所

① Pierre Bourdieu, *Language and Symbolic Power*, Cambridge: Polity Press, 1991, p. 221.

② J. Algeo, *The Cambridge History of the English Language*, Vol. 6, Cambridge: Cambridge University Press, 1998, p. 631.

称的古英语。古英语与中古英语的分界一般认为是1100年,在此之前诺曼人于1066年征服了英格兰。中古英语和现代英语的分界一般是文艺复兴的时代,1500年是一个方便的分界点。

英国的早期历史是一个持续不断地被外族侵略的过程。从1世纪中期罗马人的侵略,到5世纪中期盎格鲁-撒克逊人的入侵,再到11世纪中期的诺曼征服,这三次被侵略奠定了英国文化发展的方向,开辟了罗马-不列颠时代、盎格鲁-撒克逊时代和盎格鲁-诺曼时代。通过一次次入侵和殖民,盎格鲁-撒克逊人与原居岛上的凯尔特人以及后来的诺曼人不断冲突融合,他们的文化传统与语言也逐渐趋于统一。英国宗教史家黑斯廷斯在论及民族形成的标志时,认为民族形成的一个决定性因素是一个族群的俗语转变为拥有自己书面文学的民族语言,这种文学须植根于民族文化,在民众中广泛传播。基于这个观点,盎格鲁-撒克逊人在征服英国后,受到凯尔特文化、基督教文化以及拉丁语言文化的持续影响,同时不断发展其族群语言——古英语,将其从西日耳曼部落的土语发展为拥有成熟书面文学的民族语言,并在这一过程中首次建构了英吉利共同体的身份。

本章将论述古英语从族群方言发展到书面文学语言的过程,以及它在这一过程中对英格兰共同体身份的塑造。

第一节　盎格鲁-撒克逊族群与古英语的形成

一、罗马-不列颠时期的语言状况

有史可考的英国最早语言是凯尔特人(Celts)所讲的语言。这些凯尔特人大致是从公元前八世纪来到现在的英国的,他们同英吉利海峡对岸的高卢(现在的法国)居民属于同族。在不列颠岛上的凯尔特人主要分为两大分支:一支是盖尔人(Gaels),他们的语言即所谓的苏格兰高地语(Erse)和盖尔语(Gaelic);另外一支是不列顿人(Britons),也就是不列颠人。现在英国国名Great Britain就是从此而来的,Britain意为“不列顿人的国度”。凯尔特人曾居住在欧洲的广大区域上,建立了高度文明,但“凯尔特人”这个称谓并非来自他们自己，而是19世纪欧洲语言学家在研究印欧语系时的创造。[①]据诺拉·K.德威克的观点，凯尔特人并非一个种族或部落集团，最多算是一个语言集团(language-group)[②]，即史密斯所说的族群[③]。凯尔特语是印欧语系的一支，在积聚凯尔特人族群的过程中起到了重要的作用，但在罗马人入侵前凯尔特人还没有形成自己的文字。

不列颠群岛与欧洲大陆隔海相望，并不宽阔的英吉利海峡即使在古代也并非天堑。海峡两岸的凯尔特人往来频繁，北欧的日耳曼人借海峡进入不列颠群岛和欧洲大陆也十分方便。可能是担心不列颠的凯尔特人支援对岸的高卢同胞，时任高卢总督的古罗马军事统帅恺撒于公元前55年和54年两度跨越海峡入侵不列颠，拉开了罗马入侵不列颠的序幕。关于恺撒征战不列颠的历史，《盎格鲁-撒克逊编年史》有过详细记载：

> 基督诞生前60年，罗马人的皇帝盖乌斯·尤利乌斯率领80艘船来到不列颠。在那里，起先他因残酷的交战而备受折磨，使很大一部分手下的军队毁灭。然后他让军队留在苏格兰人那里，自己南下高卢，在那里集中了600艘船，带回不列颠。第一次刀兵相见，皇帝的军团指挥官就阵亡了……皇帝经过多场战斗，占领了许多主要的城镇，返回高卢。[④]

---

① 凯尔特人指史前欧洲一个由共同语言和文化传统凝合起来的松散族群，这个名称是由现代学者根据他们所讲的语言——凯尔特语(Celtic)所创造的，没有证据表明不列颠的凯尔特人用这个名称称呼他们自己的族群。参见S. James, *The Atlantic Celts: Ancient People or Modern Invention?*, London: British Museum Press, 1999, pp. 43-59.

② Nora K. Chadwick, *Celtic Britain*, London: Hames and Hudson, 1963, p. 19.

③ 安东尼·史密斯认为，族群是具有一定名称、共同的祖先与起源神话、共同的地理区域以及一定的文化等因素的社会群体，它广泛地存在于近现代以前的人类历史之中。尽管族群并不是民族，民族具有公民的内涵，而族群则不具备这一特征，但民族继承了族群的名称、起源神话、语言、地理区域等因素，因此民族与族群之间具有密切的历史延续关系，族群构成了民族的历史基础。参见安东尼·史密斯：《民族主义：理论、意识形态、历史》，叶江译，上海：上海人民出版社，2011年，第12—15页。

④ 比德《盎格鲁-撒克逊编年史》，寿纪瑜译，北京：商务印书馆，2009年，第4—5页。

恺撒对不列颠的两次征讨都算不上太成功，未能将不列颠纳入罗马的版图，但为此后罗马的征服积累了经验。此后近百年间不列颠未受到罗马的侵扰。公元43年，新即位的罗马皇帝克劳迪一世（Claudius，公元前10年—公元54年）试图以军事胜利来巩固自己的帝位，率军渡海西征，不到三年即将南部低地征服，不久威尔士也被降伏。罗马帝国在征伐的同时开始向不列颠派遣总督，将它视为帝国的一个行省，不列颠成为罗马在西部建立的最后一个重要行省。公元78年，阿格里科拉（Agricola）成为总督后进一步征讨北部，即现在的苏格兰地区，同皮克特人（Picts）激战，在公元83年取得重大胜利，但随即被召回，未能全竟其功。后来罗马对北部山区多次用兵，未能取得多大进展，最后退回到苏格兰低地，在泰恩河（Tyne）和索尔威湾（Solway Firth）之间建立起约117千米长的哈德良长城（Hadrian Wall），以阻挡皮克特人南下。罗马帝国始终未能征服苏格兰地区。

伴随罗马军事征服而来的是不列颠的罗马化（Romanization）。罗马文明对不列颠文化的深刻持久影响体现在语言和宗教上。罗马人占领不列颠后，大举修桥筑路，高质量的交通网不仅促进了商业活动，也便利了文化的传播和交流。在罗马人到来之前，不列颠人还没有自己的文字，罗马人把拉丁语带到不列颠。与此相关的考古证据是出土的大量金石铭文，这些铭文都是用拉丁语所写，性质多为军事和政治方面的公共档案，这说明拉丁语是当时政府的官方语言。由于与罗马人各方面的接触加深，拉丁语在不列颠人上层中流行起来。古罗马历史学家塔西托（Tacitus，55？—120）在记述中告诉我们，不仅罗马当局鼓励不列颠人学习拉丁语，不列颠人自己对学习拉丁语也开始热衷。塔西托的叔父阿格里科拉总督还为不列颠部落头领的孩子提供语言文化教育。阿格里科拉说："不久前他们还憎恨罗马的语言，现在都急于说一口流利的拉丁语。"公元96年，古罗马诗人马提亚尔（Martial）已经能够自夸他的诗作，即使在遥远的不列颠岛也在被人传诵。[①]总的说来，拉丁语在不列颠上层中传播甚广，不列颠人的上层社会已经罗马化，城市居民中

---

① Albert C. Baugh & Thomas Cable, *A History of the English Language*, Beijing: Foreign Language Teaching and Research Press, 2001, pp. 44-45.

也有很多人能够读或写拉丁文,但这并不能说明拉丁语的传播深入到下层民众之中。因此,在5世纪日耳曼族的入侵期间,拉丁语没有像凯尔特语那样保存下来,它的使用随着公元410年后罗马军队撤离不列颠而衰落了。

二、英吉利名称的出现

随着罗马人的撤离,来自北欧的盎格鲁-撒克逊人逐渐征服了不列颠,开始了英国历史的新时代——盎格鲁-撒克逊时期。公元449年左右开始的盎格鲁-撒克逊人入侵对英国的历史进程影响深远。盎格鲁-撒克逊人是英格兰人的祖先,他们给了这个国家和民族通用的名称,他们的后裔构成了英国民族的主体,因此,在一定意义上英格兰的历史从他们的到来才真正开始。

关于盎格鲁-撒克逊人入侵的历史,传统的记载来源于比德和《盎格鲁-撒克逊编年史》。修士比德(Bede,635—735)被誉为"英国历史之父",他所著的拉丁文名著《英吉利教会史》[①]自中世纪以来就一直是研究英国早期历史的最重要的文献。据此书记载,入侵的盎格鲁-撒克逊人包括盎格鲁人、撒克逊人和朱特人(Jute),属于来自日耳曼的较强大的民族。其中朱特人来自日德兰半岛地区,在不列颠地区主要分布于肯特、怀特岛及西撒克逊地区。撒克逊人则来自古撒克逊地区(今荷尔斯泰因地区),在不列颠岛上分成了三支:南撒克逊人、西撒克逊人和东撒克逊人。盎格鲁人则来自朱特人和撒克逊人祖居地之间的安格尔恩地区(今石勒斯威格地区),在不列颠岛上的盎格鲁人逐渐形成了东盎格鲁人、高地盎格鲁人、麦西亚人、诺森伯里亚人以及其他盎格鲁人。[②]比德的"三分法"长期以来已经成为标准说法,比如《盎格鲁-撒克逊编年史》就照搬了比德的"三分法"。但根据20世纪60年代以来考古发掘的发现,越来越多的学者倾向于认为,在公元5、6世纪来到不列颠的入侵者和移民中,除了这三个部族外,至少还有法兰克人和弗里斯兰人(Frisian)。[③]

可能是因为撒克逊人的海岸侵略而首次接触到日耳曼人的缘故,不列

---

① 此书至少有三个英译名,这里的英译名取自 Albert C. Baugh & Thomas Cable, *A History of the English Language*, p. 45.

② 比德:《英吉利教会史》,陈维振、周清民译,北京:商务印书馆,1996年,第48页。

③ James Edward, *Britain in the First Millennium*, London: Arnold, 2001, pp. 107-110.

颠人不加区别地把所有的日耳曼征服者都叫作撒克逊人(Saxones)。早期的拉丁作家也跟着把居住在英格兰的日耳曼人都叫作撒克逊人。但不久盎格里人(Angli)和盎格里亚(Anglia)的名称就出现了,不是用来单独称呼盎格鲁人,而是用来指称所有的西日耳曼部落。肯特国王埃塞尔伯特(Aethelbert)就被教皇格里高利称为盎格鲁人的王(Rex Anglorum)。

比德将他的著作命名为《英吉利教会史》(*Historia Ecclesiastica Gentis Anglorum*),将所有入侵并定居在不列颠的日耳曼族统称为Gentis Anglorum,即the people of the English(英吉利民族)。在他的笔下,English无可置疑地是指盎格鲁人、撒克逊人和朱特人融合而成的英吉利民族,有自己独特的语言和统一的教会。而古英语作家们一开始就只把他们的俗语称作英语(Englisc),这个词来源于盎格鲁人(Angles),但被用来不加区别地代指所有入侵日耳曼部落的语言。英格兰(England)名称的出现则要晚于英语(English),要等到公元1000年左右才出现Englaland,意为“盎格鲁人的土地”。因此,到了8世纪,人们开始用英语(English)来指称盎格鲁人、撒克逊人和朱特人所用的语言,显示这三个部族已经互相融合为一个新的族群,其所用方言也逐渐融合形成一种的新的语言——盎格鲁-撒克逊语,即古英语的起源。[①]

一般来说,通过语言工具对族群及其语言名称进行标注,是族群意识出现的标志。从这个意义上说,英吉利民族意识已经出现萌芽。然而明确的民族意识的萌发,却要等到族群以自己的族群语言从事政治、宗教及文学领域的活动来逐步建构民族身份认同之后。因此,我们必须探索古英语的发展历程。

三、古英语的形成

古英语起源于5世纪中期入侵不列颠的日耳曼部族所说的方言,这些部族虽然都讲日尔曼语,但他们的语言之间都有一些细微差异。他们进入不列颠后,又建立起许多独立的小王国。这些小王国往往还因为地理障碍和敌对的不列颠原住民的阻断而相互隔绝。因此,盎格鲁-撒克逊语逐渐发展

---

① 盎格鲁-撒克逊语常被用来指英语的初始阶段形态,与古英语(OE)同义。参见Albert C. Baugh & Thomas Cable, *A History of the English Language*, p. 49.

出各种方言。根据公元700年前后留下的文献研究，在那时已经至少形成了四种主要方言：洪伯河（the Humber）以北的诺森伯里亚方言（Northumbrian）、洪伯河和泰晤士河（Thames River）之间的麦西亚方言（Mercian）、泰晤士河以南的西撒克逊方言（West-Saxon）和英国东南部地区的肯特方言（Kentish）。[①]但关于诺森伯里亚方言、麦西亚方言和肯特方言保存下来的记录比较少，所以我们对这几种方言了解不多。留存下来的大量文本都是以西撒克逊方言记录的，它是不列颠西南部的威塞克斯王国的方言，几乎所有的古英语文学都保存于这个地区抄录的手稿里。

9世纪后期，在来自北方的斯堪的纳维亚人，尤其是丹麦人的不断进攻下，除了威塞克斯外的其他盎格鲁-撒克逊王国都先后溃败或灭亡，威塞克斯在阿尔弗雷德大帝（Alfred the Great）的领导下，绝处逢生，并逐渐统一了英格兰。随着威塞克斯王国的强大和英格兰的统一，西撒克逊方言逐渐成为古英语的基础。阿尔弗雷德组织学者以西撒克逊方言为基础统一英语文字，将其作为政府和学术、文学书面用语，并用来抄录大量典籍和诗歌作品。因此，古英语就是以盎格鲁-撒克逊人使用的多种方言中的一种为基础发展而成的书面语，它是盎格鲁-撒克逊时期在英格兰留下的用盎格鲁-撒克逊语记录的文献中的语言。

英语文字的出现和发展同盎格鲁-撒克逊人对基督教的皈依是分不开的。盎格鲁-撒克逊人开始用“英语”进行书写大约起于7世纪，在9世纪之前的古英语文献中，现在只留下一些对拉丁文著作所做的英语注解、两个注释词表（glossaries）和一些诗行。来自北欧的盎格鲁-撒克逊人是异教徒，从6世纪后半叶开始，爱尔兰人从北向南，罗马教皇格里高利派到英格兰的以圣奥古斯丁为首的传教团由南向北[②]，在不列颠进行传教，逐渐使这些异教徒皈依了基督教。

基督教僧侣们带来了《福音书》，同时也将拉丁语言和文化引入古英语。

---

① Albert C. Baugh & Thomas Cable, *A History of the English Language*, p. 51.

② 这里的圣奥古斯丁并非古罗马帝国时期的圣奥古斯丁（Aurelius Augustinus），后者是古罗马帝国时期基督教思想家，欧洲中世纪基督教神学、教父哲学的重要代表人物。

他们还在盎格鲁-撒克逊人中培养神职人员和传教士。所以,罗马传教团培养的本土神职人员成为盎格鲁-撒克逊人历史上的第一代知识分子,他们能用拉丁文读书写字。正是这些早期的宗教知识分子试着用拉丁字母来记录英语语音,以记录人名、地名和日常事务,才逐渐形成了英语的书面文字,并被用来写作散文和诗歌。基督教和拉丁语的传入大大丰富了英语的词汇,让英语具备了表达抽象思想的能力。大批来自希腊语和拉丁语的教会用词进入英语,如angel(天使)、disciple(信徒)、litany(应答祈祷)、martyr(烈士)、mass(弥撒)、shrift(忏悔)、psalm(赞美诗)、bishop(主教)、apostle(使徒)、shrine(神龛)和paradise(天堂)等。同时,这一场革命还激发了盎格鲁-撒克逊人利用现有文字来表达新的概念。面对词汇丰富的拉丁语,古英语赋予旧词以新义,完成了语言内的自我发明和自我更新。God(上帝)、heaven(天堂)和hell(地狱)都是古英语词,它们在基督教来到后带上了更深层的含义。拉丁语的Spiritus Sanctus,即圣灵,被翻译成Halig Gast(Holy Ghost),而Judgement Day(审判日)在古英语中成了doomsday(世界末日)。拉丁语的evangelium(好消息)成了英文中的God-spell(上帝的符咒),也就是现代英语中的gospel(福音)[①]。

由此可见,古英语作为盎格鲁-撒克逊人的书面语,是在盎格鲁-撒克逊的日耳曼语方言基础上与拉丁语融合而逐渐形成的,正是通过与基督教文化及拉丁语言文化的接触和融合,英语才逐渐由西日耳曼族的俗语方言发展为能够表达复杂思想意义和充分胜任文学创作功能的民族语。

第二节　英语与英格兰共同体的建构

一、古英语与宗教共同体

在上一节我们论述了英语的形成过程,从中我们可以发现古英语文字

① 罗伯特·麦克拉姆等:《英语的故事》,欧阳昱译,天津:百花文艺出版社,2005年,第90—91页。

的形成在很大程度上要归功于基督教文化的传播。因此，宗教共同体对英语共同体的形成有重大意义。黑斯廷斯认为，宗教是绝大多数族群的构建要素。至少对于基督教世界而言，《圣经》提供了民族的原型。此外，宗教塑造了一些国家民族的主要特征，支持和加强了民族和民族主义得以滋生的文化与政治环境，为民族和民族主义的形成提供了必不可少的成分。[①]

英国宗教共同体是如何形成的呢？早在罗马-不列颠时期，基督教就传播到了不列颠。第一个有确实记载的基督教殉教者是3世纪的圣奥尔本。1975年在切斯特发现了一个属于3世纪基督徒的窖藏，内有十八块刻有十字架的还愿匾，成为公元3世纪英国已有基督徒的有力证据。[②]公元313年颁布的“米兰敕令”使基督教在罗马帝国境内取得合法地位。公元314年，罗马君士坦丁皇帝（Constantine the Great）在法国阿尔斯主持召开宗教大会时，有三名分别来自伦敦、约克和另外一个地区的不列颠主教参加。托马斯认为，到4世纪后期，不列颠已经有20个或更多的主教。[③]这说明基督教在罗马统治下的不列颠有了相当大的发展，已传播至不列颠的城镇和农村。

5世纪初，随着罗马帝国的衰落，罗马军队逐渐撤离不列颠。失去了罗马军队的保护，基督教的传播遭到挫折，但并未消亡，反而在西部各不列颠王国里复兴和发展，并产生了一批著名的教会领袖，如后来被尊为威尔士的守护圣徒的圣大卫（St. David）和在爱尔兰传教史上功绩最大、被尊为爱尔兰守护圣徒的圣帕特里克（St. Patrick）等。公元563年以后，爱尔兰传教士在圣哥伦巴（St. Columba）的带领下来到现在苏格兰西北部的爱尔兰人殖民地传教，得到诺森伯里亚国王的支持，建立了著名的林迪斯坊（Lindisfarne）修道院。随着诺森伯里亚势力深入南方，爱尔兰教会的传教活动随之向南发展。

盎格鲁-撒克逊蛮族王国在不列颠建立之后，基督教在英格兰的传播分为两个方向：罗马教廷的传教团自东南方向传教，爱尔兰教会自北部传教。

---

① Adrian Hastings, *The Construction of Nationhood: Ethnicity, Religion and Nationalism*, p. 4.

② 钱乘旦、许洁明：《英国通史》，上海：上海社会科学院出版社，2007年，第16页。

③ Charles Thomas, *Christianity in Roman Britain to AD 500*, London: Batsford, 1981, p. 198.

随着爱尔兰传教活动的扩大，爱尔兰教会同北上的罗马教会发生了冲突。冲突的直接原因是双方关于复活节日期的计算方法不同，导致出现两个复活节，但他们之间在组织理念、活动方式以及其他一些神学问题上还有更为深刻的矛盾。爱尔兰教会以修道院为中心，传教活动主要靠个人的虔诚和热情。相反，罗马教会却是以教皇为首，建立起高度统一、组织严密、以主教为中心的体系。为解决双方矛盾，公元664年诺森伯里亚国王奥斯维乌在著名的惠特比修道院召开了一次宗教大会，史称“惠特比宗教会议”。会议解决了罗马教会和爱尔兰教会的重大分歧，决定以后的英国教会采取罗马教会模式。[①]自此以后，在政治共同体出现之前，英格兰已经形成了一个统一的教会。宗教共同体的出现有利于英格兰王国的统一，也为英格兰民族观念的形成奠定了宗教和文化基础。

在宗教共同体的基础上首先提出“英格兰人民”这一概念的是修道院修士和历史学家比德。在他的《英吉利教会史》的前言中，比德将这本书献给诺森伯里亚国王切奥尔乌尔夫，他这样写道：

> 上一次我曾欣喜地遵照陛下的意愿，把我新近写出的那本有关英吉利教会历史的书呈奉给陛下过目审阅；现在我再度把它呈交给陛下，以便您能够制作一份副本，供公余时更加仔细地披览……这本书要发表的从开头到英吉利接受基督教这段历史的材料是从各处，主要是前人的著作中搜集而来的……他们还为我提供了东、西撒克逊以及东英吉利和诺森伯里亚各地区的某些史实，即到底是经过那一位主教的传教，在哪一个国王在位时上述各地区接受了福音的恩典。[②]

从这段文字可以看出，虽然比德非常恭敬地将这本书呈献给诺森伯里

---

① Eric John, *Reassessing Anglo-Saxon England*, Manchester: Manchester University Press, 1996, p. 32.

② 比德：《英吉利教会史》，第18—20页。

亚国王切奥尔乌尔夫，但他的《英吉利教会史》绝非仅仅描述诺森伯里亚一国的教会活动。比德将英吉利人（Gens Anglorum）视为一个整体，从英格兰各地取材，力求忠实记述英吉利人的传教史。在提到英吉利人时，比德一般用的是gens。在拉丁语中gens原指拥有共同名称，由婚姻或出生联系在一起的罗马氏族，后来泛指拥有共同祖先的部族。然而在原书前言的最后一段，比德使用了historia nostrae nationis，即英语history of our nation。[①] nationis是natio的单数属格，原意是"出生"，后指来自同一地域的族群。这个词经由古法语nacion进入中古英语，演变成英语单词nation。[②]这里比德用natio来指代英吉利人，说明在他的头脑中已经将英格兰想象为一个整体，不仅是宗教上的，也是文化意义上的共同体。

综观全书，比德一直将这种统一的观念贯穿于史实的叙述之中。首先，这种统一是不列颠的统一。不列颠虽然从其领土上看是一个单独的岛屿，但实际上它是一个联合体。不列颠在时间和空间上都延伸超越了比德致力记述的英吉利民族的历史。《英吉利教会史》以恺撒的入侵为开端，这是全书历史记述的背景。正文以Brittania（不列颠行省）开头，结尾则描述了不列颠的现状：因基督教信仰而联合，对罗马的忠诚，英吉利人的统治。这显示了比德的一以贯之的信念：统一的不列颠。在故事叙述中，他不仅包括了不列颠人（Briton），也将苏格兰人和皮克特人（Picts）囊括其中，全书的最后几页就是切奥尔弗里德主教（Bishop Ceolfrid）写给皮克特人国王的信和艾奥那岛（Iona）上发生的事件。[③]显然，比德致力撰写的教会史并不是狭义上的英格兰人的历史，而是整个不列颠的教会史。

这种统一也是特指教会的统一。这种统一依赖于坎特伯雷大主教的权威和对罗马教廷的谨慎服从。以坎特伯雷为中心，主教区分布于伦敦、温彻斯特、约克、林迪斯坊和其他地区的教会远远超越了七八个小王国分立造成

---

① 前言的拉丁原文，参见http://www.thelatinlibrary.com/bede/bedepraef.shtml.

② 关于nation的词源，见绪论部分，注意此处的natio还不具有"现代民族"的含义。

③ 艾奥那岛是苏格兰西部内赫布里底群岛（Inner Hebrides）中的一个岛屿。公元563年圣徒科伦巴（St. Columba）登岛，开始在苏格兰传播基督教，建立了著名的艾奥那修道院，艾奥那从此成为凯尔特基督教会的中心。

的政治分裂。在最后一章中，比德强调现任坎特伯雷大主教来自麦西亚，整个不列颠教会至少在理论上要服从坎特伯雷总教区。不列颠教会的统一实质上是在英吉利各地教会的联合统一的背景下实现的，所以比德的教会史也必然是英吉利民族的历史。

这也是英吉利民族的统一。在对盎格鲁-撒克逊人入侵不列颠的记述中，比德坚持认为入侵者是来自日耳曼人的三个不同部族：撒克逊人、盎格鲁人和朱特人。他们分别建立了一系列王国。但在近三百年后，即比德开始写作《英吉利教会史》之际，比德认为经历了移民定居和皈依基督教之后，这三个部族已经成为一个单一民族，于是将这三个部族在书中统称为“英吉利人”(English)，但他从未将不列颠的其他族群——不列颠人、苏格兰人和皮克特人称为“英吉利人”。这说明在他心目中，英吉利人——盎格鲁人、撒克逊人和朱特人——已经成为统一的整体，拥有统一的语言和教会。①

比德在诺森伯里亚的修道院里想象英格兰共同体，当然，他是透过厚厚的宗教棱镜想象英格兰，但也是透过语言的棱镜来进行想象的。他十分重视本族语在构建基督教共同体中的作用，在给埃格伯特主教的信中，他这样写道：

> 因为您所管辖的教区范围太广，即使花费整整一年时间，您也不可能独自一人走遍全区逐村逐户地布讲《圣经》，所以您在这项神圣的事业中十分需要许多助手，就是说，通过任命神父和指定导师……在向人们宣传的过程中，我认为最重要的是，您必须不遗余力地使《使徒信经》和《福音圣经》里交给我们的《主祷文》所阐明的信仰在您所管辖的人们的记忆中深深扎下根来。确实，人们不会怀疑，那些被教过拉丁文的人对于这些道理已经十分熟悉了。但是您必须使那些没有学问即只懂本族语的人用自己的语言理解和不断重复这些道理……因为，用这种办法，全体信徒将学会他们应

① Adrian Hastings, *The Construction of Nationhood: Ethnicity, Religion and Nationalism*, pp. 36-38.

当怎样信，怎样以坚定的武器武装和增强自己，阻挡不洁精灵的进攻……正因为如此，我自己也经常把译成英语的《使徒信经》和《主祷文》送给没有学问的神父。[①]

因此，比德认为基督教共同体的存在和延续有赖于本族语媒介，如果要使信仰上帝的英吉利共同体从想象变成现实，教会必须通过本族语传教，并把拉丁语《圣经》和其他宗教典籍翻译成英语，以使信徒能够理解它们，形成基督教文化基础上的共同体。鉴于当时盎格鲁-撒克逊语在很大程度上是英格兰各王国之间有着较大差异的口头方言的总称，这就对古英语的书面化和标准化提出了更高的要求。语言的统一有赖于统治者的政治整合进程，因此，民族语的传播就与王权的加强联系在一起了。

二、古英语与政治共同体

早在8世纪上半叶，英格兰政治共同体尚不存在之时，"英国历史之父"比德就已看到他的同胞在统一的英格兰教会中分担着共同的命运，有着共同的组织。因此，他在历史上首先提出了"英吉利人"这一名称，想象统一的英国民族。然而统一的民族要有统一的民族语，为了建构民族共同体，统治阶层总会鼓励共同体内部进行语言融合和同化，并控制"外人"的影响和渗透。语言学家埃纳尔·豪根(Einar Haugen)将统治阶层介入公民语言选择和语言行为的方式分为两类：地位规划(status planning)和本体规划(corpus planning)。地位规划是确定语言及其变体的社会地位，内容较多涉及语言政策，比如国语的选择、民族共同语的确定等。本体规划是在地位规划的前提下进行的，目标是促进国语、民族语等语言不断规范、完善，使其发挥地位规划赋予的语言功能。库珀(Cooper)之后又增加了一类规划，即习得规划，是指主要通过教育手段来传播标准语言变体的政策。

英国历史上最早的语言规划出现在阿尔弗雷德大帝(871—899)统治时期。古英语源于西日耳曼部落的方言，是盎格鲁-撒克逊人使用的多种方言

① 比德：《英吉利教会史》，第408页。

中的一种为基础发展而成的书面语。古英语发展为英格兰的行政、法律和文学语言，与阿尔弗雷德的努力是分不开的。8世纪末，来自北欧的维京人大肆入侵英格兰[①]，开始大规模的海盗抢掠活动。到了9世纪后半期，英格兰的许多王国都相继被打败或消灭。在这危急时刻，阿尔弗雷德大帝挺身而出，率领英格兰军民抵抗丹麦人，经过七年浴血奋战，终于把丹麦人遏制在一个特定的区域内，使他们无法侵占英国。他也随之成为英国最强有力的国王。随后他在军事、社会和文化等方面实施了一系列改革，使得英国国内稳定，文化开始走向繁荣。

关于阿尔弗雷德的生平，留存下来的文献里可供后人研究的主要是教士阿塞尔(Asser)的著作《阿尔弗雷德传》(*Life of Alfred*)。阿塞尔是威尔士人，是阿尔弗雷德大帝时期的僧侣及学者，曾侍奉阿尔弗雷德学习。阿塞尔在893年以拉丁文编写此书，全书篇幅有106章，内容记载了阿尔弗雷德的生平、威塞克斯国情、对维京人的征战等事迹。阿塞尔在书里详细记录了阿尔弗雷德的生平事迹。他指出，849年阿尔弗雷德出生于英格兰南部的伯克郡，853年遵父命到罗马接受教皇恩典。他自幼喜爱学问和智慧，虽然由于父母的忽视，阿尔弗雷德到12岁时尚不能读写，但他博闻强记，能够熟记听到的撒克逊文诗歌。还在少年时期，他就深切感受到王国内师资和知识的缺乏：

> 他学习“自由技艺”(liberal arts)[②]的热切愿望无法得到满足。因为，就像他自己经常说的那样，当时整个威塞克斯王国内都没有优秀的教师。日后，他经常发自心底地哀叹，知识和技艺的缺乏成为他一生中最大的困难和阻碍。年轻时，有空闲和精力之时，没有好的教师来教他学习。等到他年岁渐长，饱受病痛折磨，日夜忧心于国家政务和丹麦人的入侵，又不可能分心来学习了。然而，终其

① 维京人(Vikings)是生活在北欧斯堪的纳维亚半岛的古代族群，属于日耳曼人的分支，历史上习惯称其为“北欧海盗”。

② 即中世纪欧洲教育的“七艺”，分为“三艺”(语法、逻辑和修辞)和“四艺”(算术、几何、音乐和天文)。

一生，他都对知识抱有永不满足的渴望。[1]

从上面这段引文中我们可以看出，阿尔弗雷德年轻时强烈的求知欲没有得到满足，这是他日后大力推动文化教育的内在动力。他首先提倡运用英语代替拉丁文作为国内的基本交流语言和学校教育、成人教育的语言。他自己是古英语时期最闻名的作家，并且组织学者同他一道把许多重要著作翻译成英语。他翻译了教皇格里高利的作品《牧师的职责》（*Pastoral Care*）以及后期罗马哲学家和政治家波伊提乌（Boethius，480—524）的名著《哲学的慰藉》。格里高利的《牧师的职责》一书作为罗马天主教教职人员的管理手册，在欧洲流传甚广，被翻译成多国文字，阿尔弗雷德为自己的译作所写的序言成为第一篇重要的英语散文，开英语散文之先河。

在这篇序言的开头，阿尔弗雷德哀叹道：

> 曾经，英格兰有过一个辉煌时期，国王信奉上帝，国内安定和平，牧师们渴望传授知识，学习知识，国外的人们为获得知识和智慧纷至沓来，然而自那以后，知识大幅度地走向衰落，以致到了现在，一直到洪伯河的南端，都很少有人能够用英语进行礼拜或将一封拉丁文信件翻译成英语。……因此我命你们尽量从庶务中脱身以便运用上帝赐予你们的智慧，……我不由想起在被焚烧劫掠之前，英格兰各地教堂里都装满了珍宝和书籍，也有大批上帝的仆人（教士），但他们看不懂书，因为书不是用他们自己的语言写的。然后我记得律法是怎样通过希伯来语而为世人所知，希腊人学习了之后又将它们以及其他典籍译成希腊语的。后来罗马人又通过博学的译者将它翻译成自己的语言。并且其他所有基督教国家都将其中的一部分译成他们自己的语言。所以我认为，如果形势许可，

---

① http://www. northvegr. org/histories% 20and% 20chronicles/the% 20life% 20of% 20king% 20alfred/001_01.html#bottom1.

我们也应该将我们最需要的典籍翻译成大家都看得懂的语言。[①]

这段引文可以表明阿尔弗雷德意识到将拉丁典籍翻译成共同语的必要性：典籍所承载的知识和智慧是人们虔诚侍奉上帝，是维持基督教文化认同所必须拥有的，而它的语言载体又是拉丁语这种只为少数文化精英掌握的语言。因此，将宗教典籍译成英语也就势在必行了。他呼吁"英格兰境内所有自由出身的青年，经济状况许可并且不适合其他职业的话，都应该全力投入学习和研究，直到能够阅读英语著作为止。同时，那些愿意进一步学习的人可以学拉丁语，并有职务晋升的机会"[②]。阿尔弗雷德将书面英语的传播与基督教文化传统的恢复结合起来，这表明在他的头脑中，基督教共同体的维持和繁荣有赖于英语共同体的建立，英语共同体的建立不但可以恢复基督教文化传统，也有利于王国的和平和繁荣。两个共同体通过民族语的传播而紧密联系在一起。

为实现基督教共同体和英语共同体的结合，阿尔弗雷德采取了多方面的措施。第一，组织翻译拉丁文典籍。他身体力行，在圣普莱格蒙德大主教(Archbishop St. Plegmund)、威尔士人阿瑟尔(Asser the Welshman)、弗兰德尔人圣格利姆巴尔德(St. Grimbald the Fleming)和萨克逊考威的修道僧约翰的帮助下，开始进行他的一系列的翻译工作。[③]阿尔弗雷德亲自参与翻译的拉丁文著作包括波伊提乌(Boethius)的《哲学的慰藉》(*Consolations of Philosophy*)、奥若修斯(Orosius)的《世界通史》(*Universal History of the World*)、比德的《英吉利教会史》和教皇格里高利的《牧师的职责》等，因为他翻译这些书的目的主要是作为国人学习的教材，所以采取非常自由的态度，有时是逐字逐句翻译，有时则意译，并根据自己的需要对原文内容进行增删。此外，他还对拉丁文著作进行注释、评点和解说。国王还将其翻译的《牧师的职责》，向每一教区赠送一本，并规定任何人不得随意带出教堂，以

---

① http://www.bible-researcher.com/alfred.html.

② Ibid.

③ 克里斯托弗·道森：《宗教与西方文化的兴起》，长川某译，成都：四川人民出版社，1989年，第95页。

供教徒阅读。阿尔弗雷德组织的英国历史上第一次大规模翻译活动对发展英语语言和丰富英国文化意义重大,同时对英格兰民族意识的成长也做出了积极贡献。

第二,通过教育推广传播民族语言。如前文所述,他号召全国自由出身的青年人在条件许可的情况下努力学习英语,以求能用英语阅读书籍,拉丁语则作为对有余力的少数人的更高的要求。为了更好地实施这项政策,他通过教会鼓励教育。阿尔弗雷德着手恢复修道院制度,以求发挥修道院在文化教育中的作用。他兴办修道院的同时,雇用许多助祭收集、抄写书籍,以充实图书馆。此外,他仿效查理曼举办宫廷学校。在宫廷内部,他将自己的子女、贵族子女以及一些出身不高但聪明的孩子聚集起来,为他们聘请教师,教授英语和拉丁语的阅读和写作。阿塞尔曾这样描述当时宫廷学校的学习情景:"埃塞尔沃德是国王的小儿子,由于国王的神圣劝告和值得称赞的远虑,他被委托给学校。在那里,他同国家里几乎一切达官显贵的孩子以及许多还不甚显贵的人一起,在教师勤勉关怀下成长起来。他们在学校要读拉丁文和撒克逊文两种语言的书籍。他们也学习写,以便在从事成人技巧,即狩猎以及适宜贵人的类似消遣的年龄之前,能在自由艺术方面变得勤奋聪明。"①

阿尔弗雷德的教育措施为后来民族语言的阅读和写作树立了榜样。西撒克逊语逐渐成为英语的主流。以西撒克逊语为基础创造出来的书面语成为古英语,它实际上是当时欧洲唯一的书面民族语(vernacular)。书面英语的出现和规范化改变了盎格鲁-撒克逊时代后期学术文化领域英语和拉丁语之间的关系,使得英语不仅是普通民众口头交流的语言,也成为知识分子的学术语言。

第三,以英文编纂本国历史。史密斯认为,历史记忆对于民族认同非常重要,历史记忆不仅是形成个体特征的关键,同时也是形成民族这一集体的关键。②因此,修史是保持民族记忆、加强民族认同的重要举措。中世纪编

---

① 克伯雷:《外国教育史料》,任宝祥等译,武汉:华中师范大学出版社,1991,第111页。

② Anthony Smith, *The Antiquity of Nations*, Cambridge: Polity Press, 2004, p. 3.

年史的传统始于基督教的复活节表。复活节是基督教的重大节日，但没有固定的时间。修道院需要根据日月运转周期和宗教纪年来确定具体的日期，排列成表。表的最后留下空格，填写本国或当地在本年发生的重要事件。这种纪事逐年积累，发展为编年史。虽然很难确定准确的编写时间和地点，但学术界一致认为《盎格鲁-撒克逊编年史》的编纂起始于9世纪末，正好是阿尔弗雷德主政英格兰的时间。此时阿尔弗雷德正在大力复兴学术和文化，鼓励书面英语写作，这本编年史的编写可能是这些举措带来的结果。[①]

这部编年史的来源多种多样，既参考以前的著作，如比德的《英吉利教会史》，也汲取当代的年代记。它收集文字材料，也采集口头传说和歌谣史诗之类。因此，它丰富的材料填补了几百年间的历史空白。编年史实际应以5世纪中期盎格鲁-撒克逊人来到不列颠为开始，结束于1154年史蒂芬国王逝世和安茹伯爵入主英国。尽管它记录的早期历史简略而且不可尽信，但是极具参考价值。对于比德去世后的英国历史，它提供了最重要的史料。这部编年史被英国学者称为“古英文史书的基础权威著作”，也被誉为“一部西方国家以其自己的语言编写的第一部连贯的本国历史书”[②]。在中世纪早期的欧洲，书籍撰写以拉丁语为主，《盎格鲁-撒克逊编年史》却是以本族语写成的，而且两百年间持续撰写，即使外族入侵也没有打断这个传统。

对《盎格鲁-撒克逊编年史》历史作用的分析，可以参考史密斯提出的族裔-象征概念。史密斯认为，族裔具有一定共同体的名称、共同的祖先与起源神话、共同的地理区域以及一定的文化等因素，它广泛地存在于近现代以前的人类历史之中。尽管族裔并不是民族，民族具有公民的内涵，而族裔则不具备这一特征，但民族继承了族裔的名称、起源神话、语言、地理区域等因素，因此民族与族裔之间具有密切的历史延续关系，族裔构成了民族深厚的

① Peter Hunter Blair, *Roman Britain and Early England: 55 B.C.-A.D. 871*, New York: Norton, 1966, p. 12.

② 比德:《盎格鲁-撒克逊编年史》，第viii页。

历史基础。

史密斯指出，族裔-象征包括共同体的名称，共同体的起源神话与传说故事，为共同体而奋斗的英雄人物及其事迹，共同体经历的金色时光与患难时刻，共同体的政治制度、宗教、语言、风俗传统以及思想价值观念，等等。尽管族裔象征包括的内容非常宽泛，但它们都具有一个共同的特征，即通过反映着族裔与民族的具体历史发展过程，象征着族裔与民族作为一个共同体真实地存在。[1]因此，笔者认为，以本族语编纂的编年史，保存了盎格鲁-撒克逊族群的历史记忆，成为以后人们"想象英格兰民族"的重要思想资源，为日后英格兰民族身份的构建夯实了文化基础。

第四，阿尔弗雷德开创了古英语散文（prose）的文学传统。[2]在英国文学史上，阿尔弗雷德被称为"英语散文之父"。他的散文作品中比较重要的有《盎格鲁-撒克逊编年史》《牧师的职责》的译作及其前言。前文中提到他倡导以英语作为国内基本交际用语和学校教学语言，并监督和参加了拉丁文典籍的英译工作。他为自己翻译的《牧师的职责》所写的前言就是早期古英语散文的典范，它记载了阿尔弗雷德改革公共教育、振兴英国学术与文化的伟大计划。

在阿尔弗雷德开始创作之时，古英语还是西撒克逊部族的俗语方言，难以充当思想和学术的书面表达工具。在将拉丁文典籍翻译成古英语的过程中，阿尔弗雷德借鉴和学习拉丁作家驾驭长句的方法，并在当时尚显稚嫩的英语书面语言上不断试验，最终达到了较为完善的语言技艺水平，为古英语成为书面文学语言做出了重要的贡献。

因此，通过上述一系列举措，阿尔弗雷德国王实质上进行了英国历史上最早的语言规划，他与其他学者一同翻译拉丁典籍，通过自己的翻译和创作锤炼古英语的文法与表达，规范古英语的书面形式，逐步使之成为英格兰的书面文学语言。他举办学校，通过教育推广书面英语的学习和使用。通过

---

① Antony Smith, *Myths and Memories of the Nation*, Oxford: Oxford University Press, 1999, p. 233.

② 这里的散文（prose）泛指除诗歌韵文（verse）之外的书面文学作品，参见王佐良：《英国散文的流变》，北京：商务印书馆，2011年，第2页。

编修英文编年史，他着力构建英格兰作为一个民族共同体的历史记忆，加强文化认同感，为今后英格兰的统一打下了社会心理和文化基础。

三、古英语文学与英格兰共同体

英国宗教史家黑斯廷斯认为，拥有以本族语写成的广泛传播的文学是族群获得民族身份的最重要因素之一。以民族语写成的文学在民族这个“想象的共同体”的建构中有着重要的地位，它以民族语言生动表达和记录了本民族人民的思想感情和精神状态，构成“民族想象”的重要一环。盎格鲁-撒克逊人的民族语文学是留存下来的古日耳曼族文学中最丰富也最重要的一部分，在同时期的欧洲也属于值得骄傲的民族文学成就。怀特洛(Whitelock)曾言，书面英语文学是晚期盎格鲁-撒克逊时代的荣耀。在欧洲大陆还未出现任何具有自身特色的本族语文学的时候，盎格鲁-撒克逊人已经发展出一门极为丰富和灵活的语言，足以用来翻译拉丁文的神学、哲学和科学著作。[①]对于古英语的形成过程，前文已有论述，此处将主要探讨古英语文学的发展及其对民族认同的影响。

如前所述，古英语是指在盎格鲁-撒克逊时期英格兰人所使用的语言，但实际上古英语并不是统一的语言。从5世纪开始陆续迁入不列颠的盎格鲁人、撒克逊人以及其他日耳曼部族虽然都讲日耳曼语，但他们的语言之间都有一定差异，这些语言日后发展为盎格鲁-撒克逊语的各种方言。9世纪，在北方斯堪的纳维亚人的不断打击下，盎格鲁-撒克逊王国都先后溃败或灭亡，只有威塞克斯王国在阿尔弗雷德大帝的领导下得以生存下来并逐渐统一英格兰。随着威塞克斯大体统一英格兰，以西撒克逊语为基础形成的书面语也逐渐成为英格兰的官方语言。因此，公元1100年前流传下来的英语文献绝大多数都是用这种书面语记录下来的，但它实际上只是盎格鲁-撒克逊时代众多“古英语”中的一种，古英语文学作品的写作文字还包括诺森伯里亚、麦西亚、肯特方言，只是留存下来的手稿不多。现存的盎格鲁-撒克逊

---

① Adrian Hastings, *The Construction of Nationhood: Ethnicity, Religion and Nationalism*, p. 41.

时代的著作及残篇的手稿或手抄稿大约有1000种，其中三分之一是全部或部分用古英语撰写的，其余则主要以拉丁语写成，这样多的民族语文献在12世纪前的欧洲可谓绝无仅有。①

古英语诗歌在古英语文学中占有突出地位。现存的古英诗一共有三万多行，现在已经完全整理出来，收集在6卷本《盎格鲁-撒克逊诗集》里正式出版。②古英诗大体分两类：前基督教时期的日耳曼史诗类（异教诗歌）和古英语宗教诗歌。这些作品大部分包括在四种手稿集里：

> (1)"科顿·维特留斯(Cotton Vitellius AXV)手稿"，又称"贝奥武甫手稿"，现存大英博物馆。
>
> (2)"朱尼厄斯Ⅺ手稿(Junius Ⅺ)，现存牛津大学波德雷安图书馆；
>
> (3)"埃克塞特书"(The Exeter Book)，现存埃克塞特大教堂图书馆；
>
> (4)"维切利书"(The Vercilli Book)，现存意大利维切利市大教堂。③

它们分别代表了盎格鲁-撒克逊文化的两大传统：日耳曼文化传统和基督教文化传统。盎格鲁人、撒克逊人及其他日耳曼部族跨海入侵不列颠，从北欧斯堪的纳维亚半岛带来了日耳曼文化传统。7世纪时，盎格鲁-撒克逊人逐渐皈依基督教，但这并不意味着日耳曼文化传统的终结。在盎格鲁-撒克逊人定居英格兰后的漫长岁月里，基督教一直试图改造和同化他们的日耳曼文化传统。但日耳曼思想观念也反过来深刻地影响着基督教文化。前面笔者已经讨论过阿尔弗雷德如何通过语言工具将基督教文化和盎格鲁-撒克逊文化融合为一个共同民族文化。这两大文化传统的共存、冲突和融

---

① 肖明翰：《英国文学传统之形成：中世纪英语文学研究》（上册），北京：社会科学出版社，2009年，第58—59页。

② 同上书，第72页。

③ W. F. Bolton, *The Middle Ages*, London: Sphere Books Ltd., 1970, p. 19.

合决定了英格兰的民族精神和发展道路。

古英语诗歌源于口头诗歌创作，植根于4—6世纪欧洲民族大迁徙时代以日耳曼民族口头英雄传说为主要内容的歌谣传统。古罗马史学家塔西托曾说过，歌谣是日耳曼人传述历史的唯一方式，他们通过诗歌讲述本族神话，歌颂日耳曼英雄，而且在打仗前也通过大声唱歌来激发士气。[①]这些歌谣经过世代歌手或游吟诗人的传诵、改写和升华，发展成为包括日耳曼民族的历史、神话、信仰、价值观念和风俗习惯在内的"百科全书"式的史诗。根据史密斯的族裔-象征理论，这些英雄传说和故事反映着族裔与民族的具体历史发展过程，象征着族裔与民族作为一个共同体真实的存在，因而构成了对民族认同形成至关重要的历史记忆。

关于最早的古英语诗歌的记载是在比德的《英吉利教会史》里。据比德记载，在惠特比修道院，一群农夫在那里弹琴、吟唱诗歌取乐。凯德蒙是其中一个农民，他没什么文化，且生性木讷，不善吟唱。每次轮到他唱的时候，他总是借故跑开。有一天，他离开后，倒在牛棚的草堆上睡觉。在梦里，有人出现在他的面前，要他演唱上帝创世的故事。醒来后，从未作诗的他竟然能随口创作出美妙的诗篇。比德在书中记录了凯德蒙在梦中吟诵的九行诗，即著名的《凯德蒙圣歌》中的九行，它被看作最早的盎格鲁-撒克逊诗歌，成为后来古英语文学的根基。从这里我们也可以看出在盎格鲁-撒克逊时代，吟唱诗歌的活动即使在下层人群中也十分普遍。

这种通过口头歌谣传述族裔历史的创作形式在史诗《贝奥武甫》的创作上得到了完美体现。《贝奥武甫》不仅是古英语文学的巅峰之作，也是日耳曼民族最杰出的史诗。其中的一段诗行记载了游吟诗人即兴创作歌谣的过程。在贝奥武甫杀死了海怪格兰德尔之后，前去深潭查看的武士们在凯旋的路上，一遍遍地称颂贝奥武甫的壮举，国王的一位扈从即兴将贝奥武甫的英雄事迹编唱成新的故事：

一会儿，一位歌手，

① 塔西托：《阿古利可拉传、日耳曼尼亚志》，北京：商务印书馆，1959年，第56页。

国王手下通晓历史、极富诗才的扈从，
回想起一只只古代歌谣；
挑出曲子即兴填词，
配合音律发为新声，
他开始琅琅地赞扬贝奥武甫的业绩，
将优美的词句巧妙交织，
说出一篇动人的故事……（《贝奥武甫》第867—874行）[①]

这段文字生动地告诉我们古代歌手和游吟诗人如何将古代传说故事、传统诗歌技艺与英雄事迹结合起来创作新的诗歌。并且歌手并非职业游吟诗人，可见在那个时代吟唱和创作歌谣都是社会上较为普遍的活动，许多人都能即兴演唱。口头歌谣在人们生活中发挥着重要作用，它不仅是人们娱乐的重要文化形式，也是人们社会化的重要方式。

古英语诗歌根植于其口头传统，它的一个最具特色的艺术手法就是大量使用“程式化语言”，即在同样格律中经常用来表达一个特定核心意义的词组。在古英诗中常用的程式化语言是“隐喻语”。比如：用whale-path（鲸鱼路）、swan's road（天鹅之路）来指海洋；sea-goer（海洋行走者）、wood of the sea（海上之木）指海船；distributor of treasure（财富的分配者）、gold-giver（黄金的赏赐者）、treasure-giver（财宝的赏赐者）、ring-giver（戒指的赏赐者）、generous lord of man（慷慨的主人）、his people's shepherd（臣民的守护者）全都是指国王或领主。这种程式化语言都是在漫长的岁月中形成的，带有丰富的文化内涵，反映了盎格鲁-撒克逊人的价值观念和文化传统。比如称国王为“财富的分配者”“黄金的赏赐者”等，表现出财产的赏赐和分配在维系盎格鲁-撒克逊社会方面所起的重要作用。[②]

《贝奥武甫》虽然是用古英语所写，但并非以英格兰为背景，也没有提到盎格鲁-撒克逊人，这反映出当时明确的英格兰民族意识尚未萌发，表现的

① 肖明翰：《英国文学传统之形成：中世纪英语文学研究》（上册），第69页。
② 同上书，第64—67页。

主要还是泛日耳曼族群的思想感情。民族感情的激发常常源于与外部势力的长期冲突，自8世纪末开始的北欧维京人入侵反而促进了英格兰自身的逐步统一，在抵抗维京人侵略的长期共同斗争中，英格兰各地的社会、文化差异逐步缩小。盎格鲁-撒克逊人逐渐团结起来，统一的英格兰民族开始形成。创作于10世纪的两部史诗《布鲁南堡之战》和《马尔顿之战》就体现了这一历史趋势，诗人在作品里直接赞颂了盎格鲁-撒克逊人的爱国热情和自豪感。在《马尔顿之战》中，作者突出了英格兰作为一个民族整体的观念。在他的笔下，卑微的农民(churl)与贵族领主(thane)一同英勇作战，以前相互敌对的麦西亚人和诺森伯里亚人一起战斗至死。这显示作者已经站在全民族的高度来描写这场抵抗丹麦人入侵的战争了。

语言构建社会的过程，据美国社会学家彼得·伯格(Peter L. Berger)所言，分为三步：第一，把思想编成语言代码，即将个人思想、感情、记忆等在大脑中转换成语言代码。第二，人的知识体系借助于语言代码而客观化，即通过语言这一媒介使人的知识体系成为社会习惯。第三，社会的思想、观念、情感通过语言在人们的大脑中内化。[①]充满程式化语言的史诗，通过游吟诗人和歌手的不断吟唱传播，使得日耳曼民族英雄的英勇事迹即使在不识字的民众心中也能引起极大共鸣，并通过聆听和吟唱活动不断内化为个人知识和情感记忆。无数民众通过共同的知识和记忆而逐渐联结成文化上的共同体，并通过本族语言媒介的交流和传播结成交际共同体。广泛传播的本族语文学不断加强族群共同体的意识，使得民众对于民族原型的朴素想象成为可能。

小　结

在这一章中，笔者论述了古英语产生和发展的历史，并讨论了古英语在盎格鲁-撒克逊人身份认同建构中所起的作用。古英语来源于各盎格鲁-撒

---

① 张焱：《语言变异建构社会身份》，北京：社会科学文献出版社，2013年，第12页。

克逊王国的地方方言，这些方言之间的差异较大。只是在威塞克斯王国强盛后，才在西撒克逊方言的基础上逐渐形成了书面英语文字。英吉利民族的名称来源于教士比德，他最早将英格兰看成一个整体。在《英吉利教会史》一书中，比德也指出了语言在构建宗教共同体中有重要作用。将英格兰塑造成单一语言的政治共同体的重任则落在了阿尔弗雷德国王的肩上。为此，他大力倡导公共学校教育，发起翻译拉丁文典籍的运动，并身体力行地参与了翻译工作，还写下了最早的古英语散文。在《牧师的职责》一书的译作前言中，格里高利论述了将英语作为英格兰基本交际用语，试图建构英语文化共同体的具体计划。古英语书面文学在阿尔弗雷德的倡导和参与下走向繁荣，并对早期英国民族认同的建构起到了重要作用。包括诗歌在内的古英语书面文学的出现是英语从混杂的各地盎格鲁-撒克逊方言变成统一的书面文字的重要标志，它伴随着英格兰在政治上的统一过程，实际上是统治阶层在文化上建构英格兰共同体的重要手段。

在以比德、阿尔弗雷德等人为代表的政治文化精英的努力下，英格兰在宗教、政治和文化上都走向统一联合，统一的民族正在形成之中。大卫·坎贝尔认为，到1066年，英格兰已经是一个民族国家。[①]这个结论尚有商榷的余地，但不可否认的是诺曼入侵之前英格兰已经拥有民族的一些重要特征，如确定的领土、统一的宗教文化和随之而来的政治统一，政治文化精英对共同文化的努力倡导以及通过繁荣的民族文学联系起来的语言文化共同体。然而1066年的诺曼入侵打断了这一进程，新的统治阶级取代了盎格鲁-撒克逊贵族，英语从国语沦为下层劳动人民的口头方言，英国民族身份面临重新定义和整合，这一过程的基本结束要等到两个多世纪后。

---

① Adrian Hastings, *The Construction of Nationhood: Ethnicity, Religion and Nationalism*, p. 42.

第二章　诺曼征服后的语言与身份认同

无论是在英国社会还是在英语语言的历史上，诺曼征服件都是一个重要转折点。在诺曼征服之前，英格兰已经发展为一个政治统一、治理良好的王国，英格兰民族身份也正在孕育过程之中。但诺曼征服打断了这一进程，它消灭了英格兰的旧统治阶级，代之以来自诺曼底的新统治阶级。新的统治阶级带来了新的语言和文化，法语和拉丁语取代了英语的官方语言地位，英语成为下层劳动人民的语言。社会阶层构成的变化带来了语言地位和功能的变化，而语言的变化又进一步影响和建构着人们的心理意识，促使他们形成新的社会认同。

诺曼征服后，新的统治阶级统治着横跨英格兰海峡的广袤领土，他们的认同不可能局限在英格兰本土，对法语和法国文化的认同感在上层阶级的思想意识中占主导地位。然而在随后的两个世纪里，随着以通婚形式进行的民族融合进程不断加速，诺曼统治阶级也逐渐本土化和英国化。英语也受到法语和拉丁语的影响，在词汇和语法形式上发生了重大的变化。语言的变化反映语言社团的变化，英语在这一时期的演变也反映了英格兰民族与其他民族融合的过程。

第一节　诺曼征服对英国语言及认同的影响

一、诺曼征服对英格兰社会结构的影响

在英语语言的发展史上，没有哪一个事件比1066年的诺曼征服对英语的发展影响更大。如果没有发生诺曼征服这一事件，英语的形态不会发生

如此大的变化。古英语仍然会在民族化的道路上前进，但它的构成元素会与现代英语迥然不同，由它所建构的身份认同也会有不同内涵。因此，我们必须仔细考察这一事件及其影响。

诺曼人(Norman)的名称源于North-man(北方人)，他们的先祖是8—10世纪不断侵扰欧洲大陆的维京人。公元911年，法兰西国王查理(Charles)将法国东北的鲁昂及其附近地区赐给维京头领罗洛(Rollo)作为领地，即为诺曼底(Normandy)的来源。随着罗洛的后裔成为诺曼底公爵，诺曼底公国在接下来的时间里最终失去了与斯堪的纳维亚的联系，在语言、政治和社会结构上逐渐法国化。[①]

在失去与北欧联系的同时，诺曼底却与海峡对岸的英格兰保持着密切联系。1002年，英王艾塞尔雷德二世娶诺曼底公爵理查女儿艾玛为妻。从此，英国与诺曼底开始持久地卷入对方的事务中。1066年1月，英王爱德华去世。由于他死后无嗣，贤人会议(Witan)推选实际控制英格兰的伯爵哈罗德为王。诺曼底公爵威廉以爱德华表弟的身份对哈罗德的继承权提出挑战，并集结大军渡海入侵英国。同年10月，诺曼底公爵威廉在黑斯廷斯(Hastings)战役中打败最后一位盎格鲁-撒克逊国王哈罗德，登上英国王位。这一次武力征服对英格兰造成了重大而深远的影响。盎格鲁-撒克逊时期，王位的更替并不少见，但没有一次像诺曼征服这样全面深刻地改变了整个英格兰社会。诺曼征服不仅给英格兰带来了一个新的王族和一个新的统治阶级，而且引进了一种新的文化和语言，它成为英格兰历史的一个分水岭。[②]

诺曼征服改变了英格兰的政治-社会结构，给英格兰带来了一个新的统治阶级。在黑斯廷斯战役和随后几年的平叛战争中，英格兰的盎格鲁-撒克逊贵族被系统地消灭。威廉用诺曼人和他的外国追随者取代盎格鲁-撒克逊人，在英格兰制造出一个新的统治阶级，通过军事和政治手段掌握了英格

---

① Carpenter David, *The Struggle for Mastery*: *Britain 1066-1284*, London: Penguin Books, 2004, pp. 61-68.

② 钱乘旦、许洁明:《英国通史》,第90页。

兰的政治权力和经济命脉。到1086年,英国只剩下两名拥有较多土地的英格兰贵族,其余的或者战死,或者被处死、被监禁、被剥夺封号和领地,少数逃往国外。到1072年,英国的12位伯爵中,只有一位是英格兰人,而他在四年后被处死了。在撰写于12世纪末的《圣奥尔本斯编年史》(*The St. Albans Chronicle*)中,编年史家声称英国国内已经基本没有英格兰血统的贵族了,这虽有所夸大,但基本属实。[①]据《土地志》中的记载,[②]1086年尚存的比较重要的英格兰封建领主只有两位,因服兵役而领有封地的4000多位大乡绅失去封地,被人数不足200且多数是诺曼人的新地主所取代。[③]

教会的情况也是大体如此,但变化的过程相对缓慢一些。当时的主教都是由国王任命的,威廉在当政的20多年中没有任命一个英格兰人为主教,相反到了11世纪70年代,他有计划地使用外来人,特别是诺曼人来取代英格兰上层神职人员。到了1080年,全英国只有一个主教是英格兰人,其余的都换成了诺曼人和外来人。修道院长的更替更加缓慢,但只要因为死亡或免职而带来的职位空缺出现,一般都会被外来人占据。1075年出席伦敦宗教会议的21个修道院长中,还有13个是英格兰人。12年后,到威廉二世时,30个修道院长中仅剩3个英格兰人。这样,诺曼统治阶层把中世纪英格兰社会中另一个重要机构掌握在自己手中。[④]

据《土地志》的记载,到11世纪80年代,王室大约占有全国土地的五分之一,教会约占有四分之一(其中大部分属于大约50个上层人士,当时教会财产也可以世袭,而且很多神职人员娶妻生子),10个大贵族共同占有约四分之一的土地。也就是说,全国70%的土地被60多人所占有,剩下的土地大

---

① Albert C. Baugh & Thomas Cable, *A History of the English Language*, 2001, p. 109.

② 威廉在1086年下令进行全国性的土地和财产普查,因为这次审判对活人和死人(包括在1065—1086年间自然死亡或被杀的人,特别是那些原来占有大量土地的贵族)的财产进行彻底清算,使人想起《圣经》中耶稣在世界末日对人类的最后审判,故被称为"末日审判"。根据这次调查结果编纂成的书,世称《末日审判书》(*The Doomsday Book*),这里译为《土地志》。参见M. T. Clanchy, *England and Its Rulers: 1066–1272*, pp. 42–45.

③ 肯尼斯·摩根:《牛津英国通史》,王觉非译,北京:商务印书馆,1993年,第117页。

④ G. O. Sayles, *The Medieval Foundations of England*, New York: Barnes, 1950, p. 259.

部分被约170个较大贵族所占有。这些上层贵族几乎都是诺曼人和威廉的外国追随者，他们构成了英格兰的新统治阶级。[①]英国诗人布隆的罗伯特这样总结当时的情形：

To French and Normans, for their great labor,
To Flemings and Picards, that were with him in the battle,
He gave lands betimes, of which their successors
Hold yet the seizin, with full great honor.[②]
（奖给法国人和诺曼人，因为他们劳苦功高，
奖给弗兰芒和皮卡第人，因为他们曾与他一同战斗。
他把土地及时地奖给他们，这些土地的继承者
以极高的荣誉，对之世袭罔替。）

诺曼征服带来的另外一个重要影响是英格兰与海峡对岸欧洲大陆之间建立起更加紧密的联系。它把英格兰和诺曼底这两个原本独立发展的国家联合为一个横跨英吉利海峡的单一政治实体。诺曼贵族既保留了在欧洲大陆的土地，又占有了英格兰的土地，成为英格兰新的统治阶级。包括国王在内的诺曼统治阶层，其政治和生活重心都偏向于诺曼底和大陆。威廉一世的统治时间有一半都在诺曼底，其中有5年时间他都没有造访过英格兰。威廉二世和亨利一世也将半数的统治时间花在法国，他们经常往来穿梭于英格兰和诺曼底，因此在英格兰和欧洲大陆之间建立起了政治和文化上的密切联系。[③]

在此之后，英格兰与法国的联系因为安茹王朝的建立得到了进一步加强。1153—1154年，安茹家族的亨利公爵发动二次入侵，继任为英国国王，即亨利二世。他既结束了史蒂芬国王留下的混乱局面，也开启了新的安茹

---

① M. T. Clanchy, *England and Its Rulers*: *1066-1272*, pp. 44-45.

② Albert C. Baugh & Thomas Cable, *A History of the English Language*, p. 109.

③ 戴维·克里斯特尔：《英语的故事》，晏奎、杨炳钧译，北京：商务印书馆，2016年，第158页。

王朝。[①]亨利二世在继位之前就通过继承和联姻取得了大片领地，在他的统治下，英格兰和法国从北至南的大片领土联合成为一个庞大的共同体，被后世史家称为“安茹帝国”。英格兰得以摆脱其相对孤立的岛国状态，与法国乃至欧洲大陆文化形成频繁互动，从此欧洲大陆的风俗习惯、文学文化潮流都能更快更直接地进入英格兰，并被更积极地提倡和学习。

英国历史学家麦克法兰（McFarland）这样评价诺曼征服对英格兰的影响，“它使英格兰与欧洲大陆更紧密地联系在一起；疏远了斯堪的纳维亚的影响，为英格兰带来了政治上的稳定；创立了欧洲最强大的君主国之一；发明了欧洲最圆熟的政府体系；改变了英格兰的语言和文化；铺就了未来英法长期冲突的舞台”[②]。史学家屈勒味林（G. M. Trevelyan）也认为英格兰地处西方世界的边陲，诺曼征服后方与斯堪的纳维亚疏远，转而与欧洲大陆紧密联系，从而靠近西方文化的中心。[③]

二、诺曼征服对英国语言的影响

诺曼征服对英格兰社会的语言也产生了重大影响。在诺曼征服之前，英语已经成为英格兰的官方语言和书面文学语言。1066年的诺曼征服中断了英语的民族化进程，它不仅给英格兰带来了一个新的王室、新的统治阶级和新的语言，也在某种程度上给英格兰民族身份认同的发展带来了曲折。英格兰与法国的诺曼底成为一个跨英吉利海峡的政治共同体，不但共同拥戴一个王室，而且拥有同一个盎格鲁-诺曼贵族阶级。因此，英国在政治上与法国的联系越来越紧密，在文化上也深受法国的影响。

英格兰社会结构的变化带来了语言的变化。语言的使用体现了社会的权力关系。法国社会学家布迪厄认为，语言不仅是沟通的工具，也是权力关

---

① 由亨利二世开启的安茹王朝，延续到1399年理查二世被兰开斯特公爵（后来的亨利四世）推翻为止。安茹王族源于英格兰王室和法国安茹伯爵家族的联姻，1128年英王亨利一世的女儿玛蒂尔达与安茹伯爵杰弗里结婚，他们的儿子于1154年继任英国国王，即亨利二世。

② 艾伦·麦克法兰：《英国个人主义的起源》，管可秾译，北京：商务印书馆，2008年，第15页。

③ 屈勒味林：《英国史》（上册），钱端升译，北京：中国社会科学出版社，2008年，第143页。

系的工具和媒介。哪怕是最简单的语言交流也不是纯粹的沟通行为，总是涉及被赋予特定社会权威的言说者与不同程度上认可这一权威的听众之间的历史性权力关系网络。“社会生活中的任何语言运用，是说话者的不同权力通过对话和语言交换而进行的较量。”[①]在使用语言沟通的过程中，由于说话者处在不同的社会关系和情势之中，语言的运用就变成使用者背后的社会势力和社会关系的力量对比和权力竞争过程。

诺曼征服后的英格兰语言状况为布迪厄的象征性权力(symbolic power)理论提供了一个很好的例证。[②]以征服者为首的诺曼贵族取代盎格鲁-撒克逊贵族成为英国统治阶级，掌握了政治权力。这一权力关系的变化体现在语言地位和功能的变化上。统治者使用的语言——法语成为上层语言，在宫廷和正式场合使用。拉丁语原本就是英格兰的宗教和学术语言，也是当时欧洲的“国际语言”，它的背后是罗马天主教会的宗教权威。征服后拉丁语的地位进一步上升，取代了英语的官方语言地位，成为英格兰政府的正式书面语言。被征服者的语言——英语则成为底层劳动人民的语言，从上层文化领域中消失。

诺曼征服后英格兰社会语言之间的差异以及背后的权力竞争在沃尔特·司各特(Walter Scott)的历史小说《艾凡赫》(*Ivanhoe*)里得到了充分的描述，小说里有一段盎格鲁-撒克逊仆人之间的对话涉及当时英语与法语之间的关系：

> “怎么，你管这些咕噜咕噜、用四只脚奔跑的畜生，叫什么啦?”汪巴问他。
>
> “swine(猪)呗，傻瓜，swine呗，”放猪人说，“这是每个傻瓜都知道的。”

---

① 高宣扬：《布迪厄的社会理论》，上海：同济大学出版社，2004年，第166页。

② 布迪厄对symbol的论述是“当我争辩说权力或者资本具有了符号性，并施加一种特殊的统治效果的时候，我称之为符号权力或者符号暴力，此时它们是被认知的并被认同的，也就是说，此时它是知识和认同行为的对象”。参见朱国华：《权力的文化逻辑》，上海：三联书店，2004年，第5—6页。

> “对呀，swine是地道的撒克逊语。”小丑说，“那么在它给开膛剖肚，掏出内脏，肢解分割之后，像卖国贼那样给倒挂起来的时候，你管它叫什么呢？”
>
> “pork（猪肉）。”放猪的答道。
>
> “一点不错，这也是每个傻瓜都知道的。”汪巴说。“我想，pork是十足的诺曼法语，这样，在这些牲畜活着，由撒克逊奴隶照管的时候，它属于撒克逊民族，用的是撒克逊名字，但是一旦它给送进城堡，端上贵族老爷的餐桌，它就变成了诺曼族，被叫作pork了。葛四老朋友，你说是这么回事不是？”
>
> “对，很有道理，汪巴，我的朋友，想不到你这傻瓜脑袋还真有两下呢。”
>
> “别忙，我的话还没完，”汪巴用同样的口气接着道，“我们的公牛老爷归你这样的奴隶和仆人照料的时候，它用的是撒克逊名称，可是一旦送到尊贵的嘴巴前面，供它咀嚼的时候，它就变成时髦的法国佬，被叫作beef（牛肉）了。还有，我们的牛犊哥儿也是这样变成了veau（小牛肉）阁下。它在需要照料的时候，是撒克逊族，可是变成美味菜肴后就属于诺曼族了。”[①]

仆人汪巴生动地描述了一副社会语言等级图景：诺曼征服后那些留在笼中的家禽家畜仍然保留了其英语名称（calf、cow、deer、ox、sheep、swine），因为它们由庄园里的英国仆人或农奴饲养。然而这些禽畜一进入厨房，成为上层阶级的食物时，指称它们的词汇就成了法语词汇（veal、beef、venison、mutton、pork、bacon）。因此英国人干活（work），而诺曼人享受（leisure）。[②]据语言史家鲍（Baugh）考证，这些表示食物的法语词在14世纪初期才进入英

① http://www.gutenberg.org/files/82/82-h/82-h.htm#link2HCH0002.

② Robert Burchfield, *The English Language*, Oxford: Oxford University Press, 1985, pp. 17-19.

语。因此,小说的描述可能有点超前于历史事实了。[①]然而,上述有关食物的名称(veal、beef、pork等)确实都是来源于中古法语,而且它们被引进英语后专指供贵族食用的动物肉,与英语中表示相应动物的词汇界限分明。这说明语言表达的差异更多地反映了社会阶级的高低之别,而非英格兰和诺曼两个民族之间的对立。[②]对动物及其供食用的肉的指称都是语言符号,它们之间的区分完全是任意性的人为建构。这种语言名称的建构一旦得到社会大多数人的认同,就会在无形之中成为社会的象征性权力,人们潜移默化地强化当前社会的权力关系:法语象征统治阶级的权力,居于上层;英语象征被统治阶级的地位,居于底层。

诺曼统治阶级的语言态度比较耐人寻味。1067年,威廉一世颁布了给伦敦市民的公告,公告是用英语写成的。在当时拉丁文已经成为英格兰的主要官方文件语言的情况下,用英语写政府公告是一种不同寻常的语言运用。另外,据编年史家奥德利科斯·维塔利斯(Orderic Vitalis)的记载,威廉曾经尝试过学习英语,当时(1071年)他43岁,但他忙于治国理政,还要镇压各地的叛乱,所以成效不大。虽然后来他逐步用拉丁语取代了英语的官方书面语言地位,但直到1087年去世之前,他有时还为诏书或政府文件附上英语。[③]威廉用英语颁布王室公告说明诺曼统治者并没有采取消灭或歧视英语的政策,但也不能表明他和诺曼贵族对于英语和英格兰的主观认同。他下令使用英语更多的是从政权的合法性和巩固政治权力着眼,否认语言所代表的等级差异和权力关系,以获得占英国人口大多数的英格兰人的支持。

另外,英语的存续也不完全取决于统治者的意志。社会现实状况也是英语存续的重要原因。首先,统治者和被统治者之间的人数差距过大,且等级分明。有统计表明,当时在英格兰的诺曼士兵不超过15000人,诺曼人的总数从未超过25000人,而当时英国的在籍人口有150万,1300年前后,人数

---

① 鲍认为,veal、beef等指代食物的法语词汇约在1300年才被引入英语。参见Albert C. Baugh & Thomas Cable, *A History of the English Language*, pp. 176–177.

② 戴维·克里斯特尔:《英语的故事》,第198页。

③ Thomas Hahn, "Early Modern English", in David Wallace, ed., *The Cambridge History of Medieval English Literature*, Cambridge: Cambridge University Press, 1999, p. 63.

突破了300万。[①]诺曼人的人数偏少，而且形成了一个封闭的上层社会集团，在语言和文化上与海峡对岸的法兰西紧密相连。从社会语言学的观点来看，如此少的外来人口显然不足以阻断英语的发展进程，让大多数人改用征服者的语言。诺曼征服后英国建立起了严格的封建制度，进入了庄园经济的发展阶段。在庄园中劳动的农民占英国人口的绝大多数，他们被庄园制束缚在固定的领地上，缺乏地理和社会的流动性。封建制下的广大民众平日与统治阶层之间没有直接接触的机会，他们仍然使用古英语进行日常生活中的交流。因此，讲英语的民众在人口统计学上占有绝对优势，他们不会因为被外国人统治就放弃使用自己的语言。

英语没有被法语取代的另一个原因是诺曼人与英格兰人之间的融合。征服后诺曼人和英格兰人之间一定存在着对立敌视的情绪，直到1100年亨利一世还在一份文件中称呼赫里福德郡民众为“赫里福德郡讲英语和讲法语的所有忠实臣民”。但在大局已定和生活状态稳定之后，这种对立的局势逐渐被融合的趋势所取代。在这个融合进程中，通婚的作用是直接而重要的。征服之后并没有多少法国妇女漂洋过海来到英格兰，因此诺曼人和英国人之间的通婚十分普遍。编年史家奥德利科斯·维塔利斯自己就是诺曼父亲和英国母亲通婚所生，他自十岁起就在诺曼底生活，却一直称自己为英国人。[②]融合的趋势是如此之快，以至亨利二世时期的伦敦主教菲茨·尼尔发出了这样的评论：

> 那段时期，英国人和法国人混杂居住，双边通婚是自然而然的，但由于通婚，两个民族便混杂一处，以至今天已难以区分谁是英国人的后裔，谁是诺曼人的子孙——我指的是自由民——至于奴隶，也叫“佃农”，则是没有自由的，只要主人反对，他们便不能改

---

① 戴维·克里斯特尔：《英语的故事》，第161页。

② 据当时编年史家马修·帕里斯所述，征服者威廉一直积极促成诺曼人与英国人之间的通婚。

变自己的身份地位。[①]

因此,通婚使得双语现象普遍存在于贵族家庭之中,贵族的子女在双语环境中长大。为了与宫廷和上层社会人士交流,诺曼贵族必须讲法语。但一旦回到自己的领地,他们还得学点英语才能和自己庄园里的英国管家以及农民打交道,维护自己的既得利益。

最后,政治形势的变化也是英语留存下来的重要原因。由于历史原因,诺曼王朝的国王和许多贵族在法国都拥有领地。自金雀花(安茹)王朝开启以来,通过联姻和继承,法国自北向南约占法兰西领土一半的领地,与英格兰连成一体。在法兰西拥有的领地是英国统治阶级与欧洲大陆之间的联结纽带,也是他们坚持使用法语的社会基础。

这种情况在公元1200年以后发生了变化,英格兰贵族与欧洲大陆领地之间的纽带被逐渐打破。1204年,由于英国国王约翰在军事上的鲁莽,英国失去了在法国的诺曼底领地。从此,英格兰国王和贵族被迫将英格兰事务视为首要之事。虽然英格兰在法国南部仍然保留大片领地,但这些领地并不像诺曼底那样与英格兰通过语言、血统和地产利益紧密相连。这一事件及其后续事件带来的一个重要后果就是英国贵族与法国贵族的逐渐分离。许多在两个国家都拥有土地的诺曼贵族迫不得已要宣布自己究竟效忠于英国还是法国。1229年,英国贵族西门·德·孟福尔的做法在当时是很常见的,他说:"我的兄弟阿毛利把我们兄弟在英格兰继承的地产让与我,条件是我能保住它。作为交换,我把我在法国的地产也让给了他。"[②]这一分离的过程在1244年达到顶点,法王宣布:"由于任何在我的王国生活,却在英格兰拥有地产的人不可能很好地同时侍奉两个主子,所以这些人要么效忠于我,要么效忠于英格兰国王,二者必选其一。"英国国王随后发布了相似的命令。[③]因此,1250年以后,随着法国领地的丧失,英格兰贵族再没有理由保留除英国

① 菲茨尼尔同时也在亨利二世和理查一世统治期间担任司库,以撰写 *Dialogus de Scaccario*(《财务署对话录》)而闻名。这段引文的原文就是选自该书的第一卷第十章。

② Charles Bement, *Simon de Monfort*, Oxford: Oxford University Press, 1930, p. 4.

③ Albert C. Baugh & Thomas Cable, *A History of the English Language*, p. 126.

人之外的任何身份了。这样,他们使用法语的政治和社会基础便不复存在了。

诺曼征服给英格兰社会带来的影响是直接而深远的。征服改变了英格兰的社会结构,这种社会结构的变化必然会反映在语言的变化上。法语和拉丁语是诺曼统治阶级的语言,其地位得到提升。英语逐渐失去了官方语言的地位,但它仍是人民大众通用的语言。英国出现了三语共用的状况。从下层劳动人民的视角来看,统治他们的是一群说着外国语言的异族人。诺曼王公不清楚也不关心自己的民族属性和认同,他们在日常生活中使用法语,穿梭于英格兰和法国诺曼底公爵领地之间进行统治。在这种情形下,英语没有得到统治阶级的使用和认可,不可能上升为英格兰的官方语言,英格兰民族认同也就没有共同的语言基础。

第二节 “三语共用”以及身份认同

语言不仅是区分“他者”(others)的工具,也是自我(self)身份的标志。彼得·伯克借鉴了本尼迪克特·安德森的“想象的共同体”的著名概念,指出语言不仅表达了共同体的凝聚意识,也是建构或重构共同体的手段。[①]诺曼征服之前,不列颠群岛就是一个多民族、多语言共存的地区。诺曼人入主英格兰后,本已十分复杂的语言文化状态变得更加丰富。所以克莱恩(Susan Crane)说,在诺曼征服后的几个世纪里,“除西西里的诺曼王国以外,不列颠群岛是西欧多种语言和多元文化并存局面最突出的地区”[②]。

征服后英格兰出现了三语共用的局面,拉丁语、法语和英语各自承担了不同的社会功能,在日常生活中塑造着迥异的社会身份认同。正如学者巴斯维尔所述,诺曼征服带来的最大变化或许是语言层面上的。对于诺曼人

① 彼得·伯克:《语言的文化史》,李霄翔等译,北京:北京大学出版社,2007年,第8页。

② Susan Crane, “Anglo-Norman Cultures in England”, in David Wallace, ed., *The Cambridge History of Medieval English Literature*, Cambridge: Cambridge University Press, 1999, p. 35.

和英格兰人在多长时间内以及多深程度上被他们的母语分隔开，我们知之甚少。同样，对于地位已经稳固的拉丁语如何在某些社会层面上充当诺曼侵略者和英格兰本土人之间的交流手段，我们所知也不多。[①]下文将根据史料分别对三种语言在诺曼征服后的使用情况进行具体分析，以求对这一问题进行进一步探讨。

一、拉丁语的社会地位与认同

瑞士历史学家雅各布·布克哈特(Jacob Burckhardt)曾经将拉丁语的地位概括为三种权力：国家权力、教会权力和文化权力。首先，拉丁语曾是罗马帝国的官方语言，具有国家政治权力。罗马帝国消亡后，拉丁语又成为罗马天主教会的语言，在整个欧洲拥有宗教意识形态权力。最后，拉丁语是上层文化的语言，拥有文化权力。[②]

在中世纪，拉丁语是欧洲的通用语。它首先是教会用语。拉丁语是不同国家和地区的教士进行交流的工具，也是教堂仪式和宗教生活的用语。在西方基督教世界的每一个地方，人们用拉丁语祈祷，吟唱圣歌。它也是学术和教育的语言，学者用拉丁语撰写学术著作，并使用拉丁语与其他国家的学者交流通信。学校的教材是拉丁语的，学生通过拉丁语学习，因此拉丁语成为受过教育者的语言。拉丁语还是法律语言。在12世纪，不仅罗马法和教会法，而且欧洲各国的重要习惯法大都由拉丁语写成。此外，拉丁语还是欧洲各国行政和商业记录的重要语言。[③]因此，通过拉丁语的使用，国际性的宗教和文化共同体得以凝聚和形成。这里所说的拉丁语共同体，其实其内部成员本身并非以拉丁语作为母语的人士，而是由拉丁语联结起来的欧洲精英共同体。

在英国，拉丁语在诺曼征服之前就享有很高的社会地位。远在罗马不

---

① Christopher Baswell, "Latinitas", *The Cambridge History of Medieval English Literature*, Cambridge: Cambridge university press, 1999, p. 122.

② 彼得·伯克：《语言的文化史》，第87页。

③ 查尔斯·霍默·哈斯金斯：《十二世纪文艺复兴》，张澜等译，上海：上海三联书店，2008年，第86页。

列颠时期,拉丁语就随着罗马军团和商人传播到不列颠。罗马风俗和拉丁语对哈德良长城以南的地区有相当的影响,特别在罗马大道上兴起的城市里,尤为明显。[①]文学、法律以及军队和后来教会所用的语言都是拉丁文,市民多能用拉丁文读或写,当时留下的金石铭文全都是拉丁文。[②]

5世纪中期,罗马军队撤离不列颠,拉丁语逐渐销声匿迹,只在宗教文学和少数凯尔特语词汇中留下印记。一个半世纪后,罗马天主教会向不列颠派出传教团,重新传播基督教。随着各盎格鲁-撒克逊王国相继皈依基督教,罗马教会的正式语言——拉丁语也在英格兰再次传播,并成为英格兰的宗教仪式语言。此外,由于拉丁语是古典学术文化的载体,它也成为英格兰的学术和书面文学语言。当时英格兰修道院和大教堂里纷纷建立学校来培养本土教士,一些学校因为拥有卓越的教师而闻名于世。在这些学校接受过严格学术训练的学者又在其他地方建立起新的学校,有力推动了英格兰的学术进步和文化发展。

这些教士也成为英格兰历史上第一代知识分子。正是他们这些早期的宗教知识分子试着用拉丁字母来记录英语语音,以记录人名、地名和日常事务,逐渐形成了英语的书面文字,并用来写作散文和诗歌。古英语作为盎格鲁-撒克逊人的书面语,是在盎格鲁-撒克逊的日耳曼语方言基础上与拉丁语融合而逐渐形成的,正是通过与基督教文化及拉丁语言文化的接触和融合,英语逐渐由西日耳曼族的俗语方言发展为能够表达复杂思想意义和充分胜任文学创作功能的民族语。

诺曼征服后,英语沦为下层劳动人民的语言。拉丁语的地位则进一步上升,成为政府的官方语言。威廉一世执政时期同时使用拉丁语和英语发布了很多行政公告,但拉丁语在随后的一个多世纪里成为官方文件的唯一语言。威廉统治期间进行了全国性土地人口普查。这次调查的目的在于了

---

① 哈德良长城是罗马帝国在占领不列颠时修建的,从建成后到弃守前,它一直是罗马帝国的西北边界。哈德良长城包括城墙、瞭望塔、里堡和城堡等,完整地代表了罗马帝国时代的戍边系统。

② 侯建新:《英格兰的种族、语言和传统探源》,《天津师范大学学报》,1995年第5期,第58—63页。

解王田及国王的直接封臣的地产情况，以便收取租税，加强财政管理，并确定封臣的封建义务。其调查结果以拉丁文写成两卷档案，史称《土地志》（《末日调查书》）。王室政府采用拉丁语编写如此重要的文件档案，足见拉丁语在当时英国行政体系中的重要地位。

在中世纪英国政府的运转过程中，拉丁语还承担了正式法律文本语言的功能。由于书面拉丁语的稳定性，它被视为权威和有效的法律用语。起草特许状一般使用拉丁语[①]，这是因为对某种特权（privilege）的保护在措辞上应该是明确且具有持久效力的，不会因为时间流逝而产生歧义或意义上的模糊。除此之外，英国王室颁布的许多令状（writ）也采用拉丁语。[②]

诺曼征服后的一百多年里，拉丁语既是教会的正式语言，又是政府的行政和法律语言，还是学术和文学的书面语言。拉丁语承担了如此多样而又重要的功能，使得它成为当时统治阶级和文人学者心目中的通用语。1179年左右，在司库大臣菲茨尼尔撰写《财务署备忘录》（*Dialogus de Scaccario*）时，他的学生劝他不要写成长篇大论的专著，而是用平常的语言说清楚国库的工作程序。当菲茨尼尔的学生说到“平常语言”（common words）的时候，他头脑中想的是拉丁语，而不是法语或英语。菲茨尼尔自己在描述拉丁语《土地志》时，同样也说这是一部用平常语言编纂的文件。[③]

上文已经对拉丁语在中世纪英国的通用语地位进行了分析。如果我们将视野扩大到当时的欧洲，将会发现欧洲的教士、贵族和学者通过拉丁语得以联结为一个宗教和文化的共同体。这种语言共同体是国际性的，与其背

① 特许状（royal charter）是一种由君主签发的正式文书，专门用于向个人或法人团体授予特定的权利或权力，不少城市和大学等重要机构都是通过制定皇家特许状而设立的。不同于一般的令状（warrant）及任命状，皇家特许状一般都是永久有效的。最早的皇家特许状颁发于1066年，是一份向坦恩（Tain）赋予市镇地位的文书，这份文书也使坦恩成为苏格兰历史最悠久的皇家自治镇。

② 令状是国王发布的一种书面命令，上有国王的签名，其主要内容在于命令接受令状的人去做或不做某事。令状虽以国王名义发布，但实际上都是由国王秘书处（Court of Chancery）具体负责草拟、颁布的。

③ M. T. Clanchy, *From Memory to Written Record: England 1066–1307*, Oxford: Blackwell Ltd., 2013, p. 216.

后的罗马教会所宣扬的正好一致。那么,由拉丁语所表达的身份认同是否也一定不是民族的呢?一直以来,比较普遍的观点认为罗马天主教会及拉丁语是阻碍欧洲民族国家意识形成的因素。[①]对这个问题,我们应该结合理论和历史材料做具体的分析。

语言和身份认同都是社会建构的产物,并非与生俱来。语言是身份的标志,也是认同的表达工具,但语言与身份认同之间的联系并不是一一对应和一成不变的。拉丁语的广泛使用可以建构一个宗教共同体的认同,但它并不必然排斥地方性和民族性身份认同。以比德为例,他是罗马天主教会的神职人员,同时也是英格兰人。他用拉丁语撰写了《英吉利教会史》一书。正是在这本用拉丁语撰写的史书里,他将英格兰视为一个整体(unity),在历史上首次提出了“英格兰”和“英格兰人”(England)的概念,为英格兰民族认同奠定了基础。[②]对于比德来说,宗教共同体成员身份与英格兰人身份共同存在于他的心理意识之中,两者属于不同层次的认同。基督教会认同居于上层,英格兰认同居于下层,两种认同并不一定是非此即彼的冲突关系,而是可以并行不悖,甚至互为补充,构成多元文化群体认同。因此,人们以拉丁语表达的身份认同也可以是民族的。[③]

同样,许多熟谙拉丁语的文人和教士往往是俗语写作的先驱。尼古拉斯是拉丁语大师(master),但他也可是英文长诗《猫头鹰与夜莺》的作者。另一位拉丁语大师托马斯则以法语创作浪漫传奇故事,即《霍恩传奇》。奥古斯丁修会的修士奥姆首先尝试用中古英语创作《奥姆的小书》。到了13世

① 安德森指出拉丁语的衰落过程实际上是被古老的神圣语言所整合起来的神圣共同体逐步分裂、多元化以及领土化的过程的一个例证,其将拉丁语的衰落视为近代民族想象的前提条件。

② Sarah Foot, “The Making of Angelcynn: English Identity Before the Norman Conquest”, *Transactions of the Royal Historical Society*, 1996(6), pp. 25-49.

③ 著名社会学家费孝通以中华民族与中国56个民族之间的关系来说明认同的层次性,认为不同层次的认同并不一定导致冲突与矛盾,“中华民族是56个民族的多元形成的一体,中华民族是高层,56个民族是基层。高层次的认同并不一定取代或排斥低层次的认同,不同层次的认同可以并存不悖,甚至在不同层次的认同基础上可以各自发展原有的特点,形成多语言、多文化的整体”。参见费孝通:《论人类学与文化自觉》,北京:华夏出版社,2004年,第163页。

纪，编年史家马修·帕里斯（Matthew Paris）以法语创作反映圣徒生活的诗歌，献给贵妇人。同时他以拉丁语撰写编年史。这都说明了当时语言使用与身份认同之间的联系比较复杂，绝不是一一对应、非此即彼的关系。

以拉丁语编纂历史，塑造英格兰身份认同的做法在诺曼征服后得到进一步发展。如同语言一样，历史著述是建构身份认同的重要手段。诺曼征服后，新一代的英格兰编年史家面临一项新的使命：与英格兰人和诺曼人的融合进程相呼应，撰写属于盎格鲁-诺曼人（Anglo-Norman）的英国史。这些史家大多出生于英格兰人和诺曼人联姻的家庭，对于自己的血统和身份充满矛盾的心理意识。对于这些史家来说，将盎格鲁-撒克逊的历史并入盎格鲁-诺曼人的英格兰史并以此塑造新的民族认同，既是统治者的客观需要，也是表达他们自身英格兰身份认同的方式。他们的代表人物是马姆斯伯里的威廉（William of Malmesbury）。

马姆斯伯里的威廉（1095—1143年）是诺曼底征服者的后裔，出生于英格兰，是马姆斯伯里修道院的图书馆长与副牧师，著有体现盎格鲁-诺曼的英格兰认同的《英格兰诸王本纪》（*Gesta Regum Anglorum*）、《英格兰主教列传》（*Gesta Pontificum Anglorum*）、《近代历史》（*Historia Novella*）等历史著作，《英格兰诸王本纪》完成于1125年，《近代历史》记述了截至1142年的英格兰史。

马姆斯伯里的威廉在他的拉丁史著《英格兰诸王本纪》的序言中开宗明义地写道："自比德撰史以来已有数百年，其间有人以粗陋俗语编写本国史，但难免挂一漏万。有鉴于此，出于对祖国的挚爱，本人力图以古罗马的文字和撰史技艺重新修撰这一时期的历史。"他说的祖国是指诺曼征服后的英格兰，粗陋俗语是指英语。他在书中还说："我的血管里流淌着两个民族的血，我的（历史）叙事是中立的。"[1]他宣称自己一半是英国人，一半是诺曼人，没有哪一方是他完全效忠的对象。[2]因此，威廉所认同的对象既非征服之前的

---

① William of Malmesbury, *Gesta Regum Anglorum: The History of the English Kings*, New York: Clarendon Press, 1998, p. 386.

② 威廉的父亲是诺曼人，母亲是英国人。

英格兰，也不是征服之后的诺曼底，而是征服之后的英格兰。他所持的是盎格鲁-诺曼的英格兰身份认同。并且，威廉的身份认同是流动和易变的，这种不稳定的认同可能部分来自真实的内心想法，部分来自自我保护的本能，以便在英国人与诺曼人之间的斗争中保持略显中立的立场。[①]

这种不确定甚至相互冲突的身份认同在他对英国历史的记述中得到了充分体现。一方面，威廉为诺曼征服以及随后强迫英格兰人臣服的历史进行辩护。他宣称诺曼底公爵对英国的征服是改革腐败的英国教会的必经之路，威廉一世是合法的王位继承人。他为威廉一世剥夺英国人土地、阻止英国人出任高级神职的做法辩解，称威廉一世这样做是因为英国人本性奸诈，无法信任。另一方面，他也为征服后丧失土地和财产的英国人辩护。据他在书中记载，威廉二世在1088年征召所有的英格兰人来帮助他对抗诺曼叛乱贵族。[②]此处史书中的角色发生了互换，诺曼人成了奸佞之徒，响应国王征召的英格兰人成了威廉笔下人心良善、忠贞不贰的臣民。这充分说明威廉对于自身民族身份的认同是不稳定且易变的，是随着局势的发展而变化的。

在另一本拉丁文史著《英格兰主教列传》(*Gesta Pontificum Anglorum*)中，威廉充分表达了对历史上被封圣的英国高级教士的崇敬之情。这些圣徒是他的同胞，通过向他们致敬，威廉完成了对早期盎格鲁-撒克逊时期的历史，即对他自己的祖国(patria)的历史的美化工程。与此同时，在这部书里，他再次表达了与《英格兰国王纪事》相似的主旨观点，即诺曼征服将英国文明从野蛮愚昧的本土居民中拯救出来，恢复到以前的拉丁文明。这个主旨的一个表现是威廉将书中的盎格鲁-撒克逊人的姓名书写形式都拉丁化

---

① 查尔斯·霍默·哈斯金斯:《十二世纪文艺复兴》，第176页。

② 1088年叛乱：威廉一世死前将他的领地分成英格兰和诺曼底两部分，分别传给他的两个儿子威廉·鲁夫斯(威廉二世)和罗贝尔·柯索斯。1088年，诺曼贵族在征服者威廉同父异母的兄弟——巴约主教奥多的领导下，开始反对威廉二世并投向罗贝尔，最后终于酿成了1088年叛乱。威廉凭借手中的金钱和建立更好的政府的许诺获得了英格兰人民的支持，击退了叛乱。

了，而不是用原来的拼写形式。[①]事实上，威廉一直蔑视英语，认为英语是野蛮落后的语言。[②]

通过这两部拉丁语史著，威廉试图将他心目中光辉的盎格鲁-撒克逊历史与盎格鲁-诺曼人的历史联结起来，整合为一部新的英格兰民族史。但与后世的英国知识分子不同，他和同时代的历史学者不是通过倡导共同的本族语言建立自己的身份认同，而是通过撰写历史来建构新的民族认同的。[③]他们对早期英格兰历史的“挪用”表明诺曼人和英国人的民族融合尚在进行之中，需要共同的历史记忆来成为新的英格兰民族身份认同的基础。威廉和他的同行积极参与这种历史记忆的建构，同时也维持着对自己诺曼世系的忠诚和认同。拉丁语是当时欧洲的学术通用语，也自然成为他们建构身份认同的语言工具。新的民族认同正在孕育之中，但它还未与英格兰的本土语言——英语联系起来。

二、法语的使用与身份认同

诺曼征服以军事暴力的方式消灭了英格兰原来的统治阶级，并引进了一个新的统治阶级——诺曼贵族。这些贵族的人数相对于英国民众来说很少，但他们掌握了英国的政治和经济命脉，权力巨大，足以维持法语的官方和日常使用。[④]在诺曼征服后的两百年里，法语一直是英格兰上层社会的日常交际用语，也是正式书面语之一。但事实上，中世纪英国社会使用的法语与欧洲大陆巴黎地区的法语还是有很大区别的，它被学者称为盎格鲁-诺曼

---

① Andrew Galloway, “Chapter 10: Writing History in England”, in David Wallace, ed., *The Cambridge History of Medieval English Literature*, Cambridge, UK: Cambridge University Press, 2002, pp. 255-283.

② Hugh Thomas, *The English and the Normans: Ethnic Hostility, Assimilation, and Identity c.1066-c.1220*, p. 256.

③ 这些史家包括亨丁顿的亨利(Henry of Huntingdon)和坎特伯雷的奥斯本(Osbeorn of Canterbury)等，他们也和威廉一样轻视英语，认为它是粗俗的语言。参见 Henry of Huntingdon, *Historia Anglorum: The History of the English People*, Oxford: Clarendon Press, 1996, p. 256.

④ 诺曼贵族人数的统计见前一章。

语(Anglo-Norman),它是“主要以诺曼底法语为基础,混合了其他法语方言、英语和弗莱芒语的形式和词汇而形成的语言”[①]。

最初使用法语的都是诺曼人,但通过通婚和出于与统治阶层打交道的需要,许多英格兰人也学会了法语。不久之后,讲法语和讲英语的人群的区别逐渐由种族变成社会阶层了。英语是下层民众的语言,因此可以推断成为庄园主的诺曼贵族多少得懂一点英语,才能跟他庄园里的农民交流,从而更有效地维护自己的领主利益。13世纪末,一名叫作罗伯特的修士在编年史中记述了当时的语言使用情形:

> 这样,英格兰就到了诺曼人的手中,
> 诺曼人除了家乡话外不会说其他语言,
> 他们像在老家一样说法语,然后教给他们的子女,
> 法语在贵胄家族世代相传,
> 上等人一个,却不懂法语,势必被人看轻,
> 下等人一群,只说英语,那是他们自己的语言。
> 全天下的人都只讲自己的语言,英格兰除外,
> 但是大家都知道,两种语言都懂才是最好,
> 一个人懂的越多,他的价值就越大。[②]

这段引文为当时的英格兰社会的双语制提供了佐证,同时,我们还必须注意到语言运用的阶级差别。罗伯特已经在用“上等人”(heie man)和“下等人”(lowe man)这样的词语来表达上下阶层在语言使用上的区别,这也说明讲法语和英语群体之间的种族差异已经逐渐变为社会阶级差异:诺曼贵族讲法语,下层民众讲英语。而且,据罗伯特所述,当时社会的主流看法是讲双语者更受社会尊重。因此,可以合理推断,许多处于社会中层乃至下层的英国人为了能与上层人士交流,改善生活境遇,提高自身社会地位,也会去

---

① Wilson, *Early Middle English Literature*, 3rd ed., London: Methuen, 1968, p. 55.

② Albert C. Baugh & Thomas Cable, *A History of the English Language*, p. 112.

学着讲法语。

处于社会中层的双语使用者首先包括骑士阶层。即使在母语为英语的骑士中,法语的使用也似乎得到了相当程度的重视。文献资料曾记载这样一件事,亨利二世时期,英格兰的一位骑士从诺曼底请人来教他儿子法语。通过当时(1191年)编年史家记载的一桩旷日持久的法律诉讼,我们也可以推断骑士阶层对法语的重视程度。这场诉讼案在克罗尔兰修道院修士和斯伯丁修道院院长之间展开。法庭传召了四名被认为具有骑士身份的人,他们做证说之前他们曾拜访过院长。结果法庭发现他们的身份并非骑士,院长也声称他们从未造访过他。编年史家着重指出,这几个所谓的骑士中的第三个人几乎不会讲法语。由此可见当时社会的主流观点,即拥有骑士身份的人应该会讲法语。[①]

城镇居民构成了中间阶层中讲法语的最大群体。在很多城镇,有诺曼姓名的居民在当地地位显赫,他们是城镇商人阶层的主要构成来源。在日常商业活动中,市民用法语进行书面写作。如果没有用拉丁文记账的话,记账员会用法语保存账目。[②]由此可见法语的使用在城镇市民中还是较为普遍的。至于庄园里的管家和收租人,他们使用双语的可能性也非常大。因为他们处于庄园社会关系结构的中间位置,要听懂诺曼庄园主的指示并与其打交道,他们必须懂法语。同时,他们要上情下达,向庄园里的英国农户传达庄园主的指示,对庄园进行管理,收取租税。因此,庄园管家这个群体在很大程度上是双语使用者。

对法语的掌握有时甚至会延伸到社会结构的下层,如自由农(free tenant)。乔斯林·德·布雷克隆德,一名12世纪的英国修道院修士,在他的编年史著中记载,圣埃德蒙兹伯里修道院院长萨姆森将一座庄园赐予一名自由农,理由是"他是一个好庄稼把式,而且不会说法语"[③]。这段记载所暗示的信息则是有些自由农可能会说法语。可见诺曼征服后法语在英国社会中

---

① Albert C. Baugh & Thomas Cable, *A History of the English Language*, pp. 121-122.

② 比如南安普敦在末日土地调查时分别有65名法裔男性居民和31名英裔男性居民,他们中的大多数都是有自己的家庭的。

③ http://www.csudh.edu/oliver/smt310-handouts/jocelin/jocelin.htm.

的使用并非如一般论著所言绝对局限在上层和中层社会，有时它会延伸至下层民众。可以设想，一些农民如果经常出入城镇市集，就需要讲多种方言才能与各种城里人打交道，因此他们的语言库也会扩大，掌握一点法语知识也属正常。但是，中世纪绝大多数的农民仍属于单语使用者，他们被束缚于土地之上，鲜有社会流动，单一语言完全可以满足他们的交际需要。

与下层农民社会不同，中世纪欧洲各国的统治阶层是一个“国际性的”阶层，他们在整个欧洲范围内进行联姻、结盟、继承财产或发动战争，因此他们一般是多语使用者。单从数量来看，诺曼统治阶级的人数太少，不足以改变广大下层人民的语言，甚至连他们自己讲的法语，也局限于上流社会之中。法语在英国的持续使用，得益于诺曼王朝与法兰西之间的紧密联系。自诺曼征服起，英国国王同时也是诺曼底公国的公爵。威廉一世在位时期约有一半时间是在诺曼底，其中至少有五年时间他未曾踏足英格兰。威廉一世死后葬于诺曼底，他死前将诺曼底传给他的长子，而将英格兰留给次子。后来英格兰和诺曼底在亨利一世的统治下再度联合。亨利二世继位时，英国在法兰西的领土急剧扩大。亨利，作为安茹伯爵，从父亲那里继承了安茹与缅因地区。通过与阿基坦的埃莉诺(Eleanor of Aquitaine)的婚姻，他又得到了法国的大片领地。当他成为英格兰国王时，他已经控制了从英吉利海峡到比利牛斯山，约占法兰西领土2/3的土地，史称“安茹帝国”。在这种情形下，英国与欧洲大陆之间的联系得到进一步加强。

基于大陆领地的经济政治利益使英国国王对欧洲大陆事务的关注超过了对本土事务的关注。英国国王在法国的时间要远远超过于他们在英国的时间。亨利一世在他35年的统治时期内，只在英国待了6年，其余时间大都在法国度过。《盎格鲁-撒克逊编年史》曾这样记载：“亨利国王因为与法兰西国王、安茹伯爵和佛兰德伯爵打仗，整年待在诺曼底……英格兰为战争支付昂贵的钱款，为此全年不断征收名目繁多的税金。”[①]亨利二世自己在法国的统治时间超过20年。理查一世常年在法国大陆作战，后来又积极投身于十字军东征。他在位的10年时间内只有6个月待在英国。从国王的联姻对象

① 肯尼斯·摩根：《牛津英国通史》，第130—131页。

来看，自威廉一世起直至爱德华四世的漫长时间里，英国国王基本上都是与欧洲王室联姻。[①]在这样的情形下，英国王室的欧洲大陆情结也就可以理解了。因此，法语在英国宫廷的持续使用也就有了坚实的根基。

贵族阶层在语言问题上与宫廷亦步亦趋。英国贵族大都在法兰西拥有领地，与大陆贵族联姻，经常往返于海峡两岸。为了他们自己和国王的利益，贵族们还要经常随国王一起渡海到法兰西作战。因此，法语在贵族阶层中的使用是十分普遍的。虽然少数诺曼贵族为了处理自己的领地事务，可能也会学点英语，但我们可以大致断定一直到13世纪初绝大多数英国贵族仍是单语使用者，在生活中基本上只用法语。

在讨论了使用法语的社会阶层之后，我们可以探讨一下法语的社会功能。由于社会的统治阶级使用法语，因此法语是当时英国的正式语言。但法语从来不是唯一的正式语言。在过去的几个世纪里，拉丁语一直是正式书面语之一，被广泛用于法律、政治、文学和宗教领域的事务。诺曼征服之后，拉丁语也一直是政府的书面用语。《土地志》以及绝大多数政令都是用拉丁文撰写的。此外，拉丁语还是宗教的首要用语，并延续至今。但是从12世纪开始，这一局面有所改变，法语在正式场合使用得越来越多。到了13世纪中叶，法语已经成为行政管理的官方语言，与拉丁语分庭抗礼。在法庭上，拉丁语已经完全被法语取代。公务员在撰写文书时，寄往国外和呈递上司的仍用拉丁语，除此之外的则一律用法语。在议会辩论中，法语也将拉丁语逐渐排挤出去，成为辩论的主要语言。在商界，各种记录和账目也都用法语，直到15世纪这一状况才得到改变。[②]

在文学和历史著述方面，拉丁语是当时的首选语言。英格兰自比德以来有用俗语撰史的传统，但从当时整个欧洲的情况来看，以俗语撰史是孤立的做法，以拉丁语撰史才是主流。英格兰第一部以法语撰写的史书《英吉利

① 其中只有两位国王的王后来自英国本土：亨利一世的第一任妻子来自苏格兰王室，爱德华四世的王后则是一名英格兰贵族的遗孀。

② 戴维·克里斯特尔：《英语的故事》，第180页。

人史》(*L'Estoire des Engleis*)出现于1135—1140年。[①]作者是盎格鲁-诺曼编年史家杰弗里·盖马尔(Geffrei Gaimar)。盖马尔是在林肯郡一个名叫拉尔夫·菲茨·吉尔伯特的小贵族的恩庇下写作此书的,委托他写书的人是吉尔伯特的妻子康斯坦丝。[②]在当时拉丁撰史一统天下的情形下,是什么激发了盖马尔的这次俗语历史编纂呢?首先,他写史是为了响应当时诺曼统治阶级对历史日渐增长的兴趣。编史是为了扩大贵族阶层的见识,但同时也有消遣娱情之用。另一个激发他写作的因素是《盎格鲁-撒克逊编年史》(后面简称"《编年史》")以及它所代表的英国俗语历史编纂传统。《英吉利人史》的部分内容是对《编年史》的部分手稿内容的翻译。盖马尔保留了《编年史》的编年纪事体风格,并在此基础上大幅增加了叙事和传奇故事的成分。

盖马尔对《编年史》的利用,自然是出于其权威性。通过对英格兰俗语撰史传统的沿袭,他不仅要使自己编著的历史具备可信度,更要使英格兰民族的历史叙事能在诺曼征服的背景下延续下去,从而将他自己所属的诺曼民族融入英格兰民族的历史。因此,对于诺曼人出身的盖马尔来说,以法语续写《编年史》乃是自然之举。这种挪用英格兰早期历史的行为,生动阐释了诺曼人这一方主动开启的民族同化进程。盖马尔在这部史著中丝毫没有表现出对英格兰民众的偏见,反而常常带有同情的色彩,比如他在书中嘲弄了征服者威廉,因后者对英格兰北部贵族的处理冷酷无情。[③]《英吉利人史》的写作和传播说明到了12世纪40年代讲法语的诺曼贵族已经将盎格鲁-撒克逊早期历史视为自身历史的一部分,诺曼征服者和英格兰受压迫的臣民之间的鸿沟开始逐渐消失。

在盖马尔之后,韦斯(Wase)的法语诗体纪年史《布鲁特传奇》(*Roman*

---

① 关于此书的撰写时间学界尚有争议,一般的说法是1135—1140年,但Paul Dalton等学者认为放在1141—1150年更合理。参见Paul Dalton, "Geffrei Gaimar's Estoire des Engleis, Peacemaking, and the "Twelfth-Century Revival of the English Nation", *Studies in Philology*, 2007, 104(4), pp. 427-454.

② 当时文人多受到宫廷王公以及贵族阶层的恩庇(patronage)和赞助,后者为他们写诗撰史提供方便。

③ Hugh Thomas, *The English and the Normans: Ethnic Hostility, Assimilation, and Identity c.1066-c.1220*, pp. 85-86.

de Brut)更牢固地将诺曼人与英格兰的历史融为一体。这部作品约完成于1155年,其内容素材多来自12世纪初英格兰历史学家蒙莫斯的杰弗里(Geoffrey of Monmouth)的拉丁史著《不列颠君王史》(*Historia Regum Britanniae*),可以看成对后者的俗语翻译和改写。此书将英国历史追溯到传说中的特洛伊王子布鲁图(Brutus)创建不列颠之时,自由增加了传说和想象的内容,如亚瑟王、李尔王和圣杯的传说故事,圆桌骑士的传说也第一次出现在这部作品里。12世纪末的英语诗人拉亚蒙(Layamon)曾在自己的《布鲁特》中声称,韦斯曾将一本《布鲁特传奇》献给亨利二世的王后埃莉诺。如果这一声称属实的话,韦斯应该是受到亨利二世及其王后的庇护,为王室创作关于英国历史的史诗作品。[①]

与《英吉利人史》相似,韦斯的《布鲁特传奇》将英格兰早期历史移植到新的诺曼叙事话语之中。不同的是他更加强调诺曼人作为英格兰继任统治者的合法传承,着力于向统治者奉献一部符合他们兴趣和需要的历史书。书中出现的亚瑟王和圆桌骑士都是不列颠或英格兰历史传说中的英雄,与诺曼人没有直接关系。通过把他们的传说植入到新英国史之中,韦斯将诺曼人与英格兰的历史连接起来,这对于诺曼王朝的统治者来说具有至关重要的意识形态上的意义。当时诺曼统治阶级正在寻求英格兰身份,以构建自身统治的意识形态合法性,因此"虚构岛国光荣的过去成为王室压倒一切的兴趣"。《布鲁特传奇》正好迎合了诺曼王室和贵族阶级的需要,所以成为当时广受欢迎的历史作品。[②]理解了这一点,我们也就不会对他的另外一部作品《卢之传奇》(*Roman de Rou*)的失败感到惊讶了。[③]

实际上,《卢之传奇》是受命之作。亨利二世受到《布鲁特传奇》的启发,授意韦斯再写一部史诗著作以歌颂诺曼人的英雄业绩以及他们征服英格兰

---

① 肖明翰:《英国文学传统之形成:中世纪英语文学研究》(上册),第274页。

② Susan Crane, "Anglo-Norman Cultures in England", p. 42.

③ 卢即罗洛(Rollo, 860? —932?),维京人(Viking)首领,在维京人南侵运动中率部分维京人迁徙到英吉利海峡对岸(现在的法国诺曼底地区),与法国国王签订协议,划定领地,开创了后来的诺曼底公国。诺曼人(Norman)的原意是"北方人"(Northman),指从北欧迁徙到诺曼底的维京人。

的历史武功。1160年左右，韦斯在王室的恩庇下开始写作，历十余年之久也未能完成此书，最后于1174年放弃。他在书中谈到，由于国王另派他人撰写诺曼人历史，他只好放弃。明显，国王对他的作品是不满意的，原因在于他的作品过于突出诺曼人的独特身份，不符合国王的要求。

前面提到，将诺曼人的历史与英格兰历史联结起来，是诺曼统治者的意识形态需要。亨利二世之所以一再命人编撰诺曼史，就是为了构建他作为英国国王和诺曼底公爵的统治合法性，强调他的统治乃是历史的自然传承，天命所归。韦斯在撰写《卢之传奇》时，过分宣扬诺曼人的民族性，仿佛诺曼人从过去到现在都是一个独特的民族。当时诺曼征服已过去一个世纪，诺曼贵族尤其是中下层与英格兰人的融合已经比较深入，新的民族正在形成之中。韦斯在那时强调诺曼民族性，既不合时宜，脱离现实，又违背了国王的意图。在这样的情况下，他的创作失败也就是必然的了。

在民族融合的大趋势下，出于政治和意识形态的需要，诺曼统治者对反映英格兰和不列颠历史的题材越来越感兴趣。在宫廷和贵族庇护下的文人也开始扎根于英格兰本土，创作反映英格兰或不列颠历史的作品。然而，具有悖论意义的是，统治阶级对英格兰历史文化的认同并没有与英格兰的本族语——英语联系起来。几百年的时间里，宫廷庇护下的诺曼文人坚持用法语来从事文学创作，记述英国的历史，其原因可能在于：

首先，法语在英格兰社会的地位和声望不断上升。11世纪末，新型宫廷爱情诗开始在普罗旺斯出现，以此为开端，法国文学出现大繁荣，法语也逐渐成为可以与拉丁语匹敌的“国际”通用的文学和书面语言。12世纪末以来，法国作为一个强国在西欧崛起，在欧洲事务中发挥着越来越重要的作用。法国的政治军事力量和风靡欧洲的法语骑士传奇使法国成为欧洲骑士文化的中心。所有这些因素都加强了法语的地位，使得法语逐渐取代拉丁语成为英格兰的政府书面语言和文学语言。

其次，诺曼征服之后英国王室和贵族在法国拥有大片领地，而且随着亨利二世的继位，英国在法国的领地急剧扩大，达到法国领土的2/3以上。中世纪的土地是政治、军事和经济权力的基础，英国统治者需要懂得和使用法语，才能在其庞大的法国领地上进行有效统治，维护和扩大自己的权力根基。

等级制度是中世纪社会的核心。语言具有标记社会等级的功能，人们使用相应的语言表明自己的社会阶层和地位。正如教士使用拉丁语使普通民众产生敬畏感一样，统治阶级使用广大民众不懂的法语可以拉开同他们的距离，有助于保持自己的社会权威。13世纪初，一位名叫斯蒂芬的修道院院长声称，不能用法语和拉丁语进行告解的人不能成为修士。语言，作为差异的标志，在这里被用作整个文化的转喻(metonymy)，显示了罗马教会和诺曼贵族对广大民众的歧视和排斥。[①]坚持讲法语的诺曼统治阶级与广大英格兰民众之间仍然横隔着语言的鸿沟。

因此，在诺曼征服后的两个世纪里，一方面，诺曼统治阶级越来越英国化，越来越认同英格兰历史文化传统。像《英吉利人史》和《布鲁特传奇》这样反映英格兰历史的文学作品出现了创作上的繁荣。另一方面，随着12世纪末法国的崛起，法语文学和文化开始引领欧洲潮流，与法国有着紧密联系的英国社会也受到直接影响。另外，在法国拥有庞大领地的诺曼统治阶级出于自身利益的考虑也必须继续使用法语。在英国上层阶级的心理意识里存在两种截然不同的身份认同———对英格兰身份的认同和对法兰西身份的认同，这两种身份认同起初相互冲突，但正在逐步融合统一。新的英格兰身份认同表现在这一时期大量出现的英国历史作品之中。通过将诺曼人内置于英格兰或者不列颠的历史叙述之中，当时的历史作家为盎格鲁-诺曼统治阶级构建了新的英格兰身份，但这种身份的建构却是用诺曼法语完成的。这看似矛盾的语言使用恰恰说明诺曼统治阶级及其文化精英还未将自己使用的语言与明确的民族身份联系在一起。

三、英语的使用与身份认同

诺曼征服前，书面英语是英格兰政府的常规行政语言。[②]诺曼征服后，英语从英格兰的官方语言变成广大民众的口头用语，但这一过程并非一蹴

---

① Laura Ashe, *Fiction and History in England, 1066-1200*, Cambridge: Cambridge University Press, 2007, p. 203.

② M. T. Clanchy, *From Memory to Written Record: England 1066-1307*, 2013, p. 23.

而就。征服后的较长一段时间内，英语在政府公务中继续得到使用。1066年末或1067年初，威廉一世颁布的《对伦敦市民的公告》就是用英语写成的：

> 威廉国王向威廉主教、杰弗里市长、全体伦敦市民——无论他们是法国人还是英国人，致以友好的问候。并对他们说："我要让你们知道，你们将享有爱德华国王时期所拥有的一切法定权利。我要让每个儿童长大后都能继承他父亲的遗产。我将不允许任何人遭受不公和冤屈。愿上帝保佑你们。"①

在当时拉丁文已经成为英格兰的主要官方文件语言的情况下，用英语写政府公告有点不同寻常。威廉这样做可能是希望被英国臣民认同，承认他为王位的合法继承者，英格兰人的国王（Regum Anglorum），从而延续英国的政治传统。我们从他在学习英语方面付出的努力上也可以推断这一点。据编年史家奥德利科斯·维塔利斯的记载，威廉曾经尝试过在40岁左右时学习英语，以便在没有翻译官的情形下能听懂法庭的诉讼程序，从而做出公正的宣判，但他忙于治国理政，还要镇压各地的叛乱，所以最后成效不大。②

英语官方地位变化发生的背景是1069—1070年的英格兰大叛乱。威廉一世残酷镇压了这场叛乱，史称"掠夺北方"（Harrying of the North）。据维塔利斯记载，威廉下令将所到之处全部夷为焦土，士兵将庄稼、牲畜和食物全部烧毁殆尽，因饥荒而死去的民众多达10余万人。③战后几乎所有的盎格鲁-撒克逊贵族都遭到了系统清除，两个民族之间的对抗心态因此越发尖锐。这种对抗自然会从语言态度上表现出来。由古英语撰写的法律文件，对盎格鲁-撒克逊人来说是可靠和易用的象征，如今对诺曼当局似乎构成了潜在的挑战。郡法庭和百户邑法庭的诉讼都是用英语进行的，诺曼人无法听懂。诺曼统治阶级的对策是用拉丁语来取代英语的书面语地位。

---

① Elaine Treharne, *Living Through Conquest: The Politics of Early English, 1020–1220*, pp. 122–123.

② Thomas Hahn, "Early Modern English", p. 63.

③ https://archive.org/stream/ecclesiasticalhi02ordeuoft#page/28/mode/2up.

大约从1070年开始，威廉一世逐渐停止了以英语发布王室令状的惯例做法。从11世纪70年代发布的一则双语通报（notification）中，我们可以看到这种书面语言政策上的变化。这则通报是肯特伯爵及巴约主教奥多发给坎特伯雷大主教兰弗朗克和肯特郡郡长的，顶端是拉丁语文本，英语文本则附于通知底部。文书在写通报时将拉丁语文本置于顶部可能是因为这是大主教和郡长熟悉的语言，将英语文本附在下面则可能是沿袭以前以英语发布令状的传统。由此可见拉丁语在正式书面语中替代英语的趋势。[①]虽然直到11世纪80年代，还零星有王室令状以英语发布，但总体来讲，拉丁语取代了英语的正式书面语地位。威廉还在1086年开始全国土地普查，普查人员在每家每户调查询问，民众以英语对自己的土地财产状况进行申报并进行口头宣誓（testimony），并接受官吏和证人的盘问验证，然后由文书用拉丁语记录下各户财产状况。最后的调查结果汇编成书，史称《末日调查书》，即《土地志》。拉丁语版《土地志》的编纂，使得不懂英语的诺曼人有了可以取代英语法典的书面法律文件，也进一步提高了拉丁语的书面语地位。

书面英语失去了政治权威的支持，其声望和地位迅速下降，逐渐被拉丁语所取代。但这并不意味着书面英语的消失或死亡。由于这一时期应用于高层文化的英语文献显著减少，不少学者推断书面英语即使没有彻底死亡，也是奄奄一息了。这种论点历史悠久，早在1912年，W.P.克尔就说："1100年之前和之后的很长时间里，英语文献都很少见，导致这种情形的部分原因就是英语写作的废弃。"即使是强调英语散文连续性的R.W.钱伯斯，也在他的名作里以夸张的语言描述了12世纪英语的死亡（demise of English）：

> 英语散文被扼杀，这是一个全国性的灾难……我们没有可以与茹安维尔的《圣路易传》比肩的英语散文作品……诺曼征服剥夺了这个机会。当然，征服者威廉不可能在佩文西登陆时就执意消灭英格兰民族和英语，但这二者的毁灭是征服带来的必然结果。[②]

---

① M. T. Clanchy, *From Memory to Written Record*: *England 1066–1307*, p. 213.

② Treharne, *Living Through Conquest*: *The Politics of Early English*, *1020–1220*, p. 94.

这一观点甚至影响到了诺曼历史的权威学者约翰·勒·帕杜雷(John Le Patourel),他在论述后征服时代英格兰的多语制时写道:“英语俗语文学并没有被消灭,而是被诺曼贵族和诺曼教会驱赶至地下状态。书面语言除了拉丁语就是盎格鲁-诺曼语。”[①]

然而持这种观点的学者只注意到以诗歌和原创作品为代表的“高层文学”,低估了对早期作品的复制和编纂工作。据特里哈恩的统计,11世纪和12世纪正是这种复制改编文献出现的高峰期,有一百多种古籍抄本留存至今,而且这些文献中包含了所有文学体裁。[②]

另外一种论点也值得重视,那就是认为后征服时代英语手稿的大量出现是受“怀旧”或者“古物收藏”的心态的影响。克兰奇认为,征服后的一百年内,古英语文献不断被抄写复制,有些典籍仅仅通过12世纪的副本才留存下来。他认为这种复制古英语文献的努力来自英国修道院在征服的背景下保存古代典籍文物的决心。[③]这种将英语文献的留存视为怀旧之举的观点严重低估了手稿的价值和功能。的确,在被诺曼人征服的情形下,面对异族语言文化的侵蚀,抄写保存英语典籍是修士们保存自己文化传统的手段。但这种传承意识并非书面英语延续下来的主要原因,书面英语在一系列场合还发挥着实用功能。首先,英语是教会对民众进行宗教布道的主要媒介。其次,英语写作能够体现对征服者的消极反抗态度。此外,英语写作也是表达英格兰身份认同的手段。

书面英语首先还是被用于宗教目的,原因是广大教众只懂英语。据统计,在保存下来的1060—1220年的手稿中,宗教文献占了大部分,其中仅12

---

① Thomas Hahn在*The Cambridge History of Medieval English Literature*中的相关论述也可以归为这类观点,见该书第62—85页。

② 关于现存的1050至1100年间的书面英语手稿清单,参见Treharne, *Living Through Conquest*, pp. 99-101;1100—1220年间留存下来的英语手稿清单参见同一本书的第125—126页。

③ M. T. Clanchy, *From Memory to Written Record: England 1066-1307*, p. 214.

世纪的手稿就有三分之一是布道词。[①]13世纪早期宗教文献保持高产势头，艾萨姆的艾尔弗里克（Alefric of Eynsham）的作品依然深受欢迎，《公教布道文》（*Catholic Homilies*）、《文法书》（*Grammar*）不断被抄录、复制和编纂。这一时期较为流行的宗教作品还有奥古斯丁修会修士奥姆的《奥姆小书》（*Orrulum*）。[②]这本小书是由一系列布道词汇编而成，内容包括对《福音书》的注解，以供教堂弥撒布道使用。

奥姆在题献和序言里交代了写作此书的缘由——他哥哥沃尔特的促请和嘱托。沃尔特也是一个修士，他相信他们的教众能从俗语《圣经》注解文本的阅读中受益。奥姆谦卑地声称他将《福音书》的教诲译成英语，靠的是上帝赐予他的微薄才智。[③]他强调将救赎之路带给英国民众的必要性。一旦民众能够理解《福音书》的教诲，他们就会懂得救赎之道。奥姆所用的语言表达加强了英语语言社群以及更大的民族共同体的概念：他将他的听众称为"英格兰同胞"（Ennglissh folk），这些同胞的救赎必须通过他们自己的"英格兰语言"（Ennglisshe spæche）才能完成。[④]奥姆自己是变动不居的中世纪身份认同的绝佳范例，他能够同时与几个社会群体关联而没有身份内在冲突的危险。他以12世纪拉丁文《通用注释书》（*Glossa Ordinaria*）作为著作的基础，显示了自己与拉丁语社群的联系。同时他又努力以英语写作布道书，彰显其英语共同体成员的身份。奥姆的布道书是用来在教堂圣会前大声读出的，主要听众是教士。用英语写作的布道书能使教士在更广泛的意义上与他们的教区联系起来，意识到他们共同的英格兰身份。

在修士们抄写古代文献的时候，英语的书面形式也在发生变化。失去了政治权威支持后，古英语（Old English）不再是书面英语的唯一标准变

---

① Susan Irvine, "The Compilation and Use of Manuscripts Containing Old English in the Twelfth Century", in Mary Swan and Elaine M. Treharne, ed., *Rewriting Old English in the Twelfth Century*, Cambridge: Cambridge University Press, 2000, p. 41.

② 哈恩暗示《奥姆小书》的编纂时间约在1200年，参见Thomas Hahn, "Early Middle English", pp. 86-87.

③ Elaine Treharne, *The Orrmulum, in Old and Middle English: An Anthology*, Oxford: Blackwell, 2000, p. 274.

④ Ibid, p. 130.

体。[①]失去权威标准的书面英语转而与英格兰各地的口头方言联系起来，更加接近于普通民众日常生活里所讲的英语。书面英语的这种变化在英语语言史上被称为古英语向中古英语（Middle English）的过渡。这种变化是逐渐出现的。通过对《盎格鲁-撒克逊编年史》所用语言的研究，学者们发现直到1121年，《编年史》的英语还"大体上以古英语写成"，属于标准的西撒克逊文学语言。到1154年，《编年史》的撰写终止之时，[②]那些后期记载里的语言已经与古英语相去甚远，其拼写、语法和词汇更靠近现代英语，被认为是中古英语的早期形式。[③]

古英语书面语的衰落，引发了英国知识阶层（主要是神职人员）对于本国传统文化衰落的忧虑。在一位伍斯特修道院书记员的被称为"伍斯特的颤栗之手"（The Tremulous Hand of Worcester）的抄本中，发现了这种强烈的忧虑情绪。"伍斯特的颤栗之手"得名于他的书法：手稿的字迹左倾而且歪歪斜斜，似乎来自书记员那颤栗发抖的手。从12世纪末到13世纪中期，他的抄写以注释的形式出现在至少二十种古英语抄本中，其中有一本是他独自抄写完成的，即伍斯特主教座堂MS F.174手稿（后面简称"伍斯特手稿"）。[④]据克莉丝汀·弗兰岑（Franzen）所述，伍斯特手稿是这位书记员用他自己的中古英语方言转录古英语文本的早期成果，他试图保存重要的俗语文献，并使这些因为英语语言变化而无法读懂的文本变得更易于理解。他用中古英语注释的文本多是布道词，其中的批注包括下划线、音符记号等有关如何朗读的标记，用来向未来读者提供用中古英语朗读古英语文本的指

① 古英语是威塞克斯王国政府以西撒克逊方言为基础推行的书面语，与人们的生活口语有相当大的不同。

② 自9世纪末阿尔弗雷德国王开启《盎格鲁-撒克逊编年史》（后面简称《编年史》）的编纂工作以来，修士们一直在持续记述历史。诺曼征服后，《编年史》的撰写在四家修道院继续进行，其中在彼得伯勒（Peterborough）修道院一直持续到1154年。

③ J. A. Burrow, *Medieval Writers and their Work: Middle English Literature and Its Background 1100-1500*, Oxford: Oxford University Press, 1982, p. 2.

④ 以前学者认为这位伍斯特的书记员的抄写工作开始于12世纪晚期，那时他身体孱弱。但最新研究表明他的抄写始于年轻时期，可能是某种食物导致了他中年时期抄写能力的下降。Christine Franzen, *The Tremulous Hand of Worcester: A Study of Old English in the Thirteenth Century*, Oxford: Clarendon Press: 1991, pp. 1-4.

南。现存的博德利手稿(Bodleian MS Hatton 114)就是这样的一本布道集。[①]书记员这种以注释方式实现的语言更新,反映了当时英语的口语性质。他们以自己耳熟能详的语言转录古英语书面语,不但是为了向广大信众布道,实现宗教目的,也是为了将自己与说英语的族群更紧密地联系在一起。

伍斯特手稿里有艾尔弗里克的《语法与词汇表》,以及两首诗《英语之哀歌》(*Lament on English*)和《灵魂对肉体的演讲》(*Soul's Address to the Body*)残篇。《英语之哀歌》值得我们重点关注,因为这首诗谈到了对英语语言学习和教学状况的忧虑。S. K.布勒赫认为诗可能写作于12世纪晚期,特里哈恩(Treharne)则将诗的写作时间锁定在1215年左右。[②]除创作时间外,诗篇的名称与作者也引发了争议。布勒赫和特里哈恩将这首诗称为《第一伍斯特残篇》,弗兰岑称之为《圣比德悼诗》,其他人则命名为《英语的废弃》(*Disuse of English*)。[③]特里哈恩认为这首诗更多地表达了"颤栗之手"的哀伤和悲痛,以及他保存俗语文学和英语文化的努力。[④]塞思·勒若(Seth Lerer)和托马斯·哈恩(Thomas Hahn)认为这首诗表达了"颤栗之手"和其他伍斯特抄写员对已经失去的盎格鲁-撒克逊历史文化,尤其是俗语布道传统的怀旧之感。[⑤]因此,我们可以推测这首诗是"颤栗之手"的原创之作。

接下来我们可以仔细考察一下诗歌文本的具体内容。这首诗以一个明显的多语混合的诗行开头,即Sanctus Beda was iboren her on Breotene mid us(圣比德和我们一样出生在不颠)[⑥],然后诗人在自我感知的民族身份

---

① Christine Franzen, *The Tremulous Hand of Worcester: A Study of Old English in the Thirteenth Century*, pp. 34-38.

② S. K. Brehe, "Reassembling the First Worcester Fragment", *Speculum*, 1990, 65 (3), p. 521.

③ 此诗没有公认一致的英语名称,笔者根据学者定名和诗歌内容自拟中文标题《英语之哀歌》。

④ Treharne, *Living Through Conquest*, pp. 145-146.

⑤ Seth Lerer, "Old English and Its Afterlife", in David Wallace, ed., *The Cambridge History of Medieval English Literature*, Cambridge: Cambridge University Press, 1999, pp. 7-34.

⑥ 此诗的原文和现代英语译文参见 S. K. Brehe, "Reassembling the First Worcester Fragment", pp. 530-531.

认同中将语言与民族聚合在一起:英格兰民族(theo Engisc leoden,即English people)是我们的民族(ureleoden,即our people),其民族认同基于英语作为一种共同传承知识(leore)的媒介(第9、15、18行)。这种传承知识是文人(bocare)和学者(lortheines)传递给英语的,通过一种民族标准书面语所驱动的文化运动完成。在比德、艾尔弗里克以及其他主教的努力下,宗教典籍得以从拉丁语译为英语,经文的难解之处得到阐明,至关重要的知识通过英语得到传播(theo cnotten unwreih,即unravel the knot of mystery,第4、5行)。诗人对昔日民族语言文化的昌盛充满怀旧之情,他认为英格兰人民正是因为共同的书面英语而成为英格兰民族的。

与这种怀旧景象形成对比的是如今的教会和语言状况:知识传授被废止,人民惶惑失措(nu is theo leore forleten and thet folc is forloren,第17行),现在有另一个民族(othre leoden)在教我们的人民,以前的教师则遭到贬黜。诗人可能因此意识到将古英语文献转录为当时人们所讲的语言的迫切性,这也是支持他和其他抄写员抄录注解古代文献的精神动力。诗的最后一句,“This beoth Godes word to worlde ascende”(这是上帝之道,传播至尘世),与开篇的诗行——圣比德降生在我们之中——呼应,因此,他可以转译上帝之道(translate the Word),使得道可以借由英语语言降临至“此地的我们之中”(her on Breotene mid us)。[①]

综观整篇诗作,诗人表达了自己对历史断裂的忧虑感,而这种忧虑感也会影响和强化读者的身份认同。诗篇的开始和结束都运用了时空指示词,分别是her(这里)和Nu(现在)。这两个指示词分别强调民族地域空间的延续性和历史时间上的断裂性,指向将“我们”(us)、“英格兰人”(Engisc leoden)、“我们同胞”(ureleoden)联合在一起的共同语言及经历。正如安德森在《想象的共同体》里所述,民族被想象成为一个“穿越同质而空洞的时间”“在历史中稳定向下(或向上)运动的坚实的共同体”[②]。因此,用英语(on Englisc)阅读此诗会立即引发和加强基于共同地域和文化的集体身份想象,

① Thomas Hahn, “Early Middle English”, pp. 74-75.

② 本尼迪克特·安德森:《想象的共同体:民族主义的起源和分布》,第24页。

而这个穿越历史时间，建立在固定领土上的文化共同体是用它的语言——英语来定义的。

除了英语布道词和诗歌，英语历史书写同样持续了自己的传统。自9世纪末开始编纂的《盎格鲁-撒克逊编年史》(以下简称"《编年史》")即使在征服后也没有中断。1066年以后，《编年史》的撰写在四家修道院里继续进行，其中《彼得伯勒编年史》(因在彼得伯勒修道院编纂而得名)的记载一直持续到1154年。考虑到诺曼征服者用拉丁语取代了英语的书面语地位，从正式档案到年鉴的编写都使用拉丁语，英语《编年史》的延续确实是一个奇迹。然而，与一直持续到13世纪的英语宗教文献不同，12世纪时的英语历史写作在数量上呈现显著下降的趋势，在《彼得伯勒编年史》之后更是出现了接近半个世纪的空白时期。因此，出现于13世纪初的历史叙事诗《布鲁特》值得我们仔细分析。[①]

在《布鲁特》的序言部分，作者拉亚蒙简略介绍了自己的身世，以及写作此书的原因。他是一个教士，写作此书是为了"记述那些高贵的英国人的历史"(tell of the noble Enlish)，也就是罗马统治结束后的英格兰历史。[②]为此他广泛游历，收集了一些宝贵的资料作为写作的基础。他提到了三本书——比德的"英语书"(显然是指比德的《英吉利教会史》的英译本)、圣阿尔宾的一本拉丁文著作，以及韦斯的法语叙事诗《布鲁特传奇》，并说他要把这三本用不同语言写的书"融为一体"[③]。

从表面上看，拉亚蒙的《布鲁特》很大程度上是对韦斯《布鲁特传奇》的翻译和改写，但实际上细读起来这两本书有很多不一致的地方。拉亚蒙对《布鲁特传奇》进行了内容上的大幅增删，其中最为显著的是对亚瑟王传说这一部分的扩充，包括巫师梅林的预言以及圆桌骑士制度的设立。如前所

---

① 对于《布鲁特》写作的时间众说不一，多数学者倾向于12世纪末至13世纪初的某个时间段。参见 Kenneth J. Tiller, *Laȝamon's Brut and the Anglo-Norman Vision of History*, Cardiff: University of Wales Press, 2007, pp. 22-23.

② Elaine Treharne, *Laȝamon's Brut in Old and Middle English, An Anthology*, Oxford: Blackwell, 2000, pp. 369-379.

③ Ibid, p. 370.

述，韦斯的《布鲁特传奇》在内容素材上大幅借用了杰弗里的拉丁文史著《不列颠君王史》，将英格兰的早期历史移植到新的诺曼历史叙事之中，从而将诺曼统治者塑造成英格兰统治秩序的自然继承者。而拉亚蒙则是把韦斯的"诺曼历史叙事"又重新移植回英格兰的历史，并且要将"这三种语言的书融为一体"，以英语来书写不列颠的历史。从这里我们可以看出《布鲁特》与上面讨论过的《奥姆小书》以及《第一伍斯特残篇》的相似之处：作者都在拉丁语主宰书面文化的情形下选择用英语写作，致力于英语语言的保存，并将其与他们所属的英语族群(English community)联系在一起。而拉亚蒙迈出了更激进的一步，他赋予英语族群另一个内在身份特征：共同的历史。

语言与民族身份的关联在《布鲁特》里表现得十分明显。这种关联不但体现在他选择的写作语言上，也体现在对关键词leod的使用上。首先，他选择用英语写作，这使他的作品主要面向被征服和压迫的英国人民，为他们书写属于"英国人的历史"。其次，他使用的语言属于古英语书面形式。《布鲁特》的写作时间是在12世纪末和13世纪初，差不多与《第一伍斯特残篇》处于同一时期，而且写作的地点都在同一个地区。但《第一伍斯特残篇》的语言以及"颤栗之手"的注释都是早期中古英语方言，而《布鲁特》却使用古英语语言和词汇拼写形式，在风格上也模仿古英语英雄诗歌。对此，可能的解释是他使用古英语语言来增强自己作品的声誉，使之能与早期古英语经典文献相提并论。另一种可能性是他认为古英语文学的繁荣标志着英格兰文化的顶峰时期，因此通过遵循古英语——盎格鲁-撒克逊文化的权威书面形式来强调英格兰民族和它的历史之间的关联。

leod，根据牛津英语词典的解释，有三重意思：人民(民族)、土地和语言。[①]考虑到拉亚蒙在书中对这个古英语词汇的频繁使用，以及这个词所蕴含的人民与他们居住的地域以及语言之间的内在联系，我们可以推测拉亚蒙是使用古语旨在强化这三者之间的关联。实际上，拉亚蒙并非唯一使用leod的作家，《第一伍斯特残篇》的作者也在他的《英语之哀歌》里用到这个词。他在诗中哀叹道："现在另一个民族(leod)在教我们的人民。"这里的

① *Oxford English Dictionary*, Oxford: Oxford University Press, p. 170.

leod不仅指民族，也指他们的语言。因此，拉亚蒙在书中一再使用leod，是为了强调语言与民族的内在联系。语言作为英格兰人民的身份标记，与他们的共同历史是联结在一起的。

从《奥姆小书》到《布鲁特》，从文学作品到史学著作，英格兰的本土作家（主要是教士）在他们的作品中展示了语言与民族身份的关联。英格兰教士对诺曼征服后逝去的盎格鲁-撒克逊文化充满缅怀之情，因此致力抄写和编辑古英语典籍，以期实现文化的传承。英语同时也是教会对广大民众进行宗教布道的媒介工具。通过编写英语布道材料，修士将自己与广大的英语族群联系在一起。最后，英语历史编纂也是直接表达民族认同的重要方式。面对诺曼统治阶级的文化压制，英格兰修道院的教士选择用英语编纂历史，将语言与民族在共同历史中联结在一起。在英语作家的努力下，英语逐渐成为新的民族意识的催化剂，成为英语社群想象自己民族身份的重要媒介。

第三节　民族融合与语言演变

前面两节论述了诺曼征服对英国社会的影响以及征服后三种语言的社会地位和各自承载的身份认同，从中我们可以发现三种语言的等级分明，但它们所体现的身份却远非一一对应的关系。这是因为，随着诺曼人定居英格兰，民族融合的进程即宣告开始。在此进程之中，英语本身也与其他两种语言相互接触，并受到法语和拉丁语的巨大影响，导致其自身形态也发生了巨大的变化。

一、从对抗到融合

诺曼征服者凭借武力征服了英格兰，并在政治、经济和军事上重新改造了英国社会。一般来说，异族的征服和统治会给社会集体心理带来巨大冲击，激发民众的强烈抵触心理。可以推断，征服后的诺曼人和盎格鲁-撒克逊人之间一定存在敌意和对抗心态。这种对抗心态从威廉加冕为英国国王时就体现出来了。诺曼编年史家奥德里克斯·维塔利斯记载了当时的社会氛围。他在《英吉利教会史》里，详细记述了威廉加冕日的情形：

> 与此同时，因受魔鬼鼓动——那魔鬼是善的敌人，一件毫无预兆的事情突然发生了，这件事情孕育着对两个民族的伤害，也是未来种种不幸的恶兆。当时，奥尔德雷德主教正问英国人，问诺曼人，问他们是否同意由威廉做他们的王。所有人都齐声高呼，称打心眼里同意。他们虽语言各异，意图却只有一个。但那批全副武装在修道院外担任警戒的人，听到教堂里传出兴高采烈的喧哗，却又没法听懂他们的语言，于是怀疑出了变节者，随即纵火焚烧了附近一些房屋。火势迅速地四处蔓延，教堂里那些沉浸在欢乐中的人们，转瞬之间就惊慌失措，乱作一团，他们不分男女，不分职务，不分条件，全都拼命往外挤，纷纷逃离而去，似乎正面临莫大的威胁一般。只有那些主教，带着几个牧师和僧侣，依然还在祭坛前他们的位置上，战战兢兢，好不容易才完成了加冕式，国王本人也惊恐不已。其他人等迅速奔到火灾现场，在一片混乱之中，有的尽力灭火，更多的则趁火打劫。得知这不幸之事的原委后，英国人愤怒了，他们由此怀恨诺曼人，视之为背信弃义之徒，他们等待着，准备伺机报复。①

随后的五年间，英格兰发生了一系列叛乱，但都遭到残酷镇压，其中尤以“掠夺北方”战争最为惨烈。12世纪的教士兼编年史家达勒姆的西缅(Simeon of Durham)曾这样说道：“在约克和达勒姆之间的所有村庄都空无一人。”所有参加叛乱的盎格鲁-撒克逊贵族都遭到系统的清除。到了《土地志》调查的时代(1086—1087)，约4000个英国领主已经不复存在，被约200个诺曼男爵所取代。可以想象，一个民族在异族的严酷统治之下，自然会产生对立的情绪，并在语言态度上有所体现。说法语的人，无论是谁，都被英

① 戴维·克里斯特尔：《英语的故事》，第164—165页。

国人划归“可恶可恨的诺曼人一族”[①]。

随着时间的推移，诺曼人与盎格鲁-撒克逊人之间的关系逐渐从对抗走向融合。我们可以从亨利二世时期的伦敦主教兼司库菲茨尼尔的著作中发现相关的证据。在《财务署对话录》中，菲茨尼尔与他的学生有一段关于司法问题的对话。学生问他：“什么是谋杀(murdrum)？为什么叫谋杀？”菲茨尼尔回答道：

> 谋杀(murdrum)，确切地说，是指某人被秘密杀死，而死于谁手却不为所知。
>
> 因为murdrum与“躲藏”“掩蔽”同义。当时王国正处于征服后的原始状态，出于对诺曼人的怀疑与憎恨，有些盎格鲁-撒克逊人秘密地躲藏起来，四处隐匿，一旦时机成熟，便将对方密杀于丛林之中或偏远之地。国王及其他大臣们花费了不少年月，设计出不少酷刑，疯狂折磨盎格鲁-撒克逊人；然而，尽管采取了这一系列措施，却没能完全终止他们的密杀行为。作为一种报复，于是便想出了这样的计策：那些所谓的“百户区”(hundreds)[②]，若被查出在辖区内有诺曼人被杀——且凶手身份不明时——则应判处罚金，需向国库缴纳大笔白银，或36磅，或44磅，根据地区差别和杀人频率等的差异而不同。他们说之所以这样做是出于这样的考虑：这种方式能保障行人的安全，而且人人都会加快处罚的进度，交出罪犯，以免整个邻里因为这种罪恶而承受巨大财产损失。

然后，学生继续问道：“当盎格鲁-撒克逊人像诺曼人一样被秘密杀死时，是否也应该被称为谋杀？”菲茨尼尔回答：“按最初的法度，应该不会。”但他继续说道：

---

① 戴维·克里斯特尔：《英语的故事》，第165页。

② 又译成百户邑，古代英国行政区划中的一级，属于郡下面的分区。参见阎照祥：《英国政治制度史》，北京：人民出版社，1999年，第14页。

> 然而由于英国人和法国人混杂居住在一起，双边通婚是自然而然的。因为通婚，两个民族便混合一处，以至今天已难以区分谁是英国人的后裔，谁是诺曼人的后裔——我指的是自由民，至于农奴，又叫“佃农”，则不在此列。所以现在任何自由人被发现遭人杀害，基本总是当作谋杀来论处的。①

因此，从这段关于谋杀词义的问答中我们可以看出，征服后初期英国人对诺曼人充满仇恨，又无法推翻他们的统治，于是采取暗杀方式除去诺曼人。于是“murdrum”一词专指英国人对诺曼人的非法暗杀行为。为此威廉一世建立了谋杀罚金(murder fine)制度，在任何发生诺曼人被杀事件，且当地政府未能认真处理案件的地区，居民都将承担责任并支付巨额罚款。这反映当时两个种族之间的矛盾依然尖锐，诺曼统治者要依靠严刑峻法来维持秩序。英国民众逐渐接受了新的社会秩序，对立情绪逐渐缓和。亨利一世统治时颁布了法令，规定诺曼人和英国人在法律面前一律平等。此后两族通婚频繁，民族融合进程加快。到了菲茨尼尔写作的时代(1176年左右)，谋杀罪所涉及的受害人群已经不再区分诺曼人和英国人了。

如菲茨尼尔所述，通婚是民族融合的主要形式。可以肯定的是，当初随着诺曼征服者来到英国的战士中，不可能有法国妇女，之后也不可能有大批妇女从法国漂洋过海来到英国。因此，诺曼贵族与盎格鲁-撒克逊妇女之间的通婚十分常见。据编年史家奥德里克斯·维塔利斯的记载，征服者威廉大力提倡两族之间的通婚，还将他自己的侄女朱迪斯(Judith)嫁给沃尔特奥夫伯爵(Earl Walttheof)。

追随威廉的诺曼贵族罗伯特·德·奥利(Robert d' Oily)同一位撒克逊贵族的女儿结婚，从而获得了广袤的地产。奥德里克斯·维塔利斯自己也是诺曼骑士和英国妇女婚姻结合的后代。亨利一世执政时，致力于通过联姻和

---

① Ernest F. Henderson, *Selected Historical Documents of the Middle Ages*, London: George Bell and Sons, 1896, p. 18.

其他方式促进两族融合。他自己与威塞克斯王族的直系后裔伊迪斯(Edith)结婚,从而将诺曼和盎格鲁-撒克逊两大王族联为一体,为民族融合做了积极表率。在两族联姻的家庭里,无论夫妻交流多么困难,他们的子女都在双语环境中长大。在一代人的时间里,贵族子女就能成为能说两种语言的土地贵族。

这种民族融合的趋势还可见于英格兰臣民给予他们的诺曼国王或教士的全力支持。当威廉二世和亨利一世驱逐外国侵略者时,他们依靠的是基本上由英格兰居民组成的军队。同样,当主教安瑟姆(Anselm)与贝克特(Becket)就教会权益与国王展开斗争时,他们身后最坚定的支持者也是英格兰人。诺曼征服后,英格兰教会的高级神职人员几乎全被诺曼人所取代,这本是造成双方对立情绪的原因之一。但到了1075年之后,唯一留任主教职务的英格兰人伍尔夫斯坦,却致力弥合两族之间的分歧和冲突。从1072年到1079年,他成功地在伍斯特以及其他六个大修道院的修士之间建立了一种精神上的联合,使得这些修道院的领袖,"无论是英国人还是诺曼人,都紧密团结在一起,结成最亲密的精神联盟"[①]。诺曼大主教拉弗兰克曾经对英格兰教会的人员和制度充满鄙视,如今开始寻求与英国人的认同,称自己为"新英国人"(Novus Anglos),并在写作中提到"我们英国人"(nos Anglos),与英格兰教会保持一致立场。

如上所述,12世纪以后民族融合的趋势体现在英格兰社会的各个层面,到了12世纪末,两族基本融合为一体,已经如菲茨尼尔所述难以辨别诺曼人和英国人了。

二、语言的接触与演变

(一)法语对英语的影响

诺曼征服给英格兰的社会结构带来了重大变化,与此同时,民族融合的进程也悄然展开。语言反映社会,语言的变化反映社会的变迁。因此,征服者的语言与广大人民的语言在社会变迁中相互接触,相互影响。法语以及

---

① Albert C. Baugh & Thomas Cable, *A History of the English Language*, p. 116.

拉丁语拥有社会地位和文化上的优势，它们与“底层语言”英语之间的关系主要是输出方和进口方的关系。其中，法语对英语的影响是最大的，这种影响主要表现在词汇的输入上。

正如迪克·里斯(Dick Leith)所述，“诺曼人在英国的定居人口虽然很少，但他们有良好的组织协调能力。英国人将他们本国的经济基础和上层建筑几乎完全交给诺曼人。诺曼人用了150年时间在英吉利海峡两岸的封地上传播法语。在很大程度上，用于法律、政府、行政、文学和宗教的法语已经深深扎根于英国社会”[①]。据统计，在整个中古英语阶段，超过10000个法语单词被引进英语，其中75%沿用至今。[②]

法语词汇的引入可以大致分为两个阶段，第一阶段从1066年至1250年左右，这一阶段的词汇输入相对于后一阶段要少一些，以英国下层阶级与诺曼贵族打交道时需要用到的词汇为主，如baron、noble、dame、servant、messenger等，其中最大的输入词汇群体是与教堂有关的词汇，这么大规模的词汇引进主要是出于向广大民众迅捷传播教义及信仰的需要。第二阶段的词汇输入受到一个重要因素的影响，即之前说法语的人群开始更多地使用英语。在这种语言的转换中，他们需要将法语中表达政治、宗教、法律以及其他方面的词汇引入到英语中来。[③]下面将具体分析法语词汇输入的类别及其内容，以便我们全面了解法语对英语语言的影响。

1. 政府与行政管理词汇

诺曼人凭借强大的军事力量，征服了英格兰。随后在英格兰建立起了一整套中央集权的封建制度，同时也改革了原先的行政管理体制。随着社会政治组织的完善和扩大，与之相关的法语词汇也随之被引进。与封建制度有关的词汇如fief(采邑)、fee、fealty、homage(效忠)、investiture等都随之进入了英语。政府和管理体制方面引进的基本词汇包括government、administer、crown、state、empire、reign、royal、prerogative、sovereign、majesty、tyrant、oppress、

---

① Dick Leith, *A Social History of English*, London: Routledge & Kegan Paul World Publishing Corp, 1986, p. 26.

② Albert C. Baugh & Thomas Cable, *A History of the English Language*, p. 174.

③ Ibid, pp. 164-165.

court、council、parliament、statute、tax、revenue、exchequer等。与封建政治统治秩序紧密相关的有subject、allegiance、rebel、traitor、treason、public、liberty等词。[①]

诺曼人对于政府体制和贵族阶层的改组使得大批法语爵位和职位名称进入英语，替代了原来的英语名称。进入英语的官职名称有chancellor、treasurer、chamberlain（宫廷大臣）、marshal（宫廷法官）、governor、minister、viscount（郡司法官）、warden（执法官）、castellan（城主）、mayor、constable（治安官）、coroner（验尸官）等，甚至还有职务低微的crier（传令员）。在表示贵族等级爵位名称的词汇中，只有king、queen、lord、lady、earl在内的少数英语词汇得以保留下来。以earl为例，9世纪时，盎格鲁-撒克逊人用alderman（古英语形式为ealdorman）来指替国王掌管大片领地的官吏，用eorl表示地位较高的人。后来，可能是受古斯堪的纳维亚词jarl（贵族，首领）的影响，eorl与alderman的含义逐渐接近，最终取代了alderman的用法并演变为丹麦人和诺曼人统治时期的earl（伯爵），成为拥有极大权力和极高地位的贵族爵位名称。与此意义相似的法语count并没有取代earl的使用。

除king、lord、earl等词以外的社会等级和爵位名称都被法语词代替了，包括noble、nobility、peer、prince、duke、count、marquis、baron、squire（乡绅），以及表示尊称的头衔sir、madam、mistress。以baron为例，最初由诺曼人从欧洲大陆引进，表示“强人”。诺曼征服后威廉一世将这个等级头衔引入英格兰，以此称呼那些向他宣誓效忠，承担封建义务的封臣，因此baron可以指所有直接从国王那里得到封地的领主。但要到1387年，理查二世册封约翰·比彻姆为男爵时，baron才成为一个正式贵族爵位名称。[②]

从法语中引进的还有与社会经济组织相关的词汇。诺曼征服加速了英格兰的封建化。封建制度的确立改变了以往的经济结构，英国进入庄园经济阶段。在封建采邑制下，manor（庄园）不仅仅是一个经济单位，也是一个政治和司法单位。与庄园组织结构有关的法语词汇包括demesne（领地）、

① Albert C. Baugh & Thomas Cable, *A History of the English Language*, p. 165.

② https://en.wikisource.org/wiki/1911_Encyclop%C3%A6dia_Britannica/Baron.

bailiff(庄园管家)、vassal(封臣)、homage、peasant、bondman(农奴)、slave、servant、caitiff(贱民)等。

2. 宗教词汇

诺曼征服前,英语中的宗教词汇主要来自拉丁语。诺曼征服后,统治者将教会视为王权的有力支持,特别热衷于参与教会的管理和重要职务的任命,以至征服后英国教会的高级神职几乎被诺曼人所垄断。在修道院和寺院里,法语在征服后的很长时期内都是修士们的日常用语。因此,从法语中传来的宗教词汇成为词汇输入的最大群体。

从法语传入的宗教词汇可分为以下几类:

与宗教仪式相关的词汇:religion、theology、sermon、homily(布道)、sacrament(圣礼)、baptism、communion(圣餐仪式)、confession、penance(补赎)、prayer、orison(祷告)、lesson、passion、psalmody(圣歌吟唱)等。

表示教士类别和神职等级的词:clergy、clerk、prelate(高阶教士)、cardinal、legate(教皇使节)、dean、chaplain、parson、pastor、vicar(教区牧师)、sexton(教堂司事)、abbess、novice(见习修士)、friar(托钵僧)、hermit等。

表示宗教思想和神学概念的词汇有:savior、trinity、virgin、miracle、faith、heresy、schism、devotion、sacrilege、simony、temptation、damnation(永世受罚)、penitence(悔罪)、contrition、remission、absolution(赦免)、redemption、immortality、charity、piety、mercy等。

除此之外,还有preach、repent、sacrifice(祭献)、convert(转变信仰)、anoint(涂油于头顶)、ordain(授圣职)等动词。①

3. 法律词汇

盎格鲁-撒克逊时期,英国国王制定过很多英文法律,其中最著名的是阿尔弗雷德法典。这些法律对英格兰法律制度的建立起到了举足轻重的作用。诺曼统治者夺取政权后,几乎所有的法律文献都用拉丁语或法语编纂,法律事务也都用法语办理。与法律相关的英语词汇,都渐趋过时,并且逐步被废弃。比如像sake(诉讼)、soke(地方司法权)、wer(偿命金)、wite(罚金)这

① Albert C. Baugh & Thomas Cable, *A History of the English Language*, pp. 165-166.

样的古英语词汇，人们已经不能弄清它们的意思了。

在法庭所使用的用语中，长久地遗留下了法语的痕迹，这些用语现在已经成了英语表达的一部分。现代英国人用justice而非gerihte（公正），用judgement而非doom（末日审判），用crime取代了sin、guilt，显示了法语法律术语在英语中的稳定地位。和上述词汇相似的法庭用语还有bar、assize（巡回审判）、eyre（巡回法庭）、plea（抗辩）、suit、plaintiff、defendant、advocate（出庭律师）、attorney、petition（陈情书，诉状）、inquest、summons（传票）、indictment（起诉书）、jury、panel、evidence、ransom、bail（保释）、verdict（裁决）、forfeit（没收物）、prison、gaol（监狱）、pillory（戴颈手枷示众）。

与此同时，许多犯罪和违法行为也用法语表达，包括felony（重罪）、trespass（非法侵害）、assault（侵犯人身）、arson（纵火罪）、larceny（盗窃罪）、fraud（诈骗罪）、libel（诽谤罪）、slander、perjury（伪证罪）、adultery（通奸）等词汇。

在采邑制和庄园制下，土地财产权的确认十分重要。很多地产和其他财产的纠纷需要通过法律诉讼来解决，因此，与财产法有关的词汇也随之进入英语，如property、estate（土地产权）、tenement（保有物）、chattels（动产）、appurtenances（附带权利）、encumbrance（债务负担）、bounds（边界）、seisin（依法占有）、tenant（佃户）、dower（寡妇应得的亡夫遗产）、legacy、patrimony（祖传财产）、heritage、heir、executor（遗嘱执行人）、entail（不动产的限嗣继承）。[①]

4. 文艺、科学词汇

由于说法语的诺曼统治阶级主导了上层学术文化，他们赞助文学艺术创作，并大举修建教堂、修道院，所以文艺方面的法语词汇也就大量进入英语。

文学（literature）这个词本身就来自法语，尽管直到12世纪中期修士们还在用英语编纂历史文献和圣徒传记，12和13世纪中的文学作品大部分都是用法语和拉丁语写成的。以诗歌为主导的法语文学在12世纪走向繁荣，对包括英国文学在内的欧洲文学产生了深远影响。中世纪文学的重要体裁romance（传奇）及其名称便是从法国传入的，此外还有poem、chronicle、story、

---

① Albert C. Baugh & Thomas Cable, *A History of the English Language*, p. 166.

tragedy等表示其他各种文学体裁的词汇。

在艺术领域,传入最多的是建筑方面的词汇。由于许多教堂毁于火灾,现有的教堂太小无法容纳信众,英国各地大举新建教堂。同时,征服后陆续迁入的宗教教派也要求新建修道院来满足它们日渐增长的传教需求。除了这些大教堂和修道院外,规模较小的修道院也都四处涌现,它们由当地封建领主出资兴建,并由其家族成员负责管理。因此,一整套建筑术语进入了英语,如cathedral、palace、mansion、chamber、joist、cellar、garret、lintel(过梁)、latch、lattice、wicket(小门)、pinnacle、turret(塔楼)、porch、cloister等。

学术科学方面,中世纪七艺中的逻辑(logic)、语法(grammar)和几何(geometry),其名称都来自法语,论文(treatise)也是如此。在科学方面,吸收法语词汇最多的是医学英语。medicine本身就是法语,表示医生类别和疾病名称的有chirurgy(外科手术)、physician、surgeon、apothecary(药剂师)、malady、pleurisy(胸膜炎)、gout(痛风)、jaundice(黄疸病)、plague、pestilence、pellet、arsenic、poison等。

5. 时尚服装、饮食

历史上,社会时尚的标准总是由上层阶级的品味来决定的,因此,在时尚和服装方面,反映诺曼人品味的法语表达的大量输入也就不足为怪了。fashion和dress这两个词本身就来自法语,与之相关的词汇也都来自法语,如apparel(服饰)、habit(修士衣服)、gown、robe、garment、attire、cape、embroidery等。奢侈(luxury)是上层阶级生活方式的重要组成部分,与之相关的词汇如satin、taffeta、fur、sable等堂而皇之地进入英语。

饮食方面,讲法语的上层阶级为英国餐桌贡献了丰富多彩的表达。在本章第一节,我们已经通过小说人物汪巴之口,了解了部分法语饮食词汇。英国农夫辛劳饲养的家畜,如ox、sheep、swine、calf,被屠宰烹调后,端上诺曼贵族的餐桌后就变成了beef、mutton、pork、veal。这些词本来在法语中主要指动物本身,但引进英语后,它们从一开始就是指与活的动物相区别的食用肉类,这种词汇的区别应该是上层阶级有意识的语言行为,以将自己与下层民众区隔开来。这反映了中世纪界限分明的等级制度和阶级区分。

(二)英语形态的变化

在上文中我们分析了法语对英语的巨大影响,这种影响最重要的内容在于词汇上。从词汇输入的广度来看,法语词汇囊括了英国人生活和思想的每个重要方面,极大影响了英国人的思维和表达方式。因此,可以说诺曼征服造成的不仅仅是两个民族的融合,也是两种语言的融合。

当然,英语同时也在吸收拉丁语词,只不过数量相对较小,主要来自书面语。有的是直接从拉丁语输入的,更多的是通过法语输入英语,如index、homicide、suppress、incredible、spacious、lucrative、interrupt、immune、distract、genius等。这些词大部分已经成为英语的常用词汇。

然而,在这种语言接触与融合中,英语并没有变成另外一种语言,它容纳了数以千计的法语以及拉丁语词汇,并将之作为自己的资源,使得英语词汇异常丰富。几乎在每一层面上,都有来自不同语言的同义词可供选择,分别表达不同的语体。我们可以通过三组词来加以比较:

rise—mount—ascend

ask—question—interrogate

fear—terror—trepidation

这样的三组同义词,每一组的词分别来自盎格鲁-撒克逊语(古英语)、法语和拉丁语。来自盎格鲁-撒克逊语的词最常用,用于非正式语体。来自法语的词汇则较为文雅,一般用于正式口语及书面语体。拉丁语词汇书卷气较浓,一般用于正式书面语体,如学术著作、科技论文、官方文书等。当然,这种划分也不是绝对的,需要根据具体情况加以判断。

在吸收大量外来词汇的同时,英语的语法也发生了重大变化。其中最为突出的变化是词尾曲折变化的简化或消失,导致这种变化的原因主要还是英语官方地位的丧失。诺曼征服后,统治者逐渐用拉丁语取代了英语的官方语地位。英语书面语在失去政治权威的支持后,其标准性也相应失去了权威。书面英语开始向人们生活中的口头语言靠近。普通民众受教育程度较低,为了交流方便常常简化词尾的屈折变化,久而久之这些日常语言形式为书面英语所接受,促进了英语屈折形态的简化。

这种形态简化使得名词格的变化减少到一种,即只有所有格的变化形式了。名词复数只保留了-(e)s和en两种词尾形式,到了14世纪,-(e)s则成为表示名词复数的标准词尾,只有少数名词oxen、children、women、teeth等以其特殊的复数形式保留下来。形容词基本上失去了性、数、格及人称的屈折形式。动词的变化形式也大大简化,人称变位基本消失,相当一部分强势动词转化为弱势动词,使得英语中不规则动词的数量大为减少。同时,古英语词尾形态的语法作用被更为严格的语序所取代,并形成了主语—谓语—宾语这样的基本句子结构。介词短语的大量出现,使词序避免了僵化,在保持句子基本结构的前提下使英语句子灵活多变。到了中世纪后期,英语句子的结构已经与现代英语相近。英语逐渐由一种综合性语言转变为一门具有明显分析性特点的语言。[①]

然而,英语没有变成另外一种语言,它仍然保留着自己的特质。虽然词尾的屈折变化一再简化,其基本语法结构仍是英语的。它吸收了数以万计的外语单词,但其核心词汇仍然来源于英语自身。诺曼征服后,在法语和拉丁语的影响下,英语的表达方式得到了极大的丰富,语法形态大大简化,体现出了日耳曼语与罗曼语的混合特征。[②]

小　结

诺曼征服给英格兰社会带来了巨大的冲击和深刻的改变。统治阶级的诺曼化使得英语的地位下降,从英国的官方语变成广大英格兰民众的口头语言。拉丁语和法语取代了英语的官方语言地位,成为统治阶级的语言。这也改变了9世纪以来英格兰民族共同体的建构进程,为英格兰民族身份增

① 语言按照其句法关系的表示方法可分为综合型和分析型两类。语言内部词与词之间的句法关系靠屈折变化来表示的即属于综合型语言,例如拉丁语、阿拉伯语、德语和俄语。如果语言的句法关系靠词序和功能词表示,这种语言便是分析型的,例如汉语。关于诺曼征服后英语的变化参见张加明:《诺曼征服与中世纪英语》,《河南大学学报》(社会科学版),2004年第3期,第133—136页。

② 李赋宁:《英语史》,北京:商务印书馆,1991年,第95页。

添了新的不确定因素。

语言是社会的反映,复杂的政治社会结构使得这一时期的英国呈现出“三语共用”的局面。拉丁语不仅是官方书面语言、教会的正式语言,还是学术语言。法语则是统治阶级日常使用的语言,也是行政法律实际事务用语。英语则是所谓的底层语言,即民众的生活用语。但这也并非绝对,据学者研究,虽然书面英语的使用频次有明显下降,但古英语文献的编辑以及英语宗教文献的写作一直持续到12世纪和13世纪。

随着民族融合的进一步发展,语言之间的民族区别逐渐变成阶级差别。使用拉丁语和法语的人群开始认同其英国身份,他们中的知识分子(主要是神职人员)借助于历史著述,将诺曼人的历史与英格兰的历史相联结,由此编纂出新的英国史,并为自己的族群建构出自身的英格兰身份。英格兰人,在民族和阶级的双重压迫下,在修道院里编辑抄写古英语文献,持续记录历史。这一方面是对诺曼统治者的消极抵抗,另一方面则是表达了英格兰族群独特身份认同的途径。

在民族融合过程之中,三种语言也不可避免地相互接触和影响。一方面,处于优势地位的法语和拉丁语向英语输入了大量词汇,英语的词汇和表达方式得到了极大的丰富。另一方面,由于英语成为底层民众的口头语言,其词尾屈折形态在日常的交流中被大幅简化。英语的形态发生了重大变化,从古英语转变为中古英语,兼具日耳曼语和罗曼语的特征。变化中的中古英语既反映了诺曼人和盎格鲁-撒克逊人的民族融合,也为在此基础上逐渐萌生的新英格兰民族提供了语言基础,英格兰人在民族意识发展过程中越来越明确地将英语视为其民族身份的标志。13世纪初政治军事形势的变化为这一新的语言认同提供了强大动力,盎格鲁-诺曼贵族阶层被迫重新审视和调整他们的身份认同,以与绝大部分英国民众保持一致。

第三章　英国民族语言的形成

语言是社会的反映，也是社会变迁的指示器。诺曼征服改变了英格兰的社会政治制度，也给社会语言带来了重大改变。诺曼征服后的近两个世纪里，英语一直是底层劳动人民的语言，法语和拉丁语是诺曼贵族和教士的语言，这种语言等级体制反映了英国的社会结构。因此，要改变这种语言结构，必须要有相应的社会变化。

13世纪初的政治军事局势变化，为这种语言的变化提供了社会背景。法国领地的丧失，逐渐切断了英国统治阶层和贵族阶级与欧洲大陆的紧密联系。贵族阶层失去了使用法语的最重要理由。与此同时，约翰王及其继任者亨利三世重用外国人的政策也激起了贵族阶层的反对。一种崭新的英格兰民族感情在酝酿之中，对英语语言的认同也由此得到重新强调。

随着国内局势的变化，英语的使用越来越普及。英法之间的对抗最终发展为百年战争，在激烈的民族对抗中，英格兰民族意识得到进一步发展。法语被认为是“敌人的语言”，其使用持续衰落。英语被认为是民族认同的标识，重新赢回了自身的官方语地位。本章将详述英语重新确立官方语地位的过程，并对这一过程中社会变迁与语言变迁、认同与语言之间的复杂关系进行分析。

第一节　英格兰与欧洲大陆关系的变化

一、诺曼底的丧失

自诺曼人征服英格兰以来，英国与欧洲大陆之间的联系一直较为紧密。

诺曼统治者及贵族阶层频繁穿梭于英格兰与法国领地之间，统治跨海峡的两国领地，并共享同一种盎格鲁-诺曼文化。安茹王朝开启之后，英格兰统治者在法国的领地急剧增加，几乎占到整个法国领土的三分之二。这使得英国与欧洲大陆尤其是法国之间的政治文化联系更加紧密。只要英格兰王室和贵族在法国继续持有大片领地，英国的上层阶级使用法语就有真实的社会根基。然而这种社会根基随着自1200年开始的法国领地的逐渐丧失而不复存在。

英国与欧洲大陆之间纽带的断裂经历了一个历史过程。这一过程始于1204年诺曼底公国的沦陷。自亨利二世登基以来，英国安茹王朝诸王在法国拥有庞大领地，这一跨越英吉利海峡的政治共同体被后世史家称为安茹帝国。但英王在法兰西领地的身份仍是法国国王的封臣，并且，英王在法兰西拥有的庞大领地引起法王的觊觎，因此自路易七世以来的法国国王对这些领地垂涎三尺，不断寻找机会试图吞并它们。1180年，菲利普·奥古斯都（又称腓力二世）继位为法兰西国王。菲利普为人狡诈又有雄心壮志，在他的引领下法国走向加强王权和扩张领土的道路。在这样的背景下，他与安茹王朝诸王围绕其庞大的法国领地展开了长期斗争。

1199年5月，“狮心王”理查逝世，其弟约翰继位为英国国王。对于约翰的性格和统治手段，史家历来评判不一。有的认为他虚伪、自私、残暴和偏执，有的则认为他不乏智慧和进取心，只是存在疏远重要人物及面对阴谋犹豫不决的性格弱点。但有一点共识，就是他做事成少败多，而且对内不顾封建关系规范，经常将贵族的领地财产肆意占为己有，导致他与贵族阶层之间关系恶化。[①]外有法王这个强敌的觊觎，内有乱政导致的君臣失和，诺曼底的丢失只是时间早晚问题。

1200年8月，约翰与昂古莱姆的女继承人伊莎贝尔结婚，以期取得昂古莱姆伯爵的封地。然而，伊莎贝尔之前已经与吕西尼昂家族的休（Hugh of Lusignan）有婚约，休还是法国南部的一个势力强大的贵族。约翰不顾这个事实娶了伊莎贝尔，婚后还对吕西尼昂家族采取了先发制人的攻击。这引起了吕西尼昂家族的强烈不满和愤懑，他们向双方的共同领主法王提出申

① 钱乘旦、许洁明：《英国通史》，第57页。

诉。[①]法王没放过这个羞辱约翰的机会，他于1202年传召约翰到巴黎宫廷对这些申诉做出回应，并接受同级贵族的裁决。约翰声称自己作为诺曼底公爵的特殊地位可以免除他出席法王宫廷的义务，而菲利普则申明约翰是以普瓦图伯爵的身份被传召的，因此他有出席宫廷审判的义务。当约翰缺席审判后，菲利普立即宣布他违反了封建义务，下令没收他的法国封地。与此同时菲利普召集军队，展开了对约翰的新一轮攻势。[②]最初约翰在战场上占据了优势，但他侄子阿瑟王子的悲惨死亡使他失尽人心，众叛亲离。[③]1204年，诺曼底公国的首府鲁昂沦陷，英国与诺曼底持续一个半世纪的联系宣告中断。接着，菲利普乘胜攻占了安茹、图尔和普瓦图等地，英国在欧洲大陆的领地只剩下阿基坦公国。

诺曼底的失陷对当时的英国王室及贵族是一个沉重打击，也是欧洲历史上的一个重要转折点。对这一事件影响的经典评价来自伟大的历史学家斯塔布斯(Stubbs)：

> 1203年以后，约翰独自站在英格兰人民面前，他以后只能对他们实行专制统治，也只有他们有义务服从他的强制苛求。他再也不是半个法国的主人，也不再有一群强大的随从骑士来分享他的战果。

诺曼底等地沦陷后，英国统治者和贵族失去了他们在大陆的主要根据地，被迫将注意力逐渐转向英格兰本土，将英格兰事务置于优先位置。虽然英国在法国还有阿基坦等领地，但这些领地都在法国南部，不像诺曼底那样

---

① 约翰同时是普瓦图伯爵，他是休的上级领主。但按照1200年的《勒·古利特条约》，法王成为约翰在法国所有领地的封建领主。休可以向他们的共同领主——法国国王提出申诉。

② Ralph V. Turner, King John, *England's Evil King?* Stroud: History Press, 2009, p. 64.

③ 阿瑟王子(Prince Arthur)是约翰的兄长杰弗里的遗腹子，他与约翰有相同的王位继承顺位，在争夺英国王位的斗争中受到法王和许多法国贵族的支持。1202年，阿瑟在战争中被约翰俘虏，第二年在鲁昂的监狱里神秘失踪。两国贵族及当时的史家都坚信他是被约翰秘密杀害的。参见迈克尔·亚历山大：《英国早期历史中的三次危机》，林达丰译，北京：北京大学出版社，2008年，第62—63页。

与英格兰在语言、血统和财产利益方面有如此紧密的联系。诺曼底等地的失去使得英王约翰和他手下的贵族真正成为"英格兰"的国王和贵族,从此以后,英格兰不再只是一个地理名词,它将重新向一个统一的民族迈进。①

二、两国贵族阶层的分离

诺曼底等法国领地的丧失对英国的历史影响深远。在法国拥有领地的英国贵族现在面临一个难题:他们到底应该效忠于英格兰还是法兰西?自诺曼征服以来,许多贵族在海峡两岸都有大片领地,逐渐形成了一个相互联结的盎格鲁-诺曼"跨国"贵族阶层,他们也不确定自己属于英格兰还是法兰西多一些。诺曼统治阶级不时采取一些措施来分割他们的"跨国"地产。征服者威廉将诺曼底留给儿子罗伯特,将英格兰留给另一个儿子威廉·鲁弗斯。他的这一做法常为麾下贵族所效仿。1071年,赫里福德伯爵威廉·菲茨奥斯本(William FitzOsbern)死前将自己的法国和英国地产分给自己的儿子。什鲁斯伯里伯爵罗格·德·蒙哥马利(Roger De Montgomery)也采取了这一做法分割自己的领地。

诺曼底等地的沦陷极大加速了这一分离过程。法国国王菲利普在1204—1205年发布的诏令中宣布他已经没收了瓦伦那(Warrene)、阿伦德尔(Arundel)、莱斯特(Leicester)和克莱尔(Clare)等伯爵的法国领地,并将没收所有在英格兰有府邸的骑士的领地。②1204年夏天,英国约翰国王采取了相应的报复措施,下令没收那些向法王宣誓效忠的诺曼贵族的英国领地。那些在海峡两岸都拥有地产的盎格鲁-诺曼贵族陷入了选择的窘境:或者为了保住自己在英格兰的领地而继续效忠于约翰,或者为了欧洲大陆的地产而向菲利普屈膝称臣。大多数贵族被迫放弃其中一边领地,或是将家族地产进行分割处理。只有极少数人可以通过这样或那样的方法保持两边的领地,如彭布罗克伯爵威廉·马歇尔(William Marshall),他通过向法王宣誓效

---

① Albert C. Baugh & Thomas Cable, *A History of the English Language*, pp. 124-125.

② 菲利普给了诺曼贵族一定的宽限期,这些贵族可以在这段时间里为他们的诺曼底领地向他宣誓效忠。全面的没收政策在2015年复活节后才开始正式实施。

忠而得以保留其位于朗格维尔的荣誉领以及其他诺曼底地区的地产。而约翰不敢得罪马歇尔这样势力强大且在两国都备受尊崇的人物，因此未对其在英格兰、爱尔兰和威尔士的地产下手。[①]

虽然一些贵族通过不同方式保住了自己在海峡两边的封地，但总体而言，盎格鲁-诺曼贵族阶层感觉双重效忠已经变成非常棘手的难题，自愿分割领地逐渐成为主流的选择。1229年，英国贵族西门·德·孟福尔就遵循了这一通行做法，他说："我的兄弟阿毛利把我们兄弟在英格兰继承的地产让与我，条件是我能保住这些土地。作为交换，我把我在法国的地产也让与了他。"[②]

1244年发生的一个历史事件代表这种分离趋势的高潮，当时的编年史家马修·帕里斯描述了这一事件的过程，

> 这一年法王召集所有在英格兰持有地产的法国贵族在巴黎开会，向他们宣布："由于任何在我的王国生活，却在英格兰拥有地产的人不可能很好地同时侍奉两个主子，所以这些人要么效忠于我，要么效忠于英格兰国王，二者必选其一。"因此那些在英格兰拥有地产的人要放弃自己在英格兰的地产，以保住他们在法国的领地。当这个消息传到英国后，英国国王下令剥夺所有法国人，尤其是诺曼人的英国领地。对于法国国王而言，英王的这一举措破坏了两国之间的条约，因为英王没有像法王一样，给予那些在两国均持有领地的人选择其中一边领地的机会。由于从普瓦图返回后身体状况欠佳，法王没有重启战端，而是保持了沉默。他甚至还设法压制诺曼人的愤怒申诉，以及他们奋起反抗英格兰国王的强烈欲望。[③]

---

① 迈克尔·亚历山大：《英国早期历史中的三次危机》，第64—65页。

② Charles Bement, *Simon de Monfort*, p. 4.

③ Matthew Paris, *Chronica Majorca*, pp. 481-482. 另据鲍的推测，法王路易九世和英王亨利三世的行动时间可能早于马修·帕里斯的记录，即1243年。因为早在1243年6月，亨利就下令进行调查，以确认在上次战争中站在法王一边的是哪些贵族。1244年1月，亨利没收了那些在战争中忠于法王的诺曼贵族的领地，将其中一部分赏赐给他的儿子爱德华。参见Albert C. Baugh & Thomas Cable, *A History of the English Language*, p. 127.

法王路易九世的行动显然是对1243年亨利三世试图援助法国叛乱诸侯的回应。当然,我们必须意识到两国国王颁布的是笼统宽泛的命令,现实中这些命令的实施则不会如此严格。在法国,单是确定哪些土地应该被没收就让王室官吏伤透了脑筋,而且这些盎格鲁-诺曼贵族还经常改变主意,或是试图通过皇家恩典来取回被没收的土地。在英国,出于政治上的考虑,政府对来自诺曼底地区之外的贵族以及包括教士、寡妇在内的特定社会群体采取了相对宽大的政策,但这种豁免政策也是断断续续和易变的。

总体而言,诺曼底的失去以及后续局势的发展撕裂了统一的盎格鲁-诺曼政治共同体。1250年以后英格兰的贵族阶层永远失去了他们的大陆领地,与领地一同失去的还有他们的盎格鲁-诺曼身份。英国上层阶级再也没有理由认为自己拥有除了英格兰人之外的任何身份了。随着贵族阶层地产和身份的变动,法语的使用也失去了其最正当的理由,而英语将在英国民族意识的增长中再次崛起。

第二节　王国共同体的形成

一、外国势力的肆虐

诺曼底沦陷后,诺曼贵族失去了与欧洲大陆的联系,转而开始全心全意地认同他们的英格兰人身份。就在此时,一拨新的"外族入侵"开始了。这一次外族人不是用武力,而是凭借国王与法国贵族的联姻关系来到英国。他们来自法国南部,被圣阿尔本修道院史家马修·帕里斯统称为"普瓦图人"(Poitevins)。[①]这些法国人的到来是英国国王与法国贵族数次联姻的结果。

普瓦图势力的渗入始于约翰王统治时期。前文已经讲述过约翰王与昂

① 普瓦图人是一个宽泛笼统的名称,这些外族人并非都来自普瓦图一地。马修·帕里斯用它来泛指那些贪得无厌、不受欢迎的法国人,正如一个半世纪前,诺曼人被用来泛指征服英国的外国侵略者一样。

古莱姆的伊莎贝尔的婚姻始末，而伊莎贝尔正是来自法国的普瓦图附近。一个名叫彼得·德斯·罗什(Peter Des Roche)的教士，是所有来到英国的普瓦图人中最显赫的人物。他的职业生涯最好地阐释了约翰和亨利三世统治时期外国人在英国政府中的支配性角色。他来自卢瓦尔河谷的都兰，先在理查一世的宫廷中担任宫务大臣(lord chamberlain)，而后成为普瓦捷教堂的司库和昂热教堂的教长。罗什于1200年来到英国，而后成为约翰的主要财政顾问。1205年，依靠约翰的影响，他被任命为温彻斯特主教。这一职务的任命为他打开了仕途的大门，使他青云直上。在之后约翰与教皇及国内男爵的斗争中，他始终对约翰忠心不贰。1214年，罗什被任命为首席政法官(chief justiciar)——王国内的最高官职。约翰死前指定他为下一任国王的监护人，这使他有机会对少年国王施加影响。在亨利三世的统治下，罗什在很长时间里把持了英国朝政的大权。他还只是受到国王恩宠的众多外国人中的一位。

如果说约翰统治时期，外国人只是点滴渗入英格兰统治阶级之内，那么到了亨利三世时期，这些渗入的水滴就变成了洪流。亨利三世被不少学者称为“诺曼征服以来最具英国特性的国王”[①]，他对于盎格鲁-撒克逊诸王以及英国圣徒的崇拜，他对于英格兰法律习俗的遵守，都体现了英国特性(Englishness)。然而亨利在个人品味、爱好和亲属关系上则完全是法国化的。他不但有一个法国母亲，而且通过他自己的婚姻与法王路易九世成为连襟。亨利三世、他的弟弟理查、法王路易九世以及法王的弟弟查理分别娶了普罗旺斯伯爵的四个女儿为妻。英法两国王室通过婚姻紧密地联系在一起。英国国王的海外亲属关系导致外国人如潮水般涌入英格兰。

第一拨外国人涌入是在1233年，正值彼得·德斯·罗什执政期间。同时代的编年史家，温多弗的罗杰，生动地描述了当时的场景：

亨利国王治下的第十七年，圣诞节的时候国王在伍斯特临朝

① 关于亨利的英国特性(Englishness)，参见 Prestwich, *Plantagenet England*, pp. 29-30; Carpenter, *The Minority of Henry III*, pp. 394-395; Clanchy, *England and Its Rulers: 1066-1272*, pp. 173-175; Carpenter, *The Struggle for Mastery*, pp. 353-354.

> 议政。在温彻斯特主教彼得的建议下，国王罢免了宫廷里所有本地官员，代之以普瓦图的外国人……他突然罢免了之前的顾问、主教和伯爵、男爵等贵族，专宠温彻斯特主教和他的儿子彼得·德·里沃兹（Peter De Rivaulx）；之后，他又驱逐了英国各地城堡的城主，将这些城堡交给彼得父子管理……国王还从普瓦图和布列塔尼邀请了很多穷困而且贪财的人。大约两千名全副武装的骑士和战士来到英国，为国王服役。他派遣他们驻守全国各地的城堡。这些人极力压迫英格兰臣民和贵族，斥责他们是叛徒，指控他们犯下了背叛国王的重罪。而国王是个傻子，对他们的谎言笃信不疑，还把全国的郡治和男爵领地都交给他们管理。①

不难想象，这样的举措自然会引发英国贵族的强烈不满。以理查·马歇尔为首的众男爵向国王抗议，称他“偏信谗言，重用外族人，听任他们压迫王国的天然臣民”②。彼得·德斯·罗什立即代国王回应，声称“国王当然有权征召相当数量的外国人来捍卫他的王国和权力”，然后，他进一步表达对英国贵族的鄙夷之情，称国王应该根据需要引进尽可能多的外国人以便“让这些桀骜不驯的臣子回到他们本来的顺从状态”③。

1236年，亨利三世与普罗旺斯的埃莉诺结婚，这为另一拨外国人进入英国提供了契机。王后的众多法国亲戚都来到英国，分享荣华富贵。马修·帕里斯在1237年写道：“我们的英国国王……用大量土地、财产和金钱养肥了王后的亲戚。这桩婚事与其说让他更为富有，还不如说让他消耗一空。”④王后的一个舅舅，萨瓦的彼得，被赐予里士满伯爵领，还拥有征募外国人为王室效力的特许权；她的另一个舅舅，博尼法斯，则被任命为坎特伯雷大主教。1247年，国王母亲伊莎贝尔的逝世为英国带来了最后一批外国人。昂古莱姆的伊莎贝尔在约翰国王死后嫁给了吕西尼昂的休，为他生下五个子女。

---

① Roger of Wendover, *Flowers of History*, Kessinger Legacy Reprints, p. 566.

② Ibid, p. 566.

③ Ibid.

④ Matthew Paris, *Chronica Majorca*, p. 122.

亨利三世对这些同母异父的兄弟非常眷顾，毫不吝啬地赏赐金钱和官职，并积极促成他们的女儿与英国贵族之间的联姻。与此同时，国王和王后都极力促成英国贵族与外族人的婚姻。

此外，国王委任大量外国人出任英国教会的高阶圣职。他的这一做法有时是为了赏赐亲戚和宠臣，有时则是为了迎合教皇。除了上文中提到的王后舅舅博尼法斯外，亨利的一个同母异父兄弟被任命为温彻斯特主教，尽管他如此年轻，不学无术，毫无执掌这一高位的能力。在亨利的迎合退让下，教皇更加贪权无厌，将英国教会作为榨取金钱财富、实现个人权势野心的工具。他经常以“预派”的方法让意大利人或其他外国人去享受英格兰的大量有俸圣职（benifice）。[①]这些外国人通常不住在英国，也不懂英语，完全没有执行教士职务的能力。那个时代最伟大的英国教士和学者罗伯特·格罗斯泰斯特（Robert Grosseteste）曾对这些外国教士的收入做过估算，发现其中四位高级教士的收入合起来是国王收入的三倍。这种情形发展的结果就是，外国人攫取了英国最好的教会职位，并借此自肥。

在亨利三世的个人统治下，英国内有王室外戚的专权，外有教皇的压榨剥削，英格兰教会和广大民众在外国势力的双重压迫下不堪其苦。马修·帕里斯发出了这样的哀叹：“唉，英格兰，曾为首善之区，各民族的女主人，教会的镜子和宗教信仰的典范；现在沦为纳贡称臣的奴隶。她被那些出生低贱的人踩在脚下，遭到那些堕落之徒的无耻劫掠。”[②]这段引言表达了帕里斯的英格兰民族概念：不但是地理上的实体，也是排除了那些外国“堕落之徒”的文化共同体。这种民族意识不但在英格兰教士知识分子的头脑里酝酿，不久之后也将弥散到已经成为“英格兰人”的上层阶级之中。

二、贵族反叛、王国共同体和英语公告

诺曼底的丢失使英国贵族失去了在欧洲大陆的领地，他们转而开始专

---

① 有俸圣职指为神职人员提供薪俸的圣职，本来应该由捐资者推荐教士去享受，但教皇往往不待圣职出缺就预派候选人。这样，捐资者就失去了推荐圣职之权（advowson）。

② Throlac Turville-Peter, *England the Nation: Language, Literature, and National Identity, 1290-1340*, Oxford: Claredon Press, 1996, p. 1.

心于英格兰事务。在这一过程中,他们对英格兰身份的认同越来越强烈。约翰国王对外国人的信任和重用倾向相对温和,却仍然激发了大法官胡伯特·德·伯格(Hubert De Burgh)的爱国情绪,促使他在担任首席政法官后积极实施"英国人的英国"政策。这一政策的要旨,用斯塔布斯的话来说,就是"将政府行政体系的运作重新交回到英国人的手上"①。德·伯格积极支持英国人担任他们自己国家行政职务的权利,为此他与以德斯·罗什为首的外国党羽进行了激烈斗争。随后他又主张将英格兰本国人提拔擢升至教会的重要职位,显示了他对罗马教廷的态度。德·伯格因此成为第一个将民族感情转化为具体政治行动原则的英国政治家。

13世纪30—40年代,亨利三世对外国人大加宠信重用,使得英国国内政治经济和宗教事务都被外国势力所支配。以彼得·德斯·罗什父子为首的外国人掌握了内外事务的大权。以教皇为首的罗马教廷则将英国视为自己的金库,大肆搜刮。这严重影响了英国贵族阶层的政治经济利益,必然会引发他们的激烈反对。

英国贵族日渐增长的民族意识在彭勃洛克伯爵理查·马歇尔质问亨利三世的话语中初露端倪。理查指责亨利"重用外国人,听任他们压迫王国的天然臣民(natural subjects)"②。原文中用来表达"天然"的拉丁语词是naturalis,意思是"道地的,嫡出的";同时,naturalis还有natural的含义,表示"自然的,天然的"。所以,理查以及其他英国贵族是王国的天然臣民和国王的天生顾问,而罗什等人则是不"自然"的外国人。这里表达的理念就是男爵们拥有向国王提出建议忠告的天然(natural)权利,这种权利是他们作为"英格兰臣民"生来就拥有的,也符合自然秩序。③

意识到自身英格兰人身份的还有教会的高级教士。1234年,在温彻斯特的一次会议上,一群主教向国王提出告诫:

① William Stubbs, *Select Charters and Other Illustrations of English Constitutional History from the Earliest Times to the Reign of Edward the First*, 9th ed, Oxford: Clarendon Press, 1966, p. 32.

② Roger of Wendover, *Flowers of History*, p. 566.

③ M. T. Clanchy, *England and Its Rulers: 1066-1272*, p. 229.

> 国王陛下，您现在接受并依照行事的建议，即彼得主教父子所给出的，既不明智，也不安全，对您自己和整个王国来说，既残酷，也十分危险。首先，他们憎恨英国人。他们离间您与您的人民之间的感情，还占据你的城堡和领土，仿佛您不能信任自己的同胞一样；他们掌握了国库、所有托管以及无人继承的财产。由于同样的建议，您王国的自然臣民都被您赶出了宫廷。①

一周后，在众主教和男爵们的陪伴下，新就任的坎特伯雷大主教埃德蒙再次出现在国王面前，警告他立即罢免宫中外国人的职务，不然就面临被革除教籍的惩罚。在这样的威胁下，国王做出了让步，他驱逐了彼得·罗什以及宫廷中的其他外国人。然而不久后，通过国王与普罗旺斯家族的联姻，外国人又卷土重来，重新占领了英国宫廷。13世纪40年代中期，进入宫廷为国王服务的外国人数量达到了一个高峰，这使得社会的不满情绪进一步加剧。

必须指出的是，所谓外国人与英国贵族之间的身份对立并非绝对。正如在前文中分析的那样，诺曼征服后英国身份认同是变动不居的。征服后初期，盎格鲁-撒克逊人是英国本土人，对他们而言，入侵的诺曼人是外国人。诺曼底失去后，原先已经本土化的盎格鲁-诺曼贵族都成为英国人。甚至很多亨利三世时期才来到英国的外国人也将自己视为英国人，仇视被国王宠信的普瓦图人和其他外国人。以西门·德·孟福（Simon De Montfort）为例，他本来在法国北部长大，1230年来到英国争取地产继承权，后来成为贵族改革运动的领导人。他领导众男爵反抗国王，驱逐外国人，这里面有他与国王的个人恩怨因素②，但他领导改革运动的出发点是将自己看作一个英国

① Roger of Wendover, *Flowers of History*, pp. 583-584.

② 1248年，孟福尔答应到加斯科尼平息骚乱，恢复英王在那里的权威，但是他的条件是要统治该地。孟福尔很快控制了加斯科尼，但是亨利三世指责他滥杀无辜、树敌太多，开始限制他在加斯科尼的行动，也未兑现给他的利益，由此双方积怨日深。此外，孟福尔因为其妻（即亨利三世的妹妹伊琳那）的嫁妆——主要是大陆的一些领地而与国王发生争执，而这一争执也没有得到很好的解决。参见 J. R. Maddicott, *Simon de Montfort*, Cambridge: Cambridge University Press, 1994, pp. 106-123, 147-150.

人,将自己的地位利益和国家利益联系在一起,因此要为英格兰王国去除弊政。而他后来的行动也证明了这一点。

1258年4月12日,七位贵族秘密订立盟约,起誓在效忠英国国王和君权之外,还要互相支持,不得背叛共同的目标。大批贵族和骑士很快起誓加入了这一联盟。1258年4月30日,他们全副武装到达威斯敏斯特宫,要求亨利三世将那些"难以容忍的普瓦图人",即国王的来自吕西尼昂的同母异父兄弟解职,而且要国王和爱德华王子对着《圣经》起誓,加入他们的联盟,服从他们的行动安排。国王和王子被迫起誓,从而也成了改革派的成员。5月2日,国王下诏宣布要进行改革,并将于6月9日在牛津开会商讨具体措施。在牛津的会议上,贵族们依然武装前来,并在英格兰公社(Le commun de Engleterre)的名义下再次集体起誓。

对13世纪的西欧人来说,公社(commune)并不是一个陌生的概念。公社一般是指由共同的忠诚誓约联结在一起的社团。公社成员与封建关系中的附庸区别在于:附庸只对他的领主宣誓效忠,而公社的成员需要发誓为了共同利益而相互扶持。12世纪公社作为革命性的社团在西欧城市兴起,与强大的贵族权力和教会权力相对抗。诺曼底沦陷后,约翰王曾通过建立全国性的公社来组织英格兰的防卫,全国12岁以上的男子都要宣誓加入。而公社的理念还在《大宪章》的条文里出现过,规定"王国公社有权因为债务问题扣押国王的财物"[①]。这里公社(commune)实际上代表王国的每一个人,因此它已经具有现代英语词汇community(共同体)的内涵。当然,1258年贵族们在起誓时所设想的英格兰公社(commune of England),不可能具有现在的community所蕴含的平等和民主的含义,但它确实是包含王国内所有成员在内的共同体。[②]

在牛津的会议上,改革派贵族在法律和政府组织方面提出了一系列改革要求,以改变亨利三世执政以来大权独揽的局面。这些改革要求在会议

---

① M. T. Clanchy, *England and Its Rulers: 1066–1272*, p. 251.

② commune的法语是commun,拉丁语为communitas,但在当时的英语词汇中还没有对等的表达,因此在1258年的英语文件中用loadndes folk(the people of the land)来代替。

上形成了一个文件，即《诸侯陈情书》(The Petition of the Barons)。其内容与1215年的《大宪章》一样十分广泛，既涉及中央政府的治理，也有整饬地方郡政的要求。1258年8月4日，亨利三世宣布了15人委员会的权力，宣誓接受其决定，并诏令所有人遵守它的改革措施。而这些措施的条文，就是后世所说的《牛津条例》(Provisions of Oxford)。虽然《牛津条例》在英国历史上有重大意义，但它没有以官方文本的形式保存下来。关于这些条例的具体内容，我们只能通过伯顿(Burton)修道院纪年史中的一份非正式备忘录得以了解。①

《牛津条例》规定每个郡选出四名骑士到郡法庭，听取对郡长、地区执法官(bailiff)以及其他官吏的申诉并存档，待首席政法官的巡回法庭到达该郡时负责汇报并召集相关人员出庭。该条例还规定由贵族和国王共同推出的24人委员会成为最高权力机构，而由他们再推举出的15人御前会议则负责日常行政事务。亨利三世废除的首席政法官(justiciar)、大法官(chancellor)等政府职位得到恢复，由贵族推举的人选担任。最后，《牛津条例》还首次用法语提到"议会"(parlemenz)，并规定了议会的召开时间和组织方式。②

在牛津的会议以及后来的法律文件中，改革派贵族首次提到并发展了王国共同体(Community of the Realm)这一概念。③前文中已经讨论过commune的概念和含义，它是包含王国所有成员的共同体。在推动改革的过程中，贵族们为了争取到尽可能多的支持，曾广泛征询全国各郡骑士的意见，将社会各阶层的改革要求写入《诸侯陈情书》。他们发誓要联合起来，相互扶持，并帮助他们的人民免受外人侵害。誓言以"如果任何人违反此誓，则成为我们的生死之敌"结尾。通过共同宣誓保护彼此的人身财产安全，以及他们的属民，即英格兰人民的生命和财产，这些贵族紧密联合在一起。几十年来，普瓦图人和吕西尼昂人仰仗国王的权势在英国飞扬跋扈，横行无

---

① M. T. Clanchy, *England and Its Rulers*: *1066–1272*, p. 252.

② Ibid, pp. 253–254. parlemenz的原意是discussion。

③与前文提到的英格兰公社(commune of England)同义。关于王国共同体这一概念的一般讨论，参见Susan Reynolds, *Kingdoms and Communities in Western Europe 900–1300*, pp. 268–273; Carpenter, *The Struggle for Mastery*, pp. 353, 359, 371–372; M. T. Clanchy, *England and Its Rulers*: *1066–1272*, pp. 250–259.

忌，终于引发了整个王国从上层阶级到平民百姓对外国人的共同憎恨和轻蔑，整个王国共同体第一次走向了真正的联合。

改革派贵族并非仅仅"想象"王国共同体，他们通过实际行动来构建这个共同体。1258年10月先后颁布的两项公告是这种联合努力的最佳例证。这两项公告分别用英格兰境内的三种语言——法语、拉丁语和英语起草发布，凸显了改革的全国普遍性。10月18日颁布的是对整个王国人民发布的一般公告，第二项公告又称《郡守条例》，规定了地方治理的改革措施。[①]此前以三种语言同时发布的官方文件非常少见。至11世纪中期停止用英语发布官方文件之时，只有少量的三语文件留存下来。[②]用三种语言发布官方公告，自然是试图让改革纲领传达到最广泛的社会群体。然而，在英语早已失去官方地位的前提下，用英语颁布官方公告的行为本身是不同寻常的，说明贵族要让改革的讯息甚至传达给社会的最底层——不懂拉丁语和法语的民众。这反映改革者的目的并非仅仅取得广泛的支持，他们还要强化这样一种观点：这项改革是整个国家的事业，因此会对整个英格兰民族的申述和要求加以处理。

1258年10月18日颁布的公告的另一不同寻常之处，是要求王国臣民效仿之前牛津会议上的贵族，宣誓遵守国王议事会的决定。任何反对改革的人都会被视为整个王国的敌人。这有效地将英格兰人们联合在改革王国治理的誓约之下。通过三种语言的传播，1258年10月的公告自诺曼征服以来第一次真正地将三个语言社群（language community）联合在一起。通过用英语发布公告，征服后被疏离和排斥的英语社群首次被纳入整个王国的共同体之中。王国内不同阶层整合的障碍依然存在，但民族认同建构的步伐已经开启。

---

① 1258年10月18日通告的中古英语版本见*English Historical Documents* Ⅲ，pp. 367-368；法语版本的英译见*Documents of the Baronial Reform*，pp. 116-119.拉丁文版本没有保存下来，但伯顿修道院编年史声明这两则通告都是用三种语言发布的。《郡守条例》只有法语版本保留下来，见*Documents of the Baronial Reform*，pp. 116-119.

② 前一章提到，直到1070年威廉一世一直用英语发布官方文件，而且他在伦敦颁布的特许状都是用三种语言的。此后，亨利一世时期只有一份英语文件保持下来。最后一份英语官方文件是1155年亨利二世统治时期颁布的。

第三节　民族意识与英语地位的上升

在前一节里,我们分析了王国共同体意识的形成。盎格鲁-诺曼贵族在失去欧洲大陆的领地后,开始将自己的身份认同转化为英国人。在外族势力支配英国内政之际,改革派贵族提出了"英国人的英国"的口号,并联合中产阶级乃至下层阶级发起了改革内政、驱逐外国人的改革运动。英国自诺曼征服以来首次形成了一个紧密的王国共同体。那么,作为外国人语言的法语是否会走向衰落?英国人的英语又能否重新成为英国的官方语言?本节将论述英语和法语在13世纪的地位消长,以求对这两个问题做出回答。

一、法语地位的巩固及原因

1200年以后,英国贵族日益认同自己的英国人身份,英语的使用越来越普遍。在这种情形下,法语的地位不但没有降低,而且随着时间的推移越来越稳固,甚至有所提升。这其中的原因何在?

在中世纪,语言的使用与人们所属的社会等级相对应,并延伸到他们的族群和民族身份。诺曼征服后,法语最初是征服民族的语言,与本土民族语对立。随着诺曼征服者定居下来并取代了原先的盎格鲁-撒克逊贵族,他们变成英国的上层阶级,法语也成为英国上层阶级的语言。诺曼人从未超过总人口数的10%(一些学者估计甚至是不超过2%),而他们形成的是一个非常封闭的社会阶层,其主要的血统和文化纽带与隔海的法兰西相连。广大的盎格鲁-撒克逊农民约占英国人口的80%,他们只使用一种语言——英语,因为他们几乎没有或者不可能有受教育的机会。而处于这两个阶层之间的人群,则约占总人口的20%,他们很有可能会同时说两种或更多的语言。比如约占人口2%的低级牧师,他们肯定还得会英语,因为面对广大只会英语的农民,如果用法语或拉丁语来布道,那是不可想象的。双重语言(bilingualism)现象是语言融合过程中很重要的一部分,但是不可能使占总人口80%的农民说两种或更多语言,因为那时的条件是不允许的。

12世纪中期以后,新的社会形势促进了语言使用的变化。诺曼人与英国人之间的通婚非常普遍,年轻贵族从小在双语环境下长大,双语现象十分普遍。更为重要的是,除王室和最高级的贵族之外,其他年轻贵族都在英国乳母的照料下成长。因此,到12世纪末,英语普遍成为贵族子女的母语。另一方面,随着13世纪初卡佩王朝的崛起,巴黎在法国的政治地位上升,巴黎法语成为法语中占支配地位的方言变体。诺曼人所讲的诺曼法语与欧洲大陆法语的区别越来越大,经常被视为不正确或者粗俗的语言形式。12世纪末,一个英国巴金市的修女在她的著作中承认她掌握的法语"不够正宗",因为她没有去其他地方学习法语。而12世纪70年代来到英国的修士加尼尔则在书中说道:"我说的法语是正确的,因为我出生在法国。"[①]因此,法语成为英国贵族子女必须在学校学习的语言。

虽然不再是贵族的母语,但法语仍然是上层阶级的日常用语。这种情况出现的原因在于法语的优势地位不再来自它的贵族母语身份,而来自它作为权力和文化的标志。正如拉丁语的使用通过建立语言壁垒表达和建构了教士阶层的权力,法语的使用也限制了特定社会领域的准入资格,表达并协助建构了统治阶层的权力。因此,法语划分社会等级的功能并未受到使用人数下降的影响。当法语的使用对社会中绝大部分人构成问题的时候,它的声誉反而得到了提升,成为社会升迁的关键因素之一。

13世纪中期之后法国文化在西欧的主导地位也巩固和加强了法语在英国的地位。布汶之战后法国卡佩王朝在欧洲崛起,以强大的政治军事实力成为西欧首屈一指的强国。此时,法国文化被公认为代表了骑士文化的最精致形式。法语在欧洲各国的宫廷里成为典雅文化的象征,成为文化和时尚的国际通用语。阿德内·勒·鲁瓦(Adenet Le Roi),一位活跃在当时欧洲宫廷的游吟诗人,在他的浪漫传奇作品里告诉我们,所有德意志的大贵族都给他们子女聘请了法语教师。而著名学者布鲁内托·拉蒂尼(Brenetto Latini)在解释自己用法语来创作百科全书《宝库》(*Li Tresor*)的原因时,这样说道:"如果有人质疑为什么一个意大利人要用法语写这本书,我会给他们

① Susan Crane, "Anglo-Norman Cultures in England", p. 47.

两个理由：首先，法国是我现在生活的地方；其次，法语是所有人都喜闻乐见的通用语。”[①]由此可见，法语文化在欧洲的支配地位也构成英国上层阶级继续使用法语的重要理由。

由于上述原因，法语在英国上层阶级的认同转向本国时，仍然保持了其上层语言的地位，并逐渐成为行政和法律事务的官方用语。早在13世纪初期，法语文本就显示了在官方文件中作为拉丁语文本补充的作用。1215年的《大宪章》用拉丁语起草，同一年内就被翻译成法语文本，而且使用的是盎格鲁-诺曼贵族惯用的诺曼法语。[②]从13世纪中期开始，法语已被应用于行政管理场合，成为拉丁语的正式替代选择。尽管教会出于教堂仪式的需要仍使用拉丁语，但在法律事务方面，法语已经彻底取代了拉丁语，成为法庭诉讼和其他事务的正式用语。政府官员在起草公函时，除了寄往国外或写给高级教士时仍然用拉丁语，其他的一律用法语。在商界，各种贸易记录和账目也一直用法语，直到15世纪为止。除此之外，法语还建立和巩固了其书面文学语言的地位。这一时期，以英雄史诗和骑士文学为代表的法国文学对整个欧洲文学都产生了深远的影响，法语文学在英国文学创作中也风靡一时，法语成为除拉丁语之外的另一门书面文学语言。

二、英语与法语在社会领域的竞争

在整个13世纪，英语与法语的使用呈现出此消彼长的态势，显示了它们在各自社会领域层面的竞争。一方面，上层阶级继续使用法语，但他们使用法语的原因与以前不同。法语不再是贵族的母语，而是逐渐成为一种代表权力和文化的语言，它的使用靠社会等级制度和行政商业惯例维持。另一方面，英语在此期间取得了稳定的进展。13世纪中期，随着英国贵族与其大陆领地的分离接近尾声，英语的使用在上层阶级之中逐渐增长。这一时期法语借词大批进入英语，输入的词汇遍及行政、司法、宗教、军事，以及社会

① Albert C. Baugh & Thomas Cable, *A History of the English Language*, p. 131.

② J. C. Holt, “A Vernacular French Text of Magna Carta”, *English Historical Review*, 1974, 8, pp. 346-364.

生活的各个领域。[①]这一变化的出现说明原先惯用法语的上层阶级同时开始使用英语，需要借用法语的表达和词汇来弥补他们英语表达的不足，或者因为习惯而继续使用法语词汇和习语。

必须指出的是，13世纪英语和法语使用范围的扩大是以拉丁语使用范围的收缩为代价的。法语在英国上层阶级的认同转向本国时，成为统治阶级等级与权力的象征，并逐渐取代拉丁语成为行政、法律和商贸事务的官方用语。在法国文化的巨大影响力下，法语甚至成为13世纪英国的书面文学语言。而英语则部分取代了法语作为上层阶级母语和日常交流用语的功能，成为英国社会使用最普遍的语言。两者作为区别于拉丁语的民族方言(vernacular)，既在语言地位和功能上相互竞争，又在词汇和表达上相互融合，形成了中世纪晚期英国社会文化的一道重要潜流。

法语在上层阶级中的继续使用是毋庸置疑的。法语作为权力和文化的语言继续在行政、司法和其他领域发挥其作用。比如议会的工作语言一直是法语，这一时期呈交给议会的陈情书也大多是用法语写的。[②]但到了13世纪末，英国人使用法语的能力明显有所下降。一位编年史家在史著里引用了一份呈递给议会的陈情书，这份陈情书依据惯例用法语撰写，然后将它翻译成拉丁语，“以便我们不懂法语的后世子孙也能看懂”[③]。最有趣的证据来自13世纪末和14世纪初呈交给巡回审判法官(Justice in Eyre)的那些诉状。按照习惯，这些诉状必须用法语书写。但写这些诉状的明显不是律师或原告自己，而是职业文书或教区神甫。一位现代学者将这些诉状编辑成集，并评论道：“从诉状文本可以很明显地看出，诉状的起草人是在和一门在生活中已不再使用的语言形式做斗争。”他据此判断：“他们自己不在生活中讲法语，也不常听到附近的人讲法语。”文本中的词尾变格和动词词形变化错误比比皆是，甚至连最简单的词性都经常被弄错。然而令人无法理解的是，一些文法错得最离谱的诉状的书法笔迹却很漂亮，显示书写的人可能受到过

① 对于这一阶段法语借词的分析见前一章第三节。

② 有时议会制定的法律条文也是用法语的，尽管这些陈情书和法律条文都是先用拉丁语草拟。

③ Albert C. Baugh & Thomas Cable, *A History of the English Language*, p. 133.

良好的教育。[①]

这一时期大量出现的法语教学手册和材料也显示了法语从贵族母语向外语转化的过程。英国骑士比贝斯沃斯的瓦尔特(1235—1270)的长诗《词汇论》(*The Treatise*)说明了当时法语教学的情况。这部长诗写作于13世纪中期,[②]是瓦尔特写给贵族妇女狄恩希亚·德·曼茜思(Dionsyia De Munchensy)的。狄恩希亚是天鹅谷领主瓦林·德·曼茜思的第二任夫人。瓦林的第一任夫人是彭勃洛克伯爵威廉·马歇尔的妹妹琼·马歇尔,他们的女儿琼·德·曼茜思后来继承了彭勃洛克伯爵的头衔和封地,并在亨利三世的授意下嫁给国王的异父兄弟。[③]因此,狄恩希亚一家属于英国高级贵族之列。在诗前的献辞中,瓦尔特说明了他写这首诗的缘由:"由于你嘱咐我为你的孩子写一本法语词汇的教学书,所以我自己学习了这门语言并写了这本书。"[④]在前言中,我们可以看到这一时期法语是"每一名贵族都必须懂得的语言"[⑤],但它已经变成了通过后天学习才能掌握的语言。孩子们在正文中能学到身体不同部位、衣物、食物、家用器具等的名称,以及与驯鹰追捕猎物等上流社会才艺相关的词汇。这首长诗实际上是一本法语教学手册,它教学的对象是高

① W. C. Bolland, *Selected Bills in Eyre, AD.1292-1333*, London: Selden Society, 1914, pp. xix-xx, xxx-xxxi.

② 关于这首诗的创作时间,鲍认为不迟于1250年,参见Albert C. Baugh & Thomas Cable, *A History of the English Language*, p. 134. 肯尼迪认为早于1270年,很可能是1254年之前,参见Kathleen Kennedy, "Le Tretiz of Walter of Bibbesworth" in Daniel T. Kline, ed., *Medieval Literature for Children*, London: Routledge, 2003, pp. 131-142;罗斯威尔声称学术界的一致意见倾向于13世纪下半叶,参见William Rothwell, *Walter de Bibbesworth: Le Tretiz*, London: Anglo-Norman Text Society, 1990. 笔者参考各家意见,认为将创作时间定于13世纪中期较为合适。

③ 鲍在书中声称狄恩希亚是威廉·德·曼茜思的女儿,应该是将他们的关系弄颠倒了,参见Albert C. Baugh & Thomas Cable, *A History of the English Language*, p. 134. 据多尔比在他译的《论著》导言中所说,威廉·德·曼茜思是狄恩希亚与瓦林的儿子,而嫁给亨利三世的兄弟的是琼·德·曼茜思,参见Dalby, *The Treatise of Walter of Bibbesworth*, pp. 9-11. 另见Douglas A. Kibbee, *For to Speke Frenche Trewely: The French Language in England, 1000-1600: Its Status, Description and Instruction*, Amsterdam/Philadelphia: John Benjamins, 1991, pp. 41-42.

④ Andrew Dalby, *The Treatise of Walter of Bibbesworth*, Totnes: Prospect Books, 2012, p. 3.

⑤ Ibid, p. 39.

级贵族的子女。这首诗在行与行之间为重要的法语词汇提供英语注释，显示它是为以英语为母语的儿童准备的。《词汇论》的写作标志着中世纪英国语言史上的一个转折点，表明这一时期英语已经成为盎格鲁-诺曼贵族子女的母语，他们在学习法语之前就掌握了英语。随后两个世纪里出现了这首长诗的不同手稿，并大量留存至今。这说明了它在当时的流行程度，也佐证了笔者刚才提出的观点。

英语社会地位的上升还表现在它在上层阶级中的使用情况上。亨利三世和他的宫廷肯定是以法语为日常交流语言。我们并不知道他懂不懂英语，但他的弟弟康沃尔伯爵理查肯定懂英语，因为马修·帕里斯告诉我们理查被选为德意志皇帝的原因部分是他会说英语，而英语与德语发音相似。亨利三世的儿子，爱德华一世，说英语毫无困难，甚至可能习惯性地说英语。这一时期关于人们使用语言的材料不多，但都较有启示性。这些例证包括：主教用英语布道，法官在法庭上征引英语，一名托钵僧用英语向伍斯特民众描述一场法庭上的胜诉经历。[①]但最为典型的事例还是1258年《牛津条例》通过皇家通告的方式以三种语言加以发布。这是诺曼征服以来首次用英语发布皇室通告，因此意义重大。由于皇家通告需要在各郡县加以张贴并由当地官吏加以宣读，以英语发布公告意味着各地方政府机构里都有懂得书面英语和口头英语的官吏，同时也说明英语是包括城镇居民和中产阶级以及骑士阶层在内的中下层人民的普遍用语。以西门·德·孟福尔为首的英国上层阶级改革派意识到争取中下层民众支持的重要性，因此用他们的语言——英语发布公告，意图通过语言将他们纳入"王国共同体"。

与英语使用人数增长相对应的是一种崭新语言意识的出现，即英国人使用的语言应该是英语。在1300年左右创作的长诗《世界的度量者》(*Cursor Mundi*)中，我们可以察觉到这种语言意识。诗人首先说明用英语写这首长诗是出于对英格兰同胞(Inglis lede)的热爱，以便让他们都能理解。英语(English Tongue)属于英格兰的英国人，他将语言等同于说这种语言的民族，而民族又与他们居住的国家等同。因此英语代表英格兰，也代表英格

---

① Albert C. Baugh & Thomas Cable, *A History of the English Language*, p. 134.

兰民族身份,语言与民族、国家之间的联系得以建立起来:

本书译成英语,出于对英格兰人,
即英格兰的英国人的热爱,
使普通老百姓都能够看懂,[①]

在接下来的诗行里,作者谴责了法语的使用,因为这对不懂法语的英国人没有用处,法语只对法国人有用。这里作者建立了法语和英语之间泾渭分明的对立关系:法语是属于法国人的,也属于那些有学识的人,不属于英格兰大众。他强调,英格兰民族是一个有共同特征的民族,被他们的共同语联系在一起:

法语诗到处都可以读到,
但那是为法国人写的。
对不懂法语的英国人有什么用呢?
英格兰这个民族,
是所有英格兰人共同的民族。
使用最多的语言就最应该得到传播,
英格兰人的语言很少在法国受到称赞,
让我们讲自己的语言。
用英格兰人人皆懂的语言创作,
我不认为对他们有什么坏处。[②]

① Albert C. Baugh & Thomas Cable, *A History of the English Language*, pp. 135, 232-234, 236. 原文为:þis ilke book es translate | Into Inglis tong torede | For the love of Inglis lede; Inglis lede of Ingland. |For the commun at understand.这里的汉语译文系笔者自行从中古英语原文翻译而得,下同。

② Ibid, pp. 237-242. 原文为:Frankis rimes here I redd | Communlik in ilka sted |Mast es it wroght for frankie man. | In Ingland the nacion | Es Inglis man þar in commun. |þe speche þat man wit mast may spede | mast þar-wit to |Selden was for ani chance | Praised Inglis tong in france; | Give we ilk an þar langage,Me think we do þam non outrage.

《世界的度量者》的作者将英语与英格兰民族认同联系在一起，抗议了法语的使用，并发出了英格兰人要说英语的呼声。这种呼吁是诺曼征服后两个世纪里坚持用英语写作的英国修道士的声音的回响，是英语俗语创作传统的延续。英格兰人民的民族意识依然微弱，但已经清晰可辨，并在这一过程中与英语建立起紧密的联系。

到13世纪末，英语与英格兰民族之间的联系已经确立并深入人心。1295年，在预感到法国的军事威胁时，英王爱德华一世召集诸侯，利用这一"民族话语修辞"激起爱国情绪，为自己获得政治和军事上的支持。他宣称："法国国王的目的十分可憎，天理不容！他是想连根斩断英语之舌啊！"[①]自此以后，英语与民族性之间的联系就成为英国统治者激发民族情绪，争取民众支持的惯用话语。

英语已经成为英国社会使用最广泛的语言，正在向民族共同语的道路上稳步前进。

三、英语地位的上升

13世纪与14世纪之交，法语日渐失去它在英格兰的阵地。这一时期维持法语使用的种种措施清晰地显示了这一点。即使是在教会和大学这两个最保守的机构，英语的使用也呈现出强劲的上升趋势。13世纪的最后几十年里，坎特伯雷和威斯敏斯特的本笃修道院就已经制订规章制度，禁止见习修士在修道院内讲英语。修道院的这种规定常被用来作为法语主宰地位延续的证据，但同样也可以被解读为英语大举侵入另一语言日益萎缩的阵地：

> 所有见习修士都不得在学校或修道院庭院内使用英语，学校

---

① William Stubbs, *Select Charters and Other Illustrations of English Constitutional History from the Earliest Times to the Reign of Edward the First*, p. 480.

和庭院内的所有对话都必须用法语进行。[①]

这一时期的大学也发现制订类似的规章制度很有必要。14世纪牛津大学的一项校规要求学生同时用英语和法语两种语言做文法分析和翻译练习,以免法语完全被废弃不用。牛津大学埃克塞特学院(1322年和1325年)、奥里尔学院(1326年)和王后学院(1340年)的管理条例中,都有要求学生使用拉丁语或法语进行谈话的规定。实际上,早在1284年,大主教佩卡姆就已经发现默顿学院的学生并没有按照规定讲拉丁语。不久后这所古老的学院每况愈下,学院教师在餐桌上用英语谈话,还穿着"不正派"的鞋子。剑桥大学的彼得豪斯学院也有类似的规定,学生们被要求在一般情况下讲拉丁语,除非他们"有一个正当合理的理由讲法语,英语则基本不准使用"[②]。这些规定的出发点都是为了让学生更轻松地掌握拉丁语,但很明显的是,如果没有这些规定,学生不是讲拉丁语,就是讲英语。

我们在前面的章节里分析过语言和社会等级的关系:语言是社会等级的标识,社会成员通过语言的使用建构其等级身份。教会和大学之所以采取这些措施,其深层原因是它们将英语视为对既定社会等级的威胁,因为该社会等级的地位在一定程度上源于其成员说法语的能力。由是观之,1332年议会颁布专门法令,鼓励学习法语,也是出于同样的考虑:

所有的领主、男爵、骑士,以及地位卓著的市民,务必要尽心尽力地教其子女学习法语,以使他们将来更好地在各自区域内为国效力。[③]

---

① Rolf Berndt, "French and English in Thirteenth-Century England. An Investigation into the Linguistic Situation after the Loss of the Duchy of Normandy and Other Continental Dominions", *Sitzungsberichte derAkademie der Wissenschaften der DDR, Gesellschaftswissenschaften*, 1972, 1G, pp. 129-150.

② Albert C. Baugh & Thomas Cable, *A History of the English Language*, p. 136.

③ Rolf Berndt, "The Period of the Final Decline of French in Medieval England", *Zeitschrift für Anglistik und Amerikanistik*, 1972, 20, pp. 341-369.

大学、教会和议会的这些举措显示了当时法语的使用已经脱离了日常社会生活的实际，在很大程度上是人为维持的结果。13、14世纪出现的大量法语教学手册也佐证了这一观点。这些教学手册分为两类：一类是系统列举法语词汇的教学论文（nominalia），我们前面提到的瓦尔特的《词汇论》是这一类作品中最重要的代表论著；另一类是正字学论文（orthographic treatises），主要讲授正确的词形拼写和发音，作为词汇教学论著的补充，这一类论文的代表是《法语正字法》（*Orthographia Gallica*）和《正字论》（*Tractatus Orthographiae*）。在所有这些教学论文里，法语都被作为一门需要学习的外语对待。①

法语正字学手册的出现，反映了英国上层阶级对其成员日渐下降的法语使用能力的忧虑，而这种法语能力的下降与诺曼法语地位的下降也密切相关。中世纪法语有四种方言：诺曼方言、皮卡迪方言、勃艮第方言和巴黎方言。在诺曼征服后的一段时间内，这四种方言都享有一定的声望。但随着13世纪卡佩王朝的崛起，巴黎法语在政治权力的支持下取得了语言霸权地位。诺曼征服后引进英国的法语本来就是法国北部地区方言的杂糅体，诺曼方言在其中占支配地位。随着时间的推移，这种法语又受到英语的影响，逐渐发展为与欧洲大陆法语截然不同的语言形式。②

随着英国的法语方言与欧洲大陆法语之间差异的加大，英国人的法语常被欧洲大陆上的法国人取笑，两种方言的差异成为当时文学里的一个讽刺幽默主题。13世纪的讽刺寓言诗《两个英国人和驴》描写了两个英国商人，因为他们甚至没有办法在彼此之间分辨法语中agnel（羊羔）和anel（驴子）的发音，竟然沦落到模拟动物声音交流的地步。③来自大陆法语文化的压力使得英国人对自己使用的法语方言更加敏感。从12世纪中期开始，英格兰作家就习惯于为他们的法语道歉。我们在《忏悔者爱德华传记》（*Vie d'Edouard le Confesseur*，1163–1169）中找到了首个为不标准英式法语做出的

---

① Douglas A. Kibbee, *For to Speke Frenche Trewely: The French Language in England, 1000–1600: Its Status, Description and Instruction*, 1991, pp. 41–47.

② Albert C. Baugh & Thomas Cable, *A History of the English Language*, p. 137.

③ Ian Short, "On Bilingualism in Anglo-Norman England", *Romance Philology*, 1980, 33, p. 469.

道歉范例：

> 我掌握的是来自英格兰的不正宗法语，
> 因为我没有去其他地方学标准法语。
> 但你在别的地方学到正确的语言，
> 请将需要修改的地方加以改正。[①]

这种例子在当时还有很多。威尔士僧侣史家杰拉尔德·坎布雷西斯(Giraldus Cambrensis)曾批评他那懒惰的侄子，因为后者讲一口糟糕的法语。但他称赞了另一个叫约翰·布兰德的年轻人，因为约翰一直仔细聆听在法国学习过的叔叔们讲法语，从而掌握了地道的法语。杰维斯(Jervis)则告诉我们，很多有上进心的英国家庭都把他们的子女送往法国求学，以便除去他们法语中的粗俗方言味道。[②]然而，尽管采取了很多努力，情况并没有好转。大家都熟悉《坎特伯雷故事集》里乔叟对女修道院长的温和嘲讽：

> 她的法语讲得高雅而清畅，
> 但是带有很浓重的伦敦腔
> ——她是在斯特拉弗学的法语，
> 地道的巴黎法语不会半句。[③]

因此，我们可以想象，当时的英格兰人在使用一种会让自己感到羞愧的语言时，心里是会犹豫的。这也是导致法语使用频次持续下降的一个原因。13世纪末和14世纪初，英国政府、教会和大学等机构采取了各种举措来维持法语的使用，但由于前述的原因这些举措并没有取得很好的效果。在英语的持续进攻下，法语在各种社会活动领域里都在失去阵地，其稳定势力范围只剩下法律和商业两个领域。

---

① Ian Short, "On Bilingualism in Anglo-Norman England", p. 473.

② Douglas A. Kibbee, *For to Speke Frenche Trewely: The French Language in England, 1000-1600*, 1991, pp. 24-25.

③ 王佐良：《英国诗史》，南京：译林出版社，1997年，第32页。

第四节　英语官方地位的重新确立

在整个13世纪，英语和法语不断蚕食鲸吞拉丁语的社会使用领域，扩展自己的阵地。凭借政治和文化实力，法语和法国文化在英国上层文化中占据了主宰地位。然而法国势力在英国的肆虐激起了已经本土化的盎格鲁-诺曼贵族的强烈不满。他们群起反抗，驱逐外族，在斗争中提出英格兰共同体的口号，并用英语发布政府公告。英语语言开始与民族身份建立起紧密联系。

十四世纪，英法两国冲突不断升级，最终衍化为持续百年的战争。英国国内社会也出现了一系列影响深远的变化。英语作为民族认同的标识和民族意识的纽带，在这一过程中重新确立了其官方语言的地位。

一、百年战争与“敌人的语言”

1337—1453年间，英法两国围绕法国王位的继承问题展开了一系列战争。这些战争断断续续，持续了116年之久，被后世历史学家称为“百年战争”(The Hundred Years War)。[①]百年战争无论对英法两国近代国家疆域的形成，还是两国近代民族国家的兴起都有特别重要的意义。

实际上，英法两国之间的冲突争端由来已久。1066年，诺曼底公爵威廉征服英格兰，成为英国国王。后来安茹伯爵亨利入主英国，建立了安茹王朝，英国在法国大陆的领地急剧扩大。无论是威廉还是亨利，他们在英国是至高无上的君主，但在法国领地上又是法国国王的封臣。这种复杂的关系为两国王室之间的矛盾冲突埋下了祸根。法国的卡佩王朝在随后的几个世纪里，致力并吞英国在法国的领地，由此引发了一系列军事冲突。到了英王爱德华三世统治时期，历史上的领土矛盾冲突，两国在加斯科尼和弗兰德尔两地的争夺，再加上法国王位继承权问题，使得这些冲突最终升级为全面

---

① Anne Curry, *The Hundred Years War 1337-1453*, Oxford: Osprey Publishing, 2002, p. 1.

战争。

百年战争对英国民族意识的形成非常重要。民族意识是反映人们关于本民族以及本民族与其他民族之间关系的各种情感和观念的社会意识。[①]在基督教会的思想统治和封建君主的政治统治下，中世纪西欧人民的民族和国家意识十分淡薄。尤其是在中世纪早期和中期，整个欧洲只有领地概念，没有民族国家的概念。欧洲封建领地被分割成许多块地产，领地的变动与领主和姻亲关系的变动有极为密切的关系。英格兰、法兰西、德意志等在当时并不是统一的民族实体，而是作为地理名词来使用。诺曼征服后的英国仍是建立在领地观念的基础之上，英国国王将自己视为英国和法国领地的领主，穿梭于海峡两岸进行统治。而讲法语的统治阶级和讲英语的人民大众之间也无法产生共同的认同感。因此，在中世纪的大部分时间里，英格兰的人们都没有明确的民族意识。

与他国的战争和冲突是形成民族意识的最有效的催化剂。中世纪晚期，英国人常在不列颠群岛或在欧洲大陆上与其他民族对抗，而且常常是以暴力对抗。这些冲突对抗是促进民族性和英国性的自我意识的温床。[②]1337年开始的百年战争是这些对抗的最集中的表现，持续的战争冲突使得敌我意识得以强化，英格兰人开始意识到自己的独特身份。战争初期，英国在克雷西之战、普瓦捷战役等一系列战役中取得了以少胜多的重大胜利，在普瓦捷战役中甚至擒获了法王约翰二世及其幼子。战争的胜利使英国人的爱国热情和民族自豪感空前高涨，这有利于民族成员对本民族的主观认同。[③]

在这场旷日持久的战争中，诉求民族通用语言成为统治阶级凝聚民族力量和激发民族意识的重要手段。为激发民众的爱国热情，爱德华三世在

① 吴应辉，《关于民族意识的定义问题》，《黑龙江民族丛刊》，1996年第1期，第24页。

② 肯尼斯·摩根：《牛津英国通史》，第181页。

③ 龙彧：《语言与民族身份的认同——以诺曼征服后英语官方语言地位的重获为例》，《湖南科技大学学报》（人文社科版），2013年第4期，第173—176页。

14世纪中期屡次宣称法国企图“消灭英语”[①]。“通过这种方式，爱德华三世政府进一步强化了英国人本已强烈的观点，即语言是民族认同的最重要的标识。”[②]同时，在英国举国一致同仇敌忾，对法作战之时，也很难忘记法语是敌国的语言。[③]百年战争中，平民是战场上不可或缺的重要兵源。由自由农民担任的长弓手在战争初期英格兰以少胜多的重要战役中起到了关键作用。战争费用由贵族和平民阶层共同承担，当国王为了应付战争带来的巨额开支而频频召开议会时，经济实力日益壮大的平民阶层在议会中获得了越来越多的发言权。平民力量的全面崛起为英语官方地位的恢复奠定了基础，因为“一门语言的重要性取决于说这门语言的人的地位”[④]。

二、黑死病与英语地位的变化

另一个推动英语复兴的因素是黑死病所导致的人口及社会结构的变化。前面我们已经说过，一门语言的地位在很大程度上取决于操此语言的人群的地位。英语长期以来处于底层语言的位置，正是由于说英语的都是社会底层人民。中世纪后期以来，劳动人民的生活水平提高较快，农奴制也逐渐走向瓦解，法律上的自由农不断增多。12世纪货币地租取代劳役地租后，获得人身自由的农业人口大量增加，原先的隶农(villeinage)在身份上已经近似于自由农(free tenant)了。与此同时，一个新兴的平民阶级在这一时期不断发展壮大。1349年爆发的黑死病极大地加速了这些社会变迁的发生。

黑死病(the Black Death)是欧洲历史上最具毁灭性的瘟疫，它大规模爆发于1347—1351年，持续了近一个世纪。1348年，黑死病由欧洲大陆渡过英吉利海峡传入不列颠，此后迅速在英国蔓延。1349年5月，瘟疫到达了英格

① 爱德华一世和爱德华三世均在演讲中将法国入侵与英语语言的毁灭联系在一起，以激发英国贵族和民众的支持。参见 Douglas A. Kibbee, *For to Speke Frenche Trewely: The French Language in England, 1000-1600*, 1991, pp. 34-35.

② W. M. Ormrod, “The Use of English: Language, Law, and Political Culture in Fourteenth-Century England”, *Speculum*, 2003, 78(3), pp. 750-787.

③ Albert C. Baugh & Thomas Cable, *A History of the English Language*, p. 138.

④ Ibid, p. 138.

兰北部并于21日抵达约克城，英国全境沦陷。[①]黑死病导致了英国人口数量的显著下降。据国内外学者的综合研究，英国教士的死亡率为40%—45%，农村劳动者的死亡率在40%左右，而英国总人口的死亡率为30%—45%。[②]

1348年的黑死病使英国丧失将近一半的人口，首当其冲的是教会的教士。由于职业身份的关系，他们与病患死者接触最多，因此死亡率比其他阶层更高。在大量教职人员死亡的情形下，教会只得临时补充大量新的教职，以解决人员短缺危机。如贝特曼大主教就在剑桥大学建立了三一学院来“批量生产”新教徒。而这就不可避免地降低了对教士的资格限制，如教皇克莱蒙六世1349年就曾特许萨福克郡的威廉院长授予10个不足25岁的人司祭品级。[③]这使得教士阶级的素质普遍下降，“因为教士严重短缺，许多教堂空空如也，不能举行各种祈祷和圣事。……但是，不久之后，许多男子因为他们的妻子死于瘟疫，纷纷加入神职。他们中很多人都不识字，比普通信徒好不了多少。即使他们知道如何读，也不理解自己读的到底是什么意思”[④]。从这些材料中我们可以断定的是，新补充进来的大批神职人员只会说英语，这无疑使教会和修道院这些传统的法语重要阵地再也无法抗拒英语的普及。

黑死病对农村人口和经济结构造成的影响也有利于英语的普及。瘟疫后劳动力的极度匮乏，使得工资报酬不断上升，农奴和自由农民不断向高工资的地方逃亡或者迁徙。这样杂乱无序的逃亡、迁徙对庄园经济造成了冲击，庄园的经营无法维持。这种情况促使庄园封建主更多地采取出租制，实行货币地租以代替劳役地租。由于出租制的广泛推广，庄园中的农奴成为承租的农民，他们不再向领主服各种义务劳役，摆脱了对领主的封建依附，成为自由农民，劳动时间完全由自己支配，收获除交纳地租外，其余归己，多

---

① 高铁军：《近几年国内中世纪黑死病问题研究综述》，《世纪桥》，2007年第6期，第95页。

② 李化成：《论黑死病对英国人口之影响》，《史学月刊》，2006年第9期，第88页。

③ R. S. Gottfried, *The Black Death: Natural and Human Disaster in Medieval Europe*, New York: The Free Press, 1983, p. 66.

④ Henry Knighton, “The Plague According to Henry Knighton” in Horrox, ed., *The Black Death*, Manchester and New York: Manchester University Press, 1994, pp. 154-155, 78-79.

劳多得,剩余物品可在市场上出售。农村贫穷人口的地位,在这一过程中得到了显著提高。微薄的小土地持有者,现在可以为自己的劳动力找到很多的出路。工资水平上升使得农民劳动力的生活大为改善。出售和购买土地的机会增多,使得一些有进取心的上层农民,不断兼并小土地,使自己成为坚实的大土地所有者,成为欣欣向荣的自耕农阶层。农村人口的绝大多数是单语使用者,在生活中只讲英语。1381年,瓦特·泰勒领导的农民起义爆发后,聚集伦敦的造反农民通过口传方式将自己的冤情传达给躲在伦敦塔里的理查二世,后者则要求造反者将他们的要求写下来供他考虑。到了1450年凯德领导的农民起义发生之时,造反者一开始就把他们的要求以书面英语的形式呈交上去,还出了副本供人们传阅。文件很长,但内容全面而连贯。[①]这充分说明在百年战争和黑死病肆虐的时期,农村中下层农民的英语读写能力得到了极大提升,英语的使用进一步普及。

农村中的另一重要阶层——乡绅阶层,也在瘟疫过后得到壮大。这些人通常是有技艺的农夫,或是比较富裕的上层农民。这个成长中的农业地主阶级在15、16世纪的英国政治、经济生活中都承担起极为重要的政治角色。都铎王朝时期,国王为了防止大贵族的权势过大,曾采取扶植乡绅的政策,不断地将权力交与乡绅之手,而乡绅阶层也在加强王权方面起到了至关重要的作用。他们以出任地方各郡治安法官和民团首领等方式,牢牢控制着地方统治事务,不断扩充力量。同时,也以进入国会下院的途径,跻身于国家事务决策层之中。[②]

随着城镇经济的复苏,市民阶层日渐繁荣壮大。市民阶层是中世纪城镇中出现的一个特殊阶层,是城镇之中不同经济地位和不同职业的各种人的泛称,他们成员复杂,包括有钱的商人,在城镇里有独立身份的手工业者和从庄园里逃出的农奴、帮工、学徒等。瘟疫之后,随着经济与社会秩序的变动,市场上出现了更多有进取心和活力的商人。商人对国王的支持,提升

---

① 肯尼斯·摩根:《牛津英国通史》,第229—230页。

② 王晋新:《论近代早期英国社会结构的变迁与重组》,《东北师大学报》(哲学社会科学版),2002年第5期,第45页。

了商人的政治地位。从1341年开始,为了应对与法国和苏格兰的战争,英王总是处于财政紧张的状态,因此不得不开始寻求越来越多的借款。与此同时,商人们也发现把钱借给皇室要比商业投资获得的收益更大。这样,商人便与皇室建立了有效的联系。1351年,爱德华三世第一次向各郡的郡府城市商人集体借款。随着伦敦在英国的商业地位的提高,伦敦商人开始成为国王借款的主要对象。伦敦市民和伦敦市政府为理查二世提供了33%—40%的借款,为亨利四世提供了一半以上的借款。[①]商人与王权联系的密切,使商人的政治地位不断提高。不少商人在政府机构中担任重要职务,如伦敦商人约翰·菲利浦特曾任伦敦市长,约克商人托马斯·克拉曾担任约克市长。官僚政府同时也出台一系列措施保护商人的利益及商业活动。英国本国的许多商人都是王室扶植起来的,为国王提供各种贵重的物品,因此他们又被称为“王室的采购员”[②]。

黑死病还带来了城镇手工业的繁荣。农奴制的瓦解使得农业劳动力向城市的转移大大加速。城镇手工业得到了急需的大量劳动力,得以快速发展,羊毛纺织业的发展尤其迅速。未加工的羊毛出口到意大利和弗兰德尔(Flandre),成品服装在国内市场以及出口市场也在显著增长,此时英格兰的主要收入来源于出口衣料。城镇手工业者通过行会(guild)对行业准入资格和生产规模等进行严格控制,实施市场垄断。手工业行会的控制和影响甚至延伸至农村腹地,以保证食品和原料的稳定供应。手工业行会的师傅(master)与商人一样,同属城镇的精英阶层,其重要性在经济发展中与日俱增。

结合上述分析,我们可以发现黑死病给英国社会和经济结构带来了巨大改变。虽然瘟疫给英国社会经济生活带来了巨大灾难,但在危机所造成的社会经济变迁中,原先使用法语的上层阶级受到的打击较为严重。在农村,广大农业劳动者的处境得到改善,自耕农阶层和新兴的乡绅阶层走向繁荣壮大。以城市商人和手工业者为代表的市民阶层也开始崛起,随着经济

① 施诚:《中世纪英国国王的借款活动》,《首都师范大学学报》(社会科学版),2004年第6期,第38页。

② 关于黑死病对英国社会结构的影响,参见王晓臣:《十四世纪的黑死病与英国社会之变迁》,苏州:苏州科技学院(现苏州科技大学),2010年,第27—30页。

实力的增强，他们在政治上的地位也越发重要。无论是农民阶层还是城市的市民阶层，英语都是他们的母语和生活中的主要语言。因此，黑死病和百年战争对英国社会结构的影响在客观上有利于英语读写群体的政治、经济地位的提升。而随着英语读写群体地位的上升，英语的重要性也随之得到提升，逐步成为大多数人口头表达和书面写作的语言。

三、英语官方语言地位的恢复

14世纪后期，英国社会的急剧改变为英语官方地位的恢复提供了极为有利的条件。英法百年战争极大激发了英国人的民族情感，同一时期发生的黑死病造成了英国社会结构的重大改变。以富农、乡绅和商人为代表的中产阶级走向崛起，其政治、经济地位不断提升。导致新社会阶层出现的社会经济巨变同样导致了民族意识的觉醒。英格兰人民族意识的成长及中产阶级影响力的增长使英语在英格兰被越来越多的人使用，法语在英格兰的使用空间因此受到挤压。

自13世纪中期以来，法语取代了拉丁语的地位，成为官方法庭用语。但14世纪以来英国人对法语越来越陌生。即使是在贵族阶级之中，也有很多人不懂法语。在写于14世纪初的传奇诗《亚瑟与梅林》(*Arthur & Merlin*)里，作者开篇就指出这一点：

> 英格兰人都懂英语，
> 只要他出生在英格兰。
> 法语是贵族大人们使用的。
> 虽然所有英国人都懂英语，
> 但我曾见到许多贵族不会说法语。①

然而，此时英格兰行政和司法系统仍在使用人们都越来越陌生的法语，这就给国家行政管理造成了越来越大的阻碍。尤其是当黑死病和战争带来

---

① Albert C. Baugh & Thomas Cable, *A History of the English Language*, p. 142.

的灾害使社会各阶层之间的矛盾越来越尖锐之时，统治阶级需要利用更好的沟通和交流工具来维护法律和秩序。1356年，伦敦的市长和市议员就下令规定今后在伦敦和米德尔塞克斯的郡法庭进行的法律诉讼必须使用英语。[①]1362年议会开幕时，御前大臣(Lord Chancellor)以英语发表开幕致辞。[②]当然，对于英语官方地位的恢复而言，更具象征意义的是1362年议会制定的《诉讼条例》(Statute of Pleading)：

> 目前，国王频频从高级教士、公爵、伯爵、男爵以及众百姓处获悉种种因法律、习俗及法案不为众人所知而在王国各地引发的巨大危害。究其原因则在于案件的申诉、公布和判决均以法语进行，而法语在王国并非广为人知的语言，由此导致在国王法庭和其他法庭上，起诉人和被起诉人都既不了解相关法律知识也不知道他们的律师和起诉人所说的那些辩护抑或控诉之词。按照常理，上述法律和惯例必须用王国内常用的语言加以解释，才能使王国臣民更好地理解和掌握，进而在此基础之上依法管理自己的事务，更好地保管和捍卫他们继承的遗产和财产。在许多国家和地区，良好的治理和全部的权利之所以得到实现，是因为他们的法律和惯例都是用本国语言习得和应用的。国王希望实现善治，臣民安顺，避免因上述原因而招致的危害，基于议会的一致认同做出下列规定：今后所有诉讼，无论在什么法庭，什么场合，一律用英语进行上诉、辩护、辩论和裁决，然后用拉丁语记录归档。[③]

上述规定可以概括为一句话：今后所有法律诉讼必须用英语进行。议会为此规定给出的理由是法语在王国并非广为人知的语言。考虑到长期以

---

① 此前的法庭诉讼也使用过英语，比如1310年对圣殿骑士(Templars)的法律诉讼就使用了英语。

② 此后1363年、1365年和1381年的议会均使用英语做开幕致辞。

③ W. M. Ormrod, “The Use of English: Language, Law, and Political Culture in Fourteenth Century England”, pp. 755-756.《诉讼条例》原文为法语。

来法语在英国法律事务中的惯例地位，要在法庭诉讼活动中全面使用英语还有很大难度，因此这项条例很可能在当时没有得到全面实施。但它的重要意义在于：这是诺曼征服以来英国政府对英语官方地位的首次认可。

四、英语在国家行政机构的使用状况

1362年《诉讼条例》的通过，代表了英国政府对英语官方地位的首次认可，但对英语的认可并不意味着英语在行政、法律事务中得到普遍使用。为了深入了解英语在政府行政事务中的实际地位，我们还有必要进一步考察这一时期英语在核心行政机构中的使用情况。

（一）中书法庭的英语使用情况

在中世纪英国政府机构里，中书法庭（the Royal Chancery）[①]在很长时间内是英国国王实施统治的中枢行政机构，协调和带动整个王国行政系统的有序运转。这个机构最初源于王室的文书室，其职员都是王室牧师。以王室礼拜堂领班神甫为首的文书班子兼管多项事务：既要主持王室礼拜仪式，还保管着象征王权的大御玺（The Great Seal）[②]，同时负责王室文书的起草签发。后来随着国事渐繁，这个文书班子逐渐发展为持续运作的行政机构——中书法庭（Chancery），领班神甫也成为大法官（Chancellor）。

14—15世纪，中书法庭发展为一个独立运作的行政机构，并在司法和行政事务的处理中处于中枢位置。每年大部分的请愿书（written petition）都要通过中书法庭呈递给国王和御前会议（King's Council）[③]，内容涉及法律救

---

① Chancery这一名称源于拉丁语*cancelli*，原意为“隔板”，即教堂中用来分隔或围住某一局部空间的花格屏风或栏杆。在中世纪早期的欧洲，罗马教廷或国王宫廷的文书事务正是在这类隔板后面进行的。chancery在国内英语词典和历史著作中一般被翻译为大法官法庭，但由于14—15世纪的royal chancery是兼管司法和行政的政务中枢机构，其职能类似于我国古代官僚机构中的中书省，因此此处将其译为“中书法庭”。

② 大御玺是一枚双面印章，两面都雕刻着标志国王权威的图案，象征最高王权。大约在11世纪，封印成为用来证明文书真实性并赋予文书法律效力的唯一方式。大御玺代表王权，因此对它的掌管权非常重要。

③ 御前会议由王廷会议（Council）演变而来，主要就行政、财务和司法事务向国王提出重要建议或直接做出决定。中书法庭大法官负责召集和主持御前会议，拥有重要权力。

济、土地赐予和补助津贴等。对这些请愿书的回复又以加封的令状和特许状(charters)形式下达。原始请愿书和回复都是由中书法庭的文书撰写,他们负责发出书面通知,召集议会开会,又开具花费令状,作为开会骑士和市民领取会议津贴的凭证。中书法庭的文书们同时负责撰写和接收议会的请愿书,并将其分类、呈递给予这些请愿相关的贵族或官员。他们保管记录议会会议内容的档案(rolls)并负责起草和登记从会议记录中总结出的法规章程。中书法庭还负责关税、税收和补助金的管理(因为这些税收都源于议会)。此外,所有重要的行政任命和政府行动都必须经过大法官的授权批准。简言之,中书法庭负责处理中央政府的所有行政事务。①

中书法庭所用语言的转变反映在议会档案(Rolls of Parliament)之中。直到15世纪30年代中期,档案中的法语文书数量还远远超过英语文书;到了15世纪40年代中期,英语文书的数量就反超法语文书了,法语文书几近消失。②导致中书法庭文书语言骤然转变的原因何在?对于这种现象我们必须联系当时的历史背景加以分析。15世纪前期英国军队在英法战争中的接连失利粉碎了英国的帝国梦想和军事野心。1453年,当战争结束时,英国在法国的领土仅剩下加来一个城市。随着对法战争的失败,英国不再需要在法国领土的英占区主持军事、民政事务。英国贵族阶层也失去了去法国建功立业、发财致富的机会。在行政事务中维持法语使用的理由不再有效,再加上前文中分析过的其他因素(民族意识、平民阶层的崛起),法语在15世纪中后期基本上被清除出英国行政语言的版图。

英语在政府事务中地位的上升与兰开斯特朝统治者的语言偏好也有很大关系。亨利四世在1399年用英语依次发表申索王位和接受王位的演说,成为诺曼征服以来第一位用英语申索王位的英国君主。他的儿子亨利五世继承并发展了偏好英语的政策。从1417年8月开始,亨利五世打破了用法语书写加印信函(signet letter)的传统惯例,改用英语写加印信函。此外,他

---

① John H. Fisher, "Chancery and the Emergence of Standard Written English in the Fifteenth Century", *Speculum*, 1977(52), pp. 875-876.

② Ibid, p. 880.

还时常口授内容,由文书以中书法庭英语文体写成信函。许多学者认为他的做法反映了兰开斯特王室推广英语使用的政策,“亨利五世提倡在中书法庭公文中使用英语,因此,在短短数年间,到了他的统治末期,英语已经成为中书法庭公文的惯例语言”[①]。但根据费希尔提供的数据(见表1),议会档案中英语文书的数量直到15世纪30年代以后才有了显著增长,因此英语在行政事务中真正占据主导地位还是在亨利六世在位时期。从1422年开始,也就是亨利六世在位的第一年,议会档案里的英语条目越来越多,到1444年英语成为主导语言。

表1 议会档案中三种语言文书的数量对比[②]

年份	英语	法语	拉丁语
1422	6	35	5
1423	10	43	7
1425	13	25	19
1426	9	20	19
1427	6	34	13
1429	18	33	26
1430—1431	7	32	14
1432	9	33	19
1433	18	34	23
1435	8	14	10
1436—1437	15	15	11

① Derek Pearsall, “The Idea of Englishness in the Fifteenth Century”, in Helen Cooney ed., *Nation, Court and Culture: New Essays on Fifteenth-Century English Poetry*, Scarborough, 2001, pp. 15-27. 然而,皮尔索尔也承认亨利在推广英语使用的同时仍一直用法语给他的家庭成员写私人信件。

② John H. Fisher, “Chancery and the Emergence of Standard Written English in the Fifteenth Century”, p. 880.

续表

年份	英语	法语	拉丁语
1439	29	27	12
1441—1442	21	16	9
1444	34	8	13

(二)小御玺文书处的英语使用

小御玺文书处(Privy Seal Office)是中世纪英国王室的另一个文书处,它的起源与英国国内的政治斗争有关。[①]亨利三世时期,贵族们对国王的内外政策极为不满,他们中的部分人发动改革运动,同国王争夺政府的控制权。由于中书法庭此时已成为政府的行政中枢,贵族们控制了大法官职位的任命权,借以制衡国王的权力。因此,国王为了保持自己的权力,开始有意疏远中书法庭大法官,并通过重用小御玺来对大御玺的使用加以限制。从1230年起,国王不再口头授权大法官起草政令,而是以小御玺发布授权状,要求大法官依据此状签发政府文书。小御玺成为国王和中书法庭的中介,以小御玺署印的授权状成为中书法庭处理重大行政、司法事务的依据。因此,小御玺文书处逐渐演变为中央行政管理的另一个中枢机构,协调处理大部分政府事务。[②]在日常文件的处理流程中,文书处的文书需要草拟和签署各种不同领域和性质的公文,对语言变化的敏感程度要比其他中央政府机构文书高。因此,我们可以通过小御玺文书处公文的语言选择来了解王室官僚机构对语言的态度。

图1是对1415—1485年小御玺文书处发布文书所用语言的统计结果。图中的横坐标是文书发布的时间和总数量,纵坐标是各个时期英语、法语和

① 小御玺(Privy Seal)是英国在位君主的私人印章,用于政府官方文件的授权。御玺的使用可以追溯自约翰王统治时期。一般来说,小御玺由负责保管国王衣物行李的御衣库(Wardrobe)掌管,而大御玺(Great Seal)则需要留存于中书法庭。后来形成惯例:只有接到小御玺署印的授权状,大法官才能以大御玺发布文书。

② 孙宏伟:《中世纪英国中书法庭的起源和演进》,《首都师范大学学报》(社会科学版),2003年第3期,第31—36页。

拉丁语令状的数量。从图中可以发现,15世纪30年代以前的绝大多数令状都是用法语写成的,这与前引议会档案的情况较为一致。不同的是,英语令状直到1437年才首次出现在小御玺令状中,之后其数量一直增长,到15世纪40年代远远超过其他两种语言,但40年代末以后有所下降。法语令状则在此之后几乎绝迹。值得注意的是拉丁语令状的数量在15世纪40年代以后快速增长,逐渐成为文书撰写令状的首选语言,直到后来被英语取代为止。

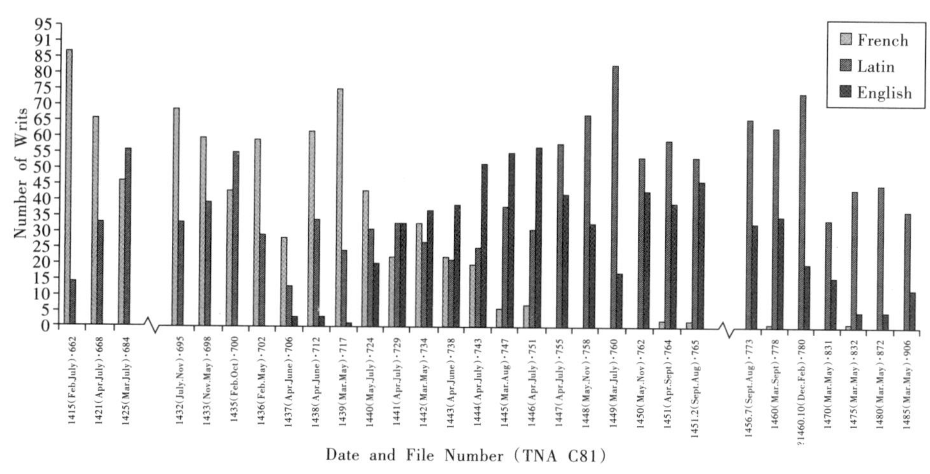

图1　1415—1485年期间小御玺令状使用的语言①

决定小御玺令状语言选择的因素有哪些呢？整个时局和社会的语言态度的变化肯定对文书的语言选择有一定影响。1435年以来,英国在百年战争中遭遇重大挫折,胜利的天平倒向法国一边。战场上的接连失利引发了英国国内民族情绪的高涨,催生了大量表达爱国热情和排外意识的英语诗歌。英国人的注意力重新转向国内,开始关注本国事务以及亨利六世的执政危机。在军事挫败和国内危机的双重背景下,英语声望日隆,成为英国人

---

① Gwilym Dodd, "Trilingualism in the Medieval English Bureaucracy: The Use and Disuse of Languages in the Fifteenth-Century Privy Seal Office", *The Journal of British Studies*, 2012(51), p. 262.

民族心态的最适宜表达工具。

语言本身的惯用场合也会影响公文写作的语言。各种语言的使用场合长期以来成为惯例,是语言选择的一个重要因素。拉丁语作为最正式和最成熟的公文语言,代表权威性和稳定性,所表达的意义往往不会引起争议,因此往往使用在正式公文批复和正式颁布的公文中;法语实用高效,使用范围较广,是王室和政府各部门事务运行的表达工具和联系纽带;而英语则使用起来较为便利,用于国王与大臣之间的通信、令状内容的草拟等场合。文书语言的选择不全是从语言地位和社会环境出发,公文本身写作的实用性也是一个重要考虑因素。因此,国王可以使用当时地位尚待提升的英语写作加印信函,而文书也可以用英语草拟令状。

事实上,加印信函是最早使用英语的政府公文。[①]15世纪中期以来英语在政府公文中的普遍使用,逐渐打破了原有语言格局中法语、拉丁语一统天下的局面,并成为官方的主要行政语言,这也正是英语官方地位全面恢复的体现。

第五节　民族共同语的形成

诺曼征服之后,英语失去官方语言的地位,沦为底层民众的语言。在之后的几个世纪里,英语一直潜伏于社会底层,但它在形式上不断发展演变,积蓄力量。英国社会各群体也在这一过程中将英语与英国民族身份紧密联系起来。14世纪后期的一系列变迁,如百年战争和黑死病,加速了英语崛起的进程。1362年《诉讼条例》的颁布,代表英国政府对英语官方地位的认可。英语逐渐成为政府的主要官方行政语言。

与此同时,英语(包括口语和书面语)在大众中得到广泛使用。社会大众的读写能力相较于中世纪早期有了很大的提升。英语在这一时期成为学校教学的主要语言,一个日渐壮大的具备读写能力的公众群体(literate

---

① 张尚莲:《英格兰民族语言形成的社会历史根源》,第124页。

public)得以产生。官方英语文书的语言形式对中世纪晚期英语文学产生了深刻影响,而英语文学在社会大众中的广泛传播则体现了官方语言和大众语言的统一。

一、英语在学校教育中的普及

诺曼征服之前,英语不但是学校的教学语言,也是重要教学内容。10世纪末时,英国的修道院学校致力于拉丁文法、诗歌韵律和盎格鲁-撒克逊语(古英语)的教学。著名的修道院教师艾尔弗里克(Aelfric)著有拉丁语教学著作《文法书》(*Grammar*)、《词汇表》(*Glossary*)和《对话》(*Colloquy*),教材采用拉丁语和英语双语对照的方式,以英语解释为主,拉丁语文法术语附于其后。这显示当时学校教师是以英语来教授拉丁语的。[①]

诺曼征服后,法语取代英语成为学校的教学语言。在前面的章节里,笔者曾分析过12世纪晚期伍斯特修道院文书抄录的《英语的废弃》一诗,诗人提到比德和艾尔弗里克等人通过英语传授知识和文化,但英语现在被废弃了,"另一个民族在教我们的人民"。他指的应该就是学校里法语代替英语成为教学语言的情况。14世纪时,《综合编年史》(*Polychronicon*,1327)的作者雷纳夫·希格登(Ranulph Higden)提到,在他生活的时代,学校里法语使用还很普遍,他将英语的没落部分归结为以下原因:

> 一个原因是学校里来自不同民族的学生被迫放弃自己的母语,转而用法语来学习功课。这种现象从诺曼人来到英国就开始了。另外一个原因是乡绅家的孩子从小就开始学法语,无论是在摇篮里还是在玩耍中。乡下人为了让乡绅看得起自己,也竭尽全力教自己的孩子学法语。[②]

---

① 王承绪:《英国教育》,长春:吉林教育出版社,2000年,第52页。Nicholas Orme, *Medieval Schools: From Roman Britain to Renaissance England*, New Haven & London: Yale University Press, 2006, p. 42.

② 李赋宁:《英语史》,第438—439页。

然而黑死病发生之后，情况就变化了，牛津大学的两位男教师在语言教育上进行了重要变革。《综合编年史》的译者约翰·特里维萨（John Trevisa）在上段引文后面加上了自己简短的评注：

> 这种现象一直持续到第一次大瘟疫时期，然后开始有些变化。这是因为约翰·康维尔，一位文法教员，将文法学校的法语教学改为英语教学。之后，理查德·朋克里奇继承了康维尔的做法，其他教员又继承了朋克里奇的做法。到了1385年，也就是理查二世继位的第九年，在所有的英格兰文法学校里，学生们已经放弃了法语学习而改学英语。这有利有弊。好处是学生可以比以前用更短时间来学习文法，坏处是这些孩子现在的法语知识少得可怜，今后他们渡过海峡到达欧洲大陆后就会遇到很多困难。现在就是乡绅们也对教自己孩子法语不怎么上心。[①]

通过查阅档案，我们得知正好有一个叫约翰·康维尔的人在牛津大学教拉丁文法，他的名字出现在1347年的牛津大学默顿学院档案里，理查德·朋克里奇的名字则出现在该档案稍晚一些的记录中。[②]这种教育变革可能是由于当时的文法学校缺乏适合的拉丁语教师，从而被迫使用英语教学。无论如何，1349年以后学校开始使用英语教学，1385年以后这种现象变得更加普遍。

二、书面英语的广泛传播

在中世纪早期，只有教士和少数贵族能读书写字，广大民众几乎都是目不识丁。为数不多的学校都是教会学校，主要目的是培养神职人员。从11世纪开始，伴随着城市的兴起、乡村的进步，英国教育的组织形式和教学内容日益多样化，世俗教育发展日趋迅猛。12世纪末，牛津大学和剑桥大学相

---

① 李赋宁：《英语史》，第439—441页。

② Albert C. Baugh & Thomas Cable, *A History of the English Language*, p. 147.

继创立,代表英国高等教育的开端。

教育的发展与城市化之间有密切联系。城市兴起以后,英国的政治、经济和文化都开始发生转变,出现了新的社会阶层:市民阶层。在反对封建领主和城市贵族的斗争中,市民阶层逐渐崛起。传统的为培养僧侣而设立的教会学校已经不能适应新的经济和政治生活的需要,于是就产生了反映新兴市民阶层的城市学校,包括拉丁文法学校、读写学校和私立学校等。其中,文法学校以拉丁文法教学为主,读写学校则以本族语(英语)进行教学,市民子弟在学校学习读、写的基本知识和技能。因此,读写学校规模的扩大对于普通市民的英语读写能力的提高起到了重要作用,成为后来初级教育的基础。

农村的文化教育相对于城市要落后很多,但也并非蛮荒之地。在中世纪晚期的英国,乡村教育的主要机构是堂区学校即教区学校(Parish School)。教区学校一般设在村落教堂的门房或者牧师的家中,条件简陋,以一般村民的子弟为对象,收取一定的学费,也有的学校免费。这类学校通常教授最基本的读书、识字技能和初步的宗教知识等,据1574年和1604年剑桥郡教会对乡村教师执教资格的规定,教学内容比较浅显和模糊,如"教以文法""教以基本文法""教以写、读、算""教以写和读英文""教孩子们"[①]。因此,可以看出乡村教育以教英语读写为主。到中世纪晚期,农民重视教育和接受教育的程度也在明显提高。有一个例子可以作为中世纪英国农民的文化程度提高的佐证,1381年农民起义时,肯特郡的农民是以口述形式向国王申冤的,到1450年农民起义时,肯特郡的农民则改为以书面形式向国王申冤了,"而且还出了复本供人们传阅"[②]。

英国中世纪教育的发展带来了民众识字率和文化水平的提高。到15世纪晚期的时候,具备读写能力已成为国王和贵族中被普遍认同的重要身份特征,有文化和创造力也成为绅士教育内容和公认的高雅素质之一。在城

---

① 孙立田:《工业化以前英国乡村教育初探》,《世界历史》,2002年第5期,第8—17页。

② Kenneth O. Morgan, *The Oxford Illustrated History of Britain*, Oxford: Oxford University Press, 1984, p. 215.

镇商人、法律人士和富裕工匠中,可以发现对浪漫文学、史学和圣徒行传感兴趣的人群。[①]由于中世纪不存在对民众的识字率的统计,我们只能通过间接材料加以估计。文艺复兴时期人文主义者托马斯·莫尔(Thomas More)估计,在16世纪早期,英国有50%—60%的民众具备读写能力;一份来自伦敦商业工会的调查表明,15世纪70年代的时候,世俗民众的识字率达到了50%。戴维·克雷西(David Cressy)通过对1580—1639年伦敦东郊两个地区的研究,发现那里民众的识字率为48%,与此同时,伦敦城的工匠和商人的识字率为76%。[②]无论我们如何估计民众的识字率,可以肯定的一点是到中世纪晚期,英国出现了一个日益壮大的具备读写能力的群体。

随着大众读写能力的普遍提高,英语在书面语中的应用也越来越普遍。14世纪末—15世纪中期,英语在私人信件、遗嘱、行会规章、商业合同等大众书面写作中出现并日趋普及。以私人信件为例,15世纪之前以法语写信是社会风尚,那时还很少有英语信件,到了15世纪中期英语则成为私人信件的惯用语言。在这方面我们可以考察著名的帕斯顿信札(Paston letters)。帕斯顿信札是英国诺福克地区一个大家族三代人家庭书信的总称。信件写作的时间是1420—1503年,总数超过1000封。这些信件的内容涉及许多私人事宜,如子女、商业交易、当地治安以及家族与当地贵族之间的土地纠纷等,反映了帕斯顿家族的日常生活状况,以及他们从农民阶层向底层贵族流动的过程。[③]

从帕斯顿家族的书信中,我们可以了解到中世纪晚期英国新兴乡绅阶层的文化程度。不但那些上过大学或法律学院的家族成员具有较高的语言能力,就连没有接受过高等教育的女性也能读会写。比如玛格丽特·帕斯顿写给丈夫的信总是以“可敬的夫君”(Ryght worshipful husband)开头,然后写的就是通常聊天的内容;书信用的是非正式文体,在拼写和标点上都比较随意。这种还未经过规范的语言形式和文体属于新兴乡绅阶层和那些已经具

---

① 陈宁:《中世纪英国民众文化状况研究》,《历史教学》,2006年第11期,第24—28页。

② Rosemary O'Day, *Education and Society 1500-1800: The Social Foundation of Education in Early Modern Britain*, London & New York: Longman, 1982, p. 14, 17, 18.

③ 阿萨·布里格斯:《英国社会史》,陈叔平等译,北京:商务印书馆,2015年,第123页。

备基本读写能力的社会群体。另一个值得注意的是帕斯顿信札的许多作者是女性，表明中世纪晚期中产阶级女性的文化程度已经有很大提高，具备英语读写能力的公众群体进一步扩大。[①]

15世纪时，英语被广泛应用于市镇和行会的档案记录。1430年左右，一些市镇就将它们的法规条令和海关手册翻译成英语。1450年以后，市镇和行会就普遍采用英语来拟定交易协定和公报了。在行会档案转向英语的过程中，1422年，伦敦啤酒商行会决定采用英语的决议是一个有趣的典型案例：

> 既然我们的母语——英语如今已经形式齐备、臻于完善，我们最伟大的国王陛下亨利五世在他的信件里以及其他个人事务中非常愿意使用英语，包括用英语写下自己的遗嘱。为提高自己臣民的语言能力，国王陛下孜孜不倦地用英语写作，使这些习惯用语（包括其他用法）为大众所接受。现在行会的很多酿酒商具有英语读写能力，但他们不能理解拉丁语和法语文本。考虑到这一情形以及其他问题，议会的贵族院和平民院都开始用英语记录档案。我们商行会决定仿效议会，今后用英语来记录相关事项。[②]

啤酒商行会关于书面记录语言的决议透露了很多有用的信息。我们可以知道，到15世纪上半期，英语不但在政府书面公文中广泛使用，而且在大众书面记录中也越发普及。啤酒商行会决议特别提到了亨利五世在书面英语普及上所做的贡献，赞扬他不但自己用英语写信，还积极倡导用英语写作。的确，亨利五世在英语上升为正式书面语的过程中起到了重要作用。还是皇储时，后来的亨利五世就吩咐当时的著名诗人莱德盖特（John Lydgate）将特洛伊的故事译成英文以便民众熟知特洛伊人"高尚的故事"。他自己身体力行，经常用英语写作书信和手谕。由于他的手谕特别注意语言的规范和修辞，故成为当时书面英语的规范。亨利五世鼓励在中书法庭

---

① 张尚莲：《英格兰民族语言形成的社会历史根源》，第136—137页。

② Albert C. Baugh & Thomas Cable, *A History of the English Language*, p. 150.

使用英语作为法庭记录的语言。在他和继任君主的倡导下,英语在政府书面记录中也慢慢开始取代拉丁语和法语,成为主要的政府书面语言。[①]

同时,正是亨利五世在1415年率领英军在法国阿金库尔和其他地方大败法军,激发了英国民众对其英国身份以及所有体现英格兰特性事物的自豪感。在他统治期间,英国统治阶级和人民大众之间自诺曼征服以来首次产生了一种凝聚的共同体意识,而这种共同体意识体现在他们的共同语言——英语之上,体现在英语作为官方语言和大众语言的统一之上。[②]

三、英语成为民族文学语言

中世纪晚期大众读写能力的提高和书面英语的普及为英语民族文学的繁荣和传播提供了前提条件。英国历史学家黑斯廷斯指出,民族形成诸要素中最重要的一个就是本族语文学的广泛传播,“一旦某个族群的本土语言拥有自己广为传播的活文学之后,通往民族身份的拦路石就可以被轻松跨越了”[③],由此可见民族语文学在英格兰民族身份建构过程中的重要作用。

如前所述,早在盎格鲁-撒克逊时代,阿尔弗雷德国王在面临丹麦人入侵的危急形势下,着力将英格兰联合成一个政治文化统一体。在他的统治下英格兰有了民族语言、民族文学和民族法律。1066年后,诺曼贵族成为新的统治阶级,拉丁语逐渐取代英语,成为英格兰的官方语言。在12世纪法国新文学繁荣之后,法语取代拉丁语成为英格兰的政府书面语言和重要文学语言。随后的两个世纪里,诺曼人在英格兰创造出一种新的诺曼法语文

① John H. Fisher, *The Importance of Chaucer*, Carbondale: Southern Illinois University Press, 1992, p. 9.

② 费希尔认为兰开斯特朝国王对英语的推崇是他们有意推行的语言政策,以争取议会和英国民众对一个靠篡夺王位而建立的王朝的支持。笔者认为,兰开斯特朝国王们对英语的重视,更多的是顺应民族意识兴起的历史潮流,将民族意识作为自己的统治意识形态和执政基础。民族语言作为民族意识的标识,也是中世纪晚期民族国家构建的重要构件。

③ Adrian Hastings, *The Construction of Nationhood-Ethnicity, Religion and Nationalism*, p. 12.

学。[①]这种文学是英格兰人以诺曼法语创作的文学，它体现了当时统治阶级认同的二元特征：一方面，诺曼人以法语进行文学创作体现了他们对法国语言文化的认同；另一方面，在诺曼法语文学作品中，以英格兰历史文化为题材的作品也越来越多，这也表明诺曼统治阶级越来越本土化，也越来越认同英格兰历史文化传统。

到14世纪中期，长期处于弱势地位的英语有了长足发展，但它作为一种书面文学语言还无法与法语和意大利语等欧洲语言相比。百年战争时期的社会和文化氛围为英国文学的发展和繁荣创造了十分有利的条件。随着战争中民族意识的不断加强，英国朝野上下都越来越重视英语的使用。这一时期，英国统治阶层开始提倡和鼓励英语文学的创作。兰开斯特王朝的诸位国王尤以赞助和奖掖英语文学创作著称。以乔叟(Chaucer)、朗格兰(Langland)为代表的中世纪英国诗人恰逢其时，他们极力探索英语文学的发展道路，创造出《坎特伯雷故事集》《高文爵士和绿色骑士》《珍珠》《农夫皮尔斯》等大批杰作，造就了英国历史上首次文学大繁荣，形成了英国民族文学的中世纪传统。[②]

乔叟在英国文学史上的地位很大程度上得益于他对民族文学的开创性贡献。在民族语文学创作上，乔叟深受意大利文艺复兴和人文主义者的影响。中世纪意大利诗人但丁是最早认识到民族语重要性的欧洲作家，他专门写作了《论俗语》(*De Vulgari Eloquentia*)一书，书中的俗语(vernacular)主要是指从古典拉丁语变化而来的意大利语，在当时还不算是统一的语言，甚至连书面形式都还未稳定下来。但丁在书中论述俗语的种种好处，为俗语的推广大声疾呼，认为俗语应通行于社会各个领域。但丁为俗语的呼吁并未停留在理论层次，他自己的史诗巨作《神曲》就是用意大利托斯卡纳方言创作的，这部巨著为尚处于摇篮中的意大利民族语奠定了书面基础。但丁的主张和创作一定使熟谙意大利文学的乔叟深受触动，因此，在当时法语语

---

① 诺曼法语是指以诺曼底法语为基础，混合了其他法语方言、英语和弗莱芒语的形式和词汇而形成的语言。

② 肖明翰：《英国文学传统之形成：中世纪英语文学研究》(上册)，第47—50页。

言文化在上层社会占主流地位的背景下，乔叟毅然转向英语，用本族语言创作其代表作品，这体现了他头脑中萌发的英格兰民族意识。乔叟在自己的一篇英语散文作品《论星盘》中，进一步阐释了自己的语言民族观。在作品序言部分，他解释自己用英语写作的原因：

> （关于星盘）同样的事实用英语表达是同样的意思，就像希腊人用希腊语表达，阿拉伯人用阿拉伯语，犹太人用希伯来语，罗马人首先从这些语言中学到了这些事实，然后用他们自己的语言，也就是拉丁语，重新表达出来。[①]

为了捍卫自己的英语写作，他甚至求助于自己的国王：

> 愿上帝保佑我们的国王，他是这门语言的主宰，……[②]

因此，每个民族都可以用自己的语言来创作文学作品。如同但丁一样，乔叟的作品也奠定了自己国家民族文学的基础。他的代表作《坎特伯雷故事集》是英国民族文学的奠基之作，描述了30个香客和他们的朝圣旅途。他们来自英国各社会阶层，职业不同，背景迥异，形成了中世纪后期英国社会的缩影。这些香客讲述自己的故事，表达自己的个性。通过对他们的描写，乔叟生动地展现了一个多姿多彩而又具有同质性的英格兰社会。在这部诗里，乔叟首次以民族语言描述了英格兰共同体，这也是百年战争所激发的民族意识在他的思想中的体现。作品的序言部分堪称当时英格兰社会各个阶层代表的“集体合影”，被黑斯廷斯赞为“十四世纪英语复兴中民族成熟的最佳文学表达”，和对“这个民族的彻底的横向描绘”[③]。

在英语语言的标准化方面，乔叟也做出了重大贡献。他从法语、拉丁语

---

① F. N. Robinson, *The Complete Works of Geoffrey Chaucer*, 2nd ed., Oxford: Oxford University Press, 1983, p. 545.

② Ibid, p. 545.

③ Adrian Hastings, *The Construction of Nationhood-Ethnicity, Religion and Nationalism*, p. 47.

等语言中吸取了大量词汇、表达和修辞法来丰富和完善英语，促进了书面英语的完善，被后世英国诗人誉为“纯正英语的源泉”。当然，在英语标准化的过程中，乔叟和同时代英语作家的创作并不是唯一的影响因素，而是与官方英语的作用联系在一起的。中世纪晚期的宫廷、中书法庭和其他政府机构的运作模式对英语的标准化也有重要影响。以中书法庭为核心的政府机构在运行中会产生大量文书，这些文书久而久之形成了自己的文体和规范，其影响随着行政机构的运作从政府辐射到民间，从伦敦辐射到全国各地。作为政府公务人员的乔叟、高厄等作家，自然也深受中书法庭英语文体的影响，并将这种书面文体体现在他们的创作中。因此，官方英语和大众英语文学的相互影响和统一发展促进了书面英语的标准化。

小 结

笔者在本节回溯了英语被建构为英国民族共同语言的历史过程。13世纪上半期英国逐渐丧失了在法国的绝大部分领地，盎格鲁-诺曼贵族阶层被迫将目光转向本土，建立其英格兰身份认同。在外国势力肆掠宫廷的情况下，已经本土化的盎格鲁-诺曼贵族提出了“英格兰人的英国”口号，他们联合起来，迫使国王驱逐外国人，在英国历史上首次建立了包含中下层平民在内的“王国共同体”。

14世纪上半期，英格兰和法国大陆重新爆发军事冲突。在英国统治阶层和精英分子的支持下，英语在百年战争中逐渐取代敌人的语言——法语成为官方行政法律语言，并从英国下层农民的粗俗土语一步步上升为乔叟的民族文学语言。在这个过程中，语言被社会变迁所影响和改造。但它同时也影响和改造着社会。英语在被建构为民族语言的同时，也在建构着“民族共同体”。

乔叟笔下的香客群体横跨社会各群体，已是想象英格兰民族的雏形。上升为行政法律语言后，通过日常的行政司法实践，英语在政治权力的支持下强化了“统一的英格兰”的认同。随着教育的发展，大众英语读写能力得到提升，官方语言和大众语言逐渐统一，英语民族文学得以繁荣和传播，英语向英格兰民族的共同语迈进了一大步。但这时英语还未实现标准化，各地方言差异也很大。同时，英语还未成为英国宗教生活的主要语言。要建构统一的民族共同体，英语必须进一步规范化和标准化，在宗教生活中成为主要用语，这有赖于新的传播媒介的出现。

第四章　印刷语言、戏剧文学与英语共同体

语言不仅表达了共同体的凝聚意识，也是建构或重构共同体的手段。本尼迪克特·安德森曾经指出，中世纪基督教共同体是由“古老的神圣语言”——拉丁语整合起来的。拉丁语的衰亡，是这个“神圣共同体逐步分裂、多元化以及领土化过程的一个例证”[①]。正是从神圣语言及其共同体的衰亡中，民族意识得以产生，民族共同体的想象成为可能。

基督教共同体是由拉丁语建构而成的，民族共同体的整合则有赖于民族语言的产生。日渐衰落的拉丁语与逐渐勃兴的地方语言（vernacular）之间、不同的地方方言（dialect）之间争夺统治地位的竞争构成了伴随近代西欧民族国家兴起过程的文化潜流。在英国，英语从诺曼征服后的社会底层语言逐步取代法语的地位，重新成为官方语言以及民族文学语言。但此时的英语语言形式还很不规范，各地方言差异较大。同时，英语还未取代拉丁语在宗教生活中的地位。

15世纪末，印刷技术传入英国，这对民族共同体的建构意义重大。安德森认为印刷科技促使人们共同体想象方式发生转变，催生了民族意识。[②]印刷术不但促进了英语语言的标准化，也促进了英语版《圣经》和其他宗教、文学印刷品的传播，从而加快了民族共同体的建构过程。这一时期英国历史戏剧文学的繁荣和传播，加强了广大民众对于英格兰历史的记忆和想象，也有利于建构民族的想象共同体。印刷媒介、宗教作品以及戏剧文学三者的发展是密切相关、相互促进的关系，它们共同促进了英语民族共同体的建构。

---

① 本尼迪克特·安德森：《想象的共同体：民族主义的起源和分布》，第18页。

② 同上书，第32—33页。

第一节　语言、印刷媒介与民族认同

金属活字印刷术(后面简称为“印刷术”)被公认为是人类历史上最伟大的发明之一。印刷术对近代欧洲文明的发展产生了革命性的影响。这一时期欧洲正值从中世纪向近代转型的关键阶段,印刷技术对文艺复兴、宗教改革和科学革命等社会变迁均起到了重要作用。随着欧洲文明向全世界的扩张,印刷术又传播到世界各地,对世界各国现代化进程产生了广泛而深远的影响。对于印刷术在人类文明发展中的作用,历代经典作家均予以肯定和承认。17世纪英国哲学家弗朗西斯·培根相信印刷术和指南针、火药一道“在世界范围内把事物的全部面貌和情况都改变了……由此引起难以数计的变化来”[①]。马克思则在论著中说:“火药、指南针、印刷术——这是预告资产阶级社会到来的三大发明……印刷术则变成了新教的工具,总的来说变成了科学复兴的手段,变成给精神发展创造必要前提的最强大的杠杆。”[②]

就语言方面来说,印刷术的引入对英语语言的影响也十分重大。在印刷术的推动下,口头英语与书面英语最终分道扬镳,书面英语形式进一步标准化。

一、印刷术的引入和卡克斯顿的出版活动

金属活字印刷术通常被认为是德国的约翰·古腾堡(Johannes Gutenberg)在1440—1450年发明的。古腾堡发明了整个印刷的新技术,包括金属活字、油墨、纸张以及印刷机。活字印刷的出现极大改变了作为文明载体的媒介的存在形态,使传播媒介在信息传递方式、传播速度和传播范围上有了实质的改变。[③]正如安德森所言,用手稿传递的知识是稀少而神秘的学问,但印

① 培根:《新工具》,许宝骙译,北京:商务印书馆,1984年,第103页。

② 马克思、恩格斯:《马克思恩格斯全集》(第47卷),中共中央编译局编译,北京:人民出版社,2004年,第472页。

③ 媒介(media)的概念来自传播学,这里用来表示实现大众传播的技术形式和手段。印刷媒介(printing media)是指人们使用活字印刷术生产、传播书籍的方式和过程。

刷出来的知识可以大规模复制和传播。[①]据费博赫和马丁两位历史学家的统计，到1500年已经印刷了差不多2000万册书，而到了1600年至少有2亿册书被生产出来。[②]

印刷术的传播速度非常迅猛。15世纪40—50年代，印刷术首先产生在莱茵河中游河谷、美因茨以及斯特拉斯堡，然后以这片区域为出发点呈同心圆扩散，覆盖整个大陆。15世纪60年代，印刷术传到了意大利、荷兰、瑞士和法国等西欧中心地区；15世纪70年代，印刷术到达布达佩斯、克拉科夫、巴塞罗那；到了80年代，丹麦、瑞典、葡萄牙先后出现印刷作坊。[③]在不到50年的时间内，印刷术已经传遍了欧洲大部分地区。

1476年，英国人威廉·卡克斯顿（William Caxton）在威斯敏斯特建立了英国历史上第一家活字印刷工厂，至此，印刷术被正式引入英国。与其他西欧国家相比，印刷术传入英国的时间相对较晚，这与当时的国内外形势和英国的地理位置有很大关系。1453年，持续百年的英法战争以英国的失败告终。对外战争的失利使得英国人的注意力重新转向本国问题，并由此激化了统治阶级内部的矛盾，英国随即陷入约克家族和兰开斯特家族两大皇族挑起的内战之中，史称玫瑰战争。内战消耗了英国的大部分精力，加上其地处欧洲西北边缘、四面环海的地理位置，英国在这一时期重新成为远离西欧文化中心的孤立国家。这种情况对英国印刷出版行业的发展是颇为不利的。到1500年，英国只有五位印刷商，全都在伦敦，而且均为外国人。[④]

卡克斯顿在英国印刷史上具有开创性地位，他通过自己的印刷出版活动对英语的发展演变也产生了重要影响。我们必须仔细考察他的生平和出版活动，才能深入了解英国印刷行业的发展历程以及英语的演变过程。据

---

① 本尼迪克特·安德森：《想象的共同体：民族主义的起源和分布》，第18页。

② Lucien Febvre, Henri-Jean Martin, *The Coming of the Book: The Impact of Printing, 1450–1800*, London: Verso, 2010, p. 248–262.

③ 约翰·费瑟：《英国出版业的创立》，张立、周宝华译，《编辑之友》，1990年第1期，第73页。

④ G. 昂温，P. S. 昂温：《外国出版史》，陈生铮译，北京：中国书籍出版社，1988年，第13页。

卡克斯顿自述，他于1420年左右出生于英国东南部的肯特郡。[①]在他印制的第一本英文图书《特洛伊历史故事集》(*The Recuyell of the Trojan Histories*)的序言中，他这样说道：

> 我出生于肯特郡乡下，在那儿学会英语，我向来认为那里说的英语与英格兰其他地方说的一样粗俗，未经润饰。[②]

在这里卡克斯顿提到他的英语是粗俗的语言(rude English)，这是一种常见的"谦恭套语"(humility formulae)，为当时许多作者所采用。我们在其后出版的《查理大帝》序言中得知他曾在学校学习过。结合这两则材料，我们可以判断卡克斯顿在学校积累了一定的语言润饰功底。他此后曾翻译过拉丁文作品，因此在学校时肯定学过拉丁语，可能还学过法语。这为他日后的经商和印刷出版活动做了充分准备。

1438年，卡克斯顿前往伦敦，成为大布商罗伯特·拉奇(Robert Large)手下的学徒。1441年，拉奇去世后，卡克斯顿前往布鲁日(Bruges)，经营英国与弗兰芒地区的纺织品贸易。他在低地国家一带的商人生涯非常成功，到1463年，他已经成为设在布鲁日的低地英国商会(English Nation)的会长，地位显赫。凭借这一职务，卡克斯顿多次代表英王参与国际经贸谈判，尤其是英国与勃艮第之间的谈判。正是在这些场合中他结识了英王爱德华四世之妹，即后来成为勃艮第公爵夫人的玛格丽特。[③]玛格丽特后来成为他的赞助人，她的鼓励和督促是他从事翻译出版业的重要因素。

1469年，约克王朝在玫瑰战争中失败，亲约克的卡克斯顿辞去商会会长职务，应邀就任勃艮第公爵夫人玛格丽特的顾问。在赋闲期间，他阅读了一些历史书籍，并产生了将它们译成英语的想法。1469年3月，卡克斯顿开始翻译《特洛伊历史故事集》，他的翻译受到了公爵夫人和其他朋友的喜爱，他

---

① 卡克斯顿的准确出生年月不详，但记录显示他在1438年开始给伦敦一个大布商当学徒，因此根据当时学徒开始学徒生涯的平均年龄推测他可能出生于1420年。

② 戴维·克里斯特尔：《英语的故事》，第339页。

③ N. F. Blake, *Caxton and His World*, London: Andre Deutsch Limited, 1969, p. 40.

们督促他完成后面的译文并纷纷索要译本。面对抄写译文的繁重任务，他很快力不从心，这促使他转向印刷技术：

> 因此完成了第二部《特洛伊历史故事集》。这本书的法文本是由一位受人尊敬的牧师拉奥·勒费弗尔从拉丁文翻译而来的。我则是受勃艮第公爵夫人之命，勉力将其翻译成粗陋的英语……这项工作开始于布鲁日，继而在根特，最后完成于科隆……在抄写这本书时，我的笔用旧了，我的手困顿了，我的眼睛因为长时间注视白纸而失去了光泽，这样日复一日的劳作使我的身体变得虚弱，又因为我已经答应许多绅士和朋友，要尽快送给他们这部书，因此我花费大笔钱印刷此书，正如您现在看到的这个样式，不像其他书那样用笔和墨水制作。①

序言里的这段话交代了卡克斯顿转向印刷技术的原因：手抄本费时费力，而且低效，用机器印刷书籍则方便快捷。同时，这段话还暗示卡克斯顿很可能是在科隆学会的印刷术。当时，活字印刷术已经在科隆迅速发展，卡克斯顿在1471年左右前往科隆学习印刷术，并于1472年带着助手和印刷设备回到布鲁日，开始其印刷事业。他在布鲁日印制的第一本书就是他自己翻译的《特洛伊历史故事集》，这是第一本以英语印制的图书，标志着英文印刷出版的发端。

1476年，卡克斯顿与助手一起回到英国，并在伦敦威斯敏斯特附近建立了一个印刷所，开始规模翻译并印刷出版英语书籍。1477年，卡克斯顿出版了第一本印有明确出版日期的英文书籍《哲学家箴言录》。1491年，卡克斯顿去世，其印刷所由他的助手德·沃德于1500年底迁往伦敦城内的弗利特街

---

① Sean Jennett, *Pioneers in Printing*, London: Routldge & Kegan Paul Limited, 1958, pp. 28-29.

(Fleet Street)。[①]

卡克斯顿是英国第一位真正意义上的印刷出版商,他的印刷出版活动标志着英国印刷出版业的发端。

卡克斯顿在伦敦建立印刷所后,其他的印刷所陆续出现,但都没有持续多长时间就消失在人们的视野里,因此他的印刷所是15世纪后半期英国唯一一家长期经营印刷业务的机构,可以视作这一时期英国印刷出版业的代表。为了进一步探究这一时期英国印刷出版的特点,我们必须对卡克斯顿的出版活动做详细分析。

首先,卡克斯顿印刷出版的书籍以英文书为主。据统计,在所有摇篮期(16世纪之前)版本印刷品中拉丁文书籍占到了约77%的比例。[②]而在卡克斯顿印刷的书籍中拉丁文书籍的比例不超过28%,英文书的比例却达68%左右,这在当时是一种不同寻常的现象。[③]卡克斯顿专注于英文书籍的印刷出版,倒不是出于对自己的母语的忠诚意识,而更多的是从商业的角度考虑的。当时经典拉丁文书籍拥有广阔的国际市场,是欧洲大陆诸多大印刷商的主营产品。此外,这些大陆印刷商还出版专门出口英格兰市场的拉丁文书籍,实力可谓雄厚。开展拉丁文书籍的印刷出版业务,意味着与这些大印刷商正面竞争,这对于身处偏远英格兰的卡克斯顿是极为不利的,因此他另辟蹊径,选择当时竞争较少的英文书籍出版作为他的主要业务。

其次,卡克斯顿印刷出版的书籍以英语文学作品为主,种类十分广泛。他印刷的书籍中有宗教类的,如《索尔兹伯里祈祷书》和《心灵的朝圣》;历史故事类,如《综合编年史》《特洛伊历史故事集》和《耶路撒冷围城之战》等;哲学类书籍,如《哲学的慰藉》《哲学家箴言录》。但他印制最多的还是英国文学以及翻译作品。15世纪后半期,乔叟的作品受到公众的欢迎,有多种手抄

---

① 张尚莲:《英格兰民族语言形成的社会历史根源》,第166页。弗利特街在16世纪后成为英国印刷出版业的中心,近代以来又成为英国新闻报业的聚集地,因此常用作英国新闻出版业的代称。

② Lucien Febvre, Henri-Jean Martin, *The Coming of the Book*, p. 249."摇篮期版本"(incunabula)为西方目录学家对自古腾堡印刷术发明后至1501年间在欧洲出版的印刷文献的统称。

③ http://www.bl.uk/treasures/caxton/english. html.

本流传于世。卡克斯顿迅速抓住这一商机，于1478年出版了乔叟的《坎特伯雷故事集》，6年后出版了第二版。卡克斯顿在第二版的序言中盛赞了乔叟对于英语语言的贡献，称他为英语的奠基者。此后他还陆续出版了乔叟的《声誉之宫》以及其他作品。1483年，卡克斯顿出版了乔叟同时代的作家约翰·高厄(John Gower)所著《恋人的忏悔》一书。1485年，卡克斯顿改编出版了托马斯·马洛礼的《亚瑟王之死》，首次向公众推介了马洛里的这部巨著。此外，卡克斯顿还出版了许多外国翻译作品，其中包括他自己翻译并付诸印刷的外国文学作品。这些书籍包括前面提到的《特洛伊历史故事集》《伊阿宋的故事》《查理大帝》等。正是借助卡克斯顿的努力，乔叟、马洛礼等作家的经典作品才成为印刷品并广泛传播，奠定了英国民族文学的大众基础。因此，卡克斯顿通过其印刷出版活动为中世纪英国文学的广泛传播做出了重大贡献，其作用不容忽视。

最后，卡克斯顿的出版活动培育了一个不断壮大的英语读者群体。中世纪的大部分时间里，书面文化由教会垄断，不但广大民众目不识丁，王公贵族中也有很多是文盲。因此，宗教的传播要靠教士口头布道，诗歌和传奇故事等作品的传播也要靠教士等文化人向众人大声朗读。因此，被动听读是中世纪阅读的本质特征。[①]随着中世纪晚期城市的兴起和学校教育的发展，社会大众的读写能力得到了显著提高。除了王公贵族，新兴的社会阶层也不再希望被动地依靠他人来阅读书本，而是主动地去独立阅读书籍，理解文本。卡克斯顿大量印制英语书籍，正好满足了他们的这一内在需求。手抄本越来越少，逐渐消失在人们的视野里。到1640年，英国印刷的英文书籍种类多样，从小册子到大部头对开本著作，数量已经达到2万多本。[②]卡克斯顿及其继任者的印刷出版活动促进了英国印刷业的迅猛发展，并在这一过程中培育了一个新的英语读者群体，使之不断壮大。

---

① 史蒂文·罗杰·费希尔：《阅读的历史》，李瑞林等译，北京：商务印书馆，2009年，第126页。

② Albert C. Baugh & Thomas Cable, *A History of the English Language*, p. 150.

二、卡克斯顿的出版活动与英语的标准化

对于语言标准化的过程,学者一般认为印刷术在其中起到了非常重要的作用,历史学者爱森斯坦甚至提出“印刷革命论”,强调印刷技术对于文化变革的革命性作用。[①]伯克在认可印刷技术重要性的同时也指出它并非推动这场转变的唯一因素,身处著名作家和印刷机之间的印刷商在地方语言标准化过程中也起到了不可忽视的作用。[②]在英国,卡克斯顿在英语语言的标准化的进程中是一个关键人物。

上文分析了卡克斯顿的出版活动,这使我们能进一步了解他与英语语言标准化之间的关系。卡克斯顿专注于英语书籍的出版发行,这使他与英语语言演变之间的关系密切。同时,卡克斯顿自己也是重要的英语作家和翻译家。在他一生中出版的百余本图书中,由他亲自译成英语的作品就有二十多部。[③]他在百科全书著作《格物论》(*De Proprietatibus Rerum*)的序言中说:“那种正在形成中的英语,在每个郡都不一样……我把这本书的规模压缩一下,翻译成我们的英语,不用粗俗语言,也不用奇特方言,而是用大家都能理解的语言……”[④]因此,无论是作为印刷商还是翻译家,卡克斯顿都在英语语言的标准化进程中留下了深深的印记。

一般而言,印刷术的推广普及对语言的最重要的功用在于使各国方言更加规范化,并最终形成标准的民族语言。卡克斯顿首先是一个印刷商,语言的标准规范对于他的事业非常重要。当时英国各地方言的差异很大,没有统一的拼写标准,这给从事印刷出版业的卡克斯顿带来许多不便,因此他在印刷出版书籍的过程中必须同时身兼出版商、印刷员和文字编辑的角色,这使他在客观上对英语语言的规范化做出了重要贡献。下文将从正字法

---

① E. L. Eisenstein, *The Printing Press as An Agent of Change: Communications and Cultural Transformations in Early Modern Europe*, p. XV.

② 彼得·伯克:《语言的文化史》,第128—132页。

③ 于文:《语言、阅读与出版变迁——论威廉·卡克斯顿的出版史意义》,《中国出版》,2012年第23期,第68—71页。

④ G. M. Trevelyan, *English Social History*, London: Longman's: Green and Company, 1942, p. 82.

(拼写法)和文体两方面对卡克斯顿在英语语言标准化上的贡献进行论述。

第一,卡克斯顿在印刷出版书籍的过程中逐步规范了英语拼写的方法。15世纪上半叶,英语取代法语成为官方行政语言。但是此时的英语并不像拉丁语或法语那样具有统一的书面语言形式。由于缺乏权威标准,各地方言都形成了自己特殊的拼写形式,正如卡克斯顿说的那样,“正在形成中的英语,在每个郡都不一样”。修道院缮写室和抄写铺的抄写员一般根据当地的标准或自己抄写室的标准来誊抄文本,结果最后呈现在读者面前的拼写形式五花八门,混乱不堪。仅就day的拼写为例,就有dai、day、daye、daee、daiʒe、deai、dey、dei、daeʒ和dawe等十种拼写形式。有些单词甚至有几百种形式。[①]这样混乱复杂的语言拼写形式,对于卡克斯顿的出版经营活动显然是不利的。

为了规范英语拼写形式,卡克斯顿采取了一些办法。我们可以比较1385年特里维萨所译的《综合编年史》原版本和1482年卡克斯顿的修正版本[②]:

1385年特里维萨版本:

Also englische men þey þei hadde from þe bygynnynge þre maner speech norþthern sowþerne and middel speche in þe myddel of þe lond, as þey come of þre manere peple of Germania, noþeless by comytxtioun and meeynge firste wiþ danes and afterward wiþnormans in men þe contray longage is apayred and som vse- þ straunge wlaffreynge chiterynge harrynge and garrynge grisbitynge.

1482年卡克斯顿修正版:

Also englysshmen thou they had fro the bgynnyng thre maner speches Southern northern and myddel speche in the middle of the londe as they come of thre maner of people of Germania. Netheles by commytxtion and medlyyng

① 戴维·克里斯特尔:《英语的故事》,第285页。

② Dennis Freeborn, *From Old English to Standard English*, London: Macmillan Publishers Ltd., 1992, pp. 272-273.

first with danes and afterward with normans In many thynges the countreye langage is appayred ffor Somme vse straunge wlaffyng chytering harryng garryng and grisbytyng.

从上面的选段中，我们可以看出卡克斯顿对于特里维萨版本中的一些拼写进行了规范：原版本中的/þ/、/y/、/sch，sc/分别被/th/、/i/、/ssh/所代替；特里维萨版本中很多词尾冗余字母e在卡克斯顿版本中大量脱落（如norþthern变成northern）；语法方面，特里维萨版本中用来表示现在时第三人称复数的词尾符号-eþ以及词汇作为过去分词标志的符号-i也在卡克斯顿版本中脱落了（vesþ—vse；i—vesd—vsed）。诸如此类的改进在他的印制书籍中还很多，这些变化总的说来符合英语标准化的趋势，与现代英语较为接近。正是通过大量印制英语书籍，逐步使这些拼写和语法上的规范稳定下来并为公众所认可，卡克斯顿推动了英语正字法的现代化。

印刷商对语言标准化的促进有一个前提条件，即只有当印刷工厂依据某种大体一致的文体生产出大量完全相同的印刷文本，才会有助于语言同一性的形成。

15世纪后半期，得益于伦敦在全国的政治、经济地位，伦敦方言在那时逐渐成为最具影响力的地方方言。卡克斯顿身在伦敦地区，自然在印刷文本的拼写形式上较多地参照了伦敦语言的使用习惯。在他的印刷书籍中，经常可以找到按照当时伦敦流行语言趋势拼写的某些词汇，如在《坎特伯雷故事集》和其他一些诗歌作品中就是如此。这表明他有意识地采用了伦敦英语的正字法标准。卡克斯顿及其继任者德·沃德大量印刷出版带有伦敦方言特征的英语书籍，对于伦敦方言逐渐压倒其他方言而成为英国的“标准英语”起了促进作用。[①]

通过不断权衡综合新旧文体，卡克斯顿对英语文体产生了重要影响。卡克斯顿对于英语文体非常重视。作为印刷出版商，他必须保证他发行的英语文本能为读者群体——贵族和中产阶级所接受。文本的文体既不能流于粗俗，也不能过分高雅。因此，在为印制书籍写作的序言里，他经常为自

① 张炜：《印刷媒介与15、16世纪英国社会变迁》，第28—33页。

己的“粗鄙英语”道歉。这虽然是当时文人的套语，但也可反映出卡克斯顿作为翻译家和印刷商的敏锐语言意识。

15世纪后半期英国人关于英语文体的争论主要涉及书面语言中的词汇使用问题：在文章中应该多使用从拉丁语、法语引进的外来“文雅”词汇，还是多使用英语本来的词汇？卡克斯顿在出版英语作品的过程中，经常会遇到这样的词汇选择问题。他在印刷特里维萨翻译的希格登的《综合编年史》时，就对其进行了少量修改，用他那个时代较为流行的词汇代替了一些“就是在当时也难以理解的粗鄙陈旧英语”。由于当时法语词汇中很多词已经被引进英语，在日常生活中较为常用。因此作品中很多英语词汇被法语词汇代替，赋予了作品一种时代气息。

卡克斯顿对于马洛礼的《亚瑟王之死》也做了较大改动。他去除了其中已经过时的词汇，用流行文体中的词汇代替了原作中头韵体文体中的词汇，并对其中的法语词汇也做了修订，修订后的部分法语单词是在他之前翻译的法语骑士传奇文学作品中经常出现的。同时，他为了使作品更符合当时人的阅读习惯，调整了原作中部分句子的词序，用主语—动词—延伸的结构取代了一些旧的词序形式，这种变动已经接近现代英语语序，是符合英语语言发展趋势的。

综上所述，卡克斯顿通过自己的印刷出版活动，对英语语言的拼写形式、词汇和文体进行了一定的规范。当然，他不是语言学家，对于语言问题并没有深入的认识和一贯的原则，他印刷的作品中的拼写也没有一个连贯一致的标准。要等到他引进印刷术后差不多一个世纪以后，印刷业才能真正对语言标准化产生重要影响。但我们必须认识到，英语标准化的发展进程不可能一蹴而就，印刷商之间就语言形式达成统一标准的过程极为缓慢，但一旦他们掌握了标准化，就会大规模地印制相同语言形式的文本，并通过市场扩散，对语言同一性的形成产生巨大的影响。正是在以卡克斯顿为代表的英国印刷商们的共同努力下，英语标准化的进程才得以大大加快。

三、印刷媒介与想象的共同体

本尼迪克特·安德森在论及民族意识的起源时，曾做以下论断：作为商品的印刷品，是孕育全新的同时性观念的关键，使得民族这种“水平——世俗共同体”成为可能。[①]那么，印刷媒介以何种方式参与了英国民族共同体的建构？我们将结合安德森的论断对此进行分析。

首先，在英国，印刷媒介在拉丁语之下，口语方言之上创造了统一的交流和传播的领域。[②]此前我们论及印刷术对于英语标准化的影响较为积极，但它在不同的国家和地区发挥了不同的作用。印刷术归根结底是一门技术，它既可以被用来推行统一的语言标准，也可以加强和巩固语言的差异。欧洲各封建王国和领地的统治者可以借此推行相互对立的语言标准。比如在西班牙，印刷术传到了瓦伦西亚、塞维利亚、巴塞罗那等地，形成多个印刷业中心，导致既有大致上的统一，又呈现一片混乱的语言状况。而英格兰的情况则不同，因为在近代早期的绝大多数时间里，印刷业集中在伦敦一地。即使到了18世纪，印刷中心也仅限于伦敦、牛津、剑桥等少数东南部城市。这种垄断局面有助于推行统一的语言标准，使得本已具备首都地理位置优势的伦敦方言进一步上升为英语的标准形式。

正是由于印刷媒介推动了书面语言形式的统一，那些原本因为各地方言差异过大而无法交流的人们，通过印刷文本就可以相互理解和交流了。在这个过程中，他们逐渐感觉到那些在他们的特殊语言领域内的无数同胞的存在。与此同时，他们也逐渐感觉到只有那些同胞属于这个特殊的语言领域。这些被印刷品所联结的“读者同胞”，在其世俗的、特殊的和“可见之不可见”当中，形成了民族的想象的共同体的胚胎。[③]

其次，印刷媒介使得英语的形式固定下来，使其成为主观民族想象的关键因素。英语与英国民族身份认同之间的联系，自中世纪晚期以来就深入社会各阶层人心，成为孕育中的英格兰民族意识的一部分。但各地方言的差异和语言形式的多变为这种语言民族意识的形成构成了不小的障碍。正如卡克斯顿在《埃涅阿斯记》的序言中所言，“现在的语言与我出生时的语言

---

① 本尼迪克特·安德森：《想象的共同体：民族主义的起源和分布》，第38页。

② 同上书，第43页。

③ 同上。

用法和发音已经非常不同了”。此时印刷技术使英语语言形式逐渐固定下来，恰好为英语塑造了对于主观民族理念而言甚为关键的古老形象。印刷的书籍保有永恒的形态，不再受制于手抄本那种“个人化”和“不自觉地把典籍现代化”[①]的习惯。因此，固定而永恒的语言形象成为人们对历史中形成的民族共同体的想象的关键要素。

最后，印刷媒介使得英语成为不同于之前行政方言的权力语言。英语作为民族共同语的兴起，是与英国民族国家的建构密切相关的。随着中世纪晚期英国民族国家建设的加快，中央政府行政机构不断扩张，政治上的集权化客观上要求政令发布和传播媒介的统一畅通。因此，政治上的集权化要求语言的标准化和统一化。由于语言标准化的推进，占有社会地位优势的人群使用的发音和措辞逐步成为该语种的标准或者是优势变体，这以外的社会群体的语言都被认为是低劣或者是不符合该语种标准的，是需要“净化”和“取缔”的。伦敦方言成为标准英语，一方面得益于伦敦作为全国经济中心的地位和影响力，另一方面则是借助于印刷技术的推广。通过印刷术的中介，以标准英语印制的各种政令和法案能够及时有效地传播于全国范围之内，这反过来促进了民族国家的建构，加强了民众的民族身份认同。

正如安德森所述，资本主义、印刷技术与语言的统一化，使得一个新形式的想象共同体成为可能。[②]在英国统治阶层和精英分子的支持下，英语在百年战争中逐渐取代敌人的语言——法语成为官方行政法律语言，并从英国下层农民的粗俗土语一步步上升为乔叟的民族文学语言。15世纪末，新的印刷科技使得英语能够通过印刷商的出版活动逐步实现标准化和统一化。英语文本，通过印刷媒介的传播，开始联结越来越多的民众，逐步形成想象的共同体的胚胎。但卡克斯顿等人印刷的书籍此时还主要集中于英语文学作品，其读者对象主要是王公贵族和中产阶级。因此，组成这个想象的民族共同体还缺乏一定的社会纵向深度，未能将广大下层民众包括入内。要等到英语宗教印刷品和通俗历史戏剧广泛传播之后，广大英国民众才能

① 本尼迪克特·安德森：《想象的共同体：民族主义的起源和分布》，第44页。
② 同上书，第45页。

真正想象建立在宗教意识和历史记忆基础上的英格兰民族共同体。

第二节　英语宗教印刷品与民族宗教共同体

在中世纪，绝大多数的英国人都同属于一个宗教共同体——基督教。从出生时的洗礼到死亡时的终傅礼，宗教仪式贯穿了英国民众的生命历程。通过日常仪式和神甫的布道，基督教教义指导和规范着普通民众的思想和行动，也塑造着英国人的宗教身份认同。英语重新成为官方语言，这对英格兰民族认同的形成起到了重要作用。但如果英语没有成为宗教信仰的诠释和传播语言的话，以语言为基础的民族想象仍旧缺失了重要一环。因此，欲构建英格兰民族身份认同，英语就要成为英格兰民族宗教的传播媒介。

《圣经》是整个基督教的教义经典和信仰之纲，它为全体基督教徒提供了信仰的准则，同时也对基督教教会的组织和礼仪活动做出了规定。自诺曼征服以来的几个世纪中，英国一直没有英语版的《圣经》，宗教仪式也一直以拉丁语为媒介进行。拉丁语作为罗马天主教会的官方语言，在维护罗马教会特权的同时，也阻碍了英国人民族情感的形成。因此，实现宗教民族化的首要任务就是必须有民族语版的《圣经》，并用民族语诠释宗教教义，传播宗教信仰。只有这样才能打破罗马天主教会对普通民众宗教思想的控制，建构英格兰民族宗教认同。本节将详细论述英语版的《圣经》以及《公祷书》产生和传播的历程，并分析这一历史事件如何促成英语成为英格兰民族宗教的媒介工具，进而推动英格兰民族身份认同建构的。

一、威克里夫与《圣经》英译

《圣经》是基督教的教义经典，分为《旧约》和《新约》两部分。《旧约》原是犹太教的经典，原文为希伯来文；《新约》成书于公元1—2世纪下半叶，原文为希腊文。自从《圣经》成书时起一直到现代，翻译活动贯穿了基督教传播的整个历史。第一部完整的《圣经·旧约》希腊文译本是《七十子译本》

(*Septuagint*),它是由古以色列72位犹太学者于公元前285—249年间所译。公元383年,哲罗姆应教皇达马苏一世指派,着手整理、翻译统一的拉丁文版《圣经》。405年,正式翻译出包括《旧约》和《新约》在内的整部《圣经》,称之为《通俗拉丁文本圣经》(*The Vulgate*)。这是基督教世界唯一合法通行的《圣经》文本,也是各民族语译经主要参考文本之一。

在中世纪欧洲,《圣经》的翻译与传播并非一帆风顺,而是经历了一个漫长、曲折甚至血腥的过程。语言是教义和经文的载体,是宗教传播的重要媒介。同时,语言也是社会等级和权力关系建构的工具。在中世纪的大部分时间里,教士是唯一的知识阶层,广大民众不懂拉丁语,只能通过教士布道来了解教义。中世纪基督教天主教会规定拉丁语是《圣经》唯一合法语言和教会官方语言,从而垄断了对《圣经》教义的解释权,建立起至高无上的神权统治。以民族语翻译和传播《圣经》的举动,在教会看来,可能会动摇拉丁语《圣经》的神圣地位,危及其神权统治。因此,教会极力反对和镇压异端教派在广大民众中传播普及《圣经》知识的活动,也对《圣经》的民族语翻译活动进行重重限制。[①]1229年召开的图卢兹宗教会议正式禁止把整本《圣经》翻译成俗语,并且,"规定除《诗篇》和包括在每日祈祷书中的那些段落外,禁止平信徒拥有《圣经》,并通告废除一切《圣经》译本"[②]。然而,广大平信徒渴望阅读民族语版《圣经》的强烈愿望并没有因为教廷的禁止与镇压而消失,各种形式的民族语版《圣经》翻译与研读活动从未间断。

《圣经》的英译可以追溯至盎格鲁-撒克逊时期。由于普通教众文化水平低下,教士往往将《圣经》的部分章节译成英语,以传播福音。如英格兰早期伟大的历史学家比德,就曾将《福音书》的部分信条和祈祷文翻译成英语,

---

① Margaret Deanesly, *The Lollard Bible and Other Medieval Versions*, Cambridge: University Press, 1920, p. 18-24. 教会对《圣经》的民族语翻译是有限制条件的。首先,只有受过专门训练和有文化的教士才有能力全面理解经文的真正含义,译文才不会偏离本意。因此,教会坚决反对没有文化的俗人或平信徒(laity)个人翻译和研读《圣经》。其次,译文不得与天主教正统神学思想相违背,更不能危及教廷的神学统治。这也是教会当局垄断《圣经》及其阐释权的真实目的所在。

② 威利斯顿·沃尔克:《基督教会史》,孙善玲等译,北京:中国社会科学出版社,1991年,第292页。

以便平信徒和文化水平不高的教士领悟上帝的意旨。[①]11世纪初,英国巴思修道院牧师艾尔弗里克翻译了《旧约》中的许多重要部分,以及完整的《福音书》。但这些翻译活动并没有完整地将《圣经》翻译成英语,而只是翻译了部分经文,以《诗篇》和《福音书》为主。而且这些翻译活动都不是为了普及《圣经》知识。

14世纪后期开始的一系列社会历史变迁为《圣经》的英语翻译提供了有利的条件和社会氛围。持续百年的英法战争激发了民众的民族情感,随后的玫瑰战争严重削弱了英国大贵族的势力,王权日益巩固与统一,议会权力扩大和两院制确立,国家政权机构进一步完备,民族国家的形成加速。教育文化上,大众识字率显著提高,促进了民族语的形成;宗教上,反教权思想活跃,出现了反教权立法以及威克里夫倡导的宗教改革和罗拉德运动,开始了教会民族化的探索。

在这样的历史背景下,真正意义上的《圣经》英译拉开了帷幕。《圣经》英译的发起者约翰·威克里夫(John Wycliffe)是英格兰14世纪最有影响的人物之一。他是牛津大学的神学家和宗教改革家,其宗教思想对后来的宗教改革运动产生了深远的影响,享有"宗教改革的启明星"(Morning Star of Reformation)之美誉。威克里夫十分重视普及《圣经》知识对坚定基督教信仰的重要性,在其著作中不断强调将《圣经》翻译成人们所熟悉语言的必要性。在《论圣经的真理性》(*On the Truth of Sacred Scripture*)一文中,威克里夫认为《圣经》是完全的真理,具有最高权威,每个基督徒都有权利和责任去拥有和了解圣经。在《神的国度》(*Dominion by Grace*)一文中,威克里夫强调了信徒个人在获得救赎过程中的重要作用。他指出:每位基督徒都是上帝的子民,都可直接与上帝交流;恩宠属于上帝并由其直接授予信徒选民,无须教会、教士等的中介作用;那些不遵守《圣经》的人将失去恩宠而无缘任何形式的主权。既然广大信徒可以与上帝直接对话,并对《圣经》负责,那么他们就必须知晓《圣经》内容,了解上帝的真言。所以,拥有一部浅显易懂的俗语《圣经》就显得极为必要:

---

① Margaret Deanesly, *The Lollard Bible and Other Medieval Versions*, p. 135.

> 上帝的律法知识应该以最好懂的语言讲授,因为这个知识是上帝的话语。……而上帝的知识就是永无谬误的《圣经》,圣灵也指导使徒们用大众的语言将上帝的话传给人们。……圣哲罗姆辛苦将《圣经》从多种语言翻译为拉丁语。拉丁语是当时的大众语言,为什么现在不行呢?无论是否文盲,人们都要遵守上帝的教导而获救。但是英国的普通人大多数只知道他们的母语,因此阻止将圣经翻译为英语就类似于阻止英国人追随基督升入天堂。[①]

为此,他主张为更好理解上帝旨意,需将《圣经》译成民族语,以便人人都可阅读《圣经》。在威克里夫的倡导和主持下,14世纪80年代有两种英语《圣经》版本出现,分别是尼古拉·赫里福德的早期版本(the Early Version)和约翰·帕维的后期版本(the Later Version)。据学者考证,早期版本为牛津大学威克里夫派学者合译,其中赫里福德的贡献最为突出,后期版本则由威克里夫的秘书帕维博士独立完成。帕维参与了早期版本的翻译,并在早期版本的基础上修订完成了后期版本。[②]至于威克里夫自己有没有亲自参与这两个《圣经》版本的翻译,学界众说纷纭,没有形成统一看法。但威克里夫是此次《圣经》英译的发起者和组织者,而且《圣经》的几位英译者都是追随威克里夫的牛津大学学者,在其组织和领导下从事《圣经》翻译工作,这是毋庸置疑的。[③]因此,将这两种《圣经》译本合称为威克里夫版《圣经》是较为合适的。

威克里夫版《圣经》是基督教历史上拉丁语版《圣经》的第一部英文全译本,也是英国历史上第一部完整的英语版《圣经》。该译本赋予英国民众用

---

① 李桂芝:《罗拉德派和中世纪后期英国社会》,北京:中国社会科学院,2009年,第62—63页。

② Margaret Deanesly, *The Lollard Bible and Other Medieval Versions*, pp. 260-262.

③ 丹尼尔(Daniell)和丁奈斯里(Deanesly)都倾向于认为威克里夫没有亲手翻译《圣经》,而是发起主持了这次翻译工作。参见David Daniell, *The Bible in English: Its History and Influence*, New Haven: Yale University Press, 2003, p. 73.

民族语言直接阅读《圣经》的能力和权利，打破了罗马教会对《圣经》及其阐释权的垄断，否定了教会的权威，使得只有少数教士有能力和权利阅读的《圣经》变成英国百姓日常生活读物。同时，阅读英语版《圣经》往往意味着疏远当时通行欧洲的拉丁语，使得人们进一步意识到西欧基督教世界唯一通行的《通俗拉丁文圣经》如同威克里夫版《圣经》一样，也只不过是一种译文而已。

教会人士和当权者则对英语版《圣经》的出现大加挞伐。1401年，议会通过《焚烧异端者法》(De Heretico Comburendo)，这个法律把英文布道和异端煽动联系在一起，禁止阅读英语版《圣经》和用英语布道。大批罗拉德派成员因异端罪名被处以火刑，其中包括罗拉德派领袖之一牧师索特雷(Sawtre)。[①]1407年，坎特伯雷大主教托马斯·阿伦德尔(Thomas Arundel)颁布《牛津宪令》，禁止未经许可的《圣经》翻译，禁止制作或拥有俗语《圣经》，禁止在公开或私下场合阅读俗语《圣经》，如果胆敢藏有这类文本，将被处以火刑。[②]政府和教会的高压政策禁止了英语版《圣经》的公开传播，但无法扼杀它的私下传播。以传播罗拉德教义为己任的福音运动在普通的下层人民中间展开：罗拉德教徒用英语进行布道，英语版《圣经》继续秘密流传，秘密的英语版《圣经》诵经集会也从未断绝。[③]罗拉德版《圣经》英译本虽被教会明令禁止阅读和拥有，却仍然流传于世，至今仍保留有250余册手抄本，其中包括约30多本早期全译本及90多本《新约》译本，比当时英国留存下来的任何英文作品都要多。[④]

威克里夫版《圣经》的问世，首次挑战了拉丁语作为教会权威语言的地

---

① 罗拉德派(Lollards)，中世纪晚期英格兰神学家威克里夫的追随者，14世纪时由一群牛津学者形成于英国，后影响到一批世俗平信徒，以主张过清贫生活而被称为“贫穷教士”的神职人员为核心，发展于下层群众中。“罗拉德”一词，源出荷兰文lollard，本意为“喃喃祈祷者”，其反对者称之为“罗拉德派”。

② A. Hudson, *Lollards and Their Books*, London: Hambledon, 1985, p. 148.

③ 程冷杰、江振春：《英国民族国家形成中的语言因素》，第83页。

④ David Knowles, *A Cultural History of the English Language*, Beijing: Peking University Press, 2004, pp. 53-54.

位，奏响了英格兰教会民族化的先声。[①]"威克里夫的宗教观念又反过来激活了对抗教廷的英格兰民间运动，激发了一些论战性英语著作的出版以及把《圣经》译为英语的工作，这不能不说是正在走向民族国家的英格兰在宗教方面的一种表现。"[②]此外，英译版《圣经》的出现和传播促进了英语语言的成长，为英国民族语言的统一做出了贡献。据统计，"威克里夫及其追随者为英语引进了一千多个此前未曾出现过的拉丁语单词，其中的大部分都出现在所谓的威克里夫版《圣经》译本中并且被保留在后来的《圣经》译本中，这些词汇也由此逐渐成为英语的日常用语"[③]。而且罗拉德运动在下层人民中间对传播民族文化、实行民族语言的标准化做出了杰出贡献。甚至到了亨利六世时期（1422—1461），罗拉德英语成为早期标准书面语之一，甚至一度成为中书法庭英语标准（Chancery English）而被中书法庭或其他全国性政府机构所使用。[④]因此，威克里夫和罗拉德派的《圣经》英译活动不仅为英语语言的丰富做出了重要贡献，也促进了英语标准语的形成和统一。

二、英语版《圣经》的印刷及传播

威克里夫版《圣经》的出现打破了拉丁语版《圣经》在英国的独尊地位，但受制于教会的禁令，加上手抄本书籍本身制作过程缓慢、价格昂贵等因素，15世纪始终未能出现改革派人士所期望的英语版《圣经》大范围传播的局面。到了16世纪20年代，廷代尔（William Tyndale）和科弗代尔（Miles Coverdale）等人借助印刷技术，终于使其《圣经》译本在英格兰全国范围内广泛流通。

廷代尔（1494—1536）出生于英格兰的格洛斯特郡（Gloucestershire），曾就读于牛津大学。他颇具语言天赋，通过学习熟练掌握了希伯来语、拉丁语和希腊语等多种外语。在牛津大学求学期间，他接触到伊拉斯谟（Erasmus）翻译的拉丁语版《圣经》。在这本《圣经》中，伊拉斯谟将希腊语文本和拉丁

---

① A. Hudson, *Lollards and Their Books*, p. 148.

② 钱乘旦、许洁明：《英国通史》，第87页。

③ Albert C. Baugh & Thomas Cable, *A History of the English Language*, p. 180.

④ David Knowles, *A Cultural History of the English Language*, p. 64.

语文本相互对照，旨在为宗教改革人士探寻《新约》的源头。受到伊拉斯谟的希腊语《圣经》译本的影响，廷代尔产生了将《圣经》从希腊语原文翻译成英语的想法。他曾写道："我已由经验得知，要使凡夫俗子信服真理是如何的不可能，除非以他们的母语将《圣经》明明白白展现在其面前，让他们可以亲眼读到《圣经》的内容和意义。"①

由于1407年《牛津宪令》禁止任何人不经主教许可将《圣经》翻译成民族语，廷代尔于1523年前往伦敦，向伦敦主教滕斯托尔提出请求，希望滕斯托尔批准他将《圣经》翻译成英语，结果遭到拒绝。当时马丁·路德在欧洲大陆的宗教改革运动已经引起教会的严重不安，在这种气氛下，滕斯托尔不可能答应廷代尔的请求。即使他完成翻译工作，当时的英国也没有印刷商敢印制出版英语版《圣经》。廷代尔失望地说："我主在伦敦的皇宫没有地方翻译《新约》，在全英国也没有地方能从事这项工作。"②在这样的情况下，廷代尔在1524年横渡英吉利海峡，逃往欧洲大陆译经。

廷代尔逃到德国后，先是在科隆翻译《圣经》，并将先期译本交给印刷商彼得·昆内尔(Peter Quennell)付印。1525年，昆内尔的印刷所被当地政府查禁，廷代尔及其助手又逃往沃尔姆斯(Worms)，在那里完成了《新约》的翻译。1526年，廷代尔将完整的英语版《圣经》译本交给安特卫普印刷商约翰·霍赫斯塔腾印制出版。这版《圣经》为八开大小的口袋书，形制小巧，方便携带，可以藏在布料和其他货物当中，通过英格兰和苏格兰各港口偷运进英国。由于其便携性和便宜的价格，廷代尔版《圣经》很快在英国各地销售流传。据统计，截至1534年，包括盗版版本在内，共有16000册廷代尔版《圣经》译本在坊间流通。③

英语版《圣经》在英国的迅速传播引起了教会的恐慌。伦敦主教滕斯托尔发布命令禁止任何人持有和销售英语版《圣经》，并公开烧毁查获的《圣

---

① 阿尔韦托·曼古埃尔：《阅读史》，吴昌杰译，北京：商务印书馆，2004年，第335页。

② David Daniell, *The Bible in English: Its History and Influence*, p. 143.

③ David Daniell, William Tyndale, "The English Bible and the English Language", in Orlaith O'Sullivan ed., *The Bible as Book: The Reformation*, London: The British Library & Oak Knoll Press, 2000, p. 47

经》译本。英国教会人员继续查禁和销毁译本，廷代尔则继续推出新的译本。1534年，他完成了《新约》的重新修订，并完成了《旧约》的《历史书》部分。这部《圣经》成为后来诸多英语《圣经》版本的真正先祖。他的译经行为严重背离了政府和教会的主导意识形态，被谴责为异端。1535年，廷代尔被英国教士亨利·菲利普斯出卖，在安特卫普遭到诱捕。1536年廷代尔被天主教法庭判为异端并处死，他死前的最后一句话是："主啊，打开英国国王的双眼吧。"[①]

廷代尔的英语版《圣经》对后世影响深远。首先，它开启了英语版《圣经》印刷出版的历史。在廷代尔的英语版《圣经》出现以前，英格兰民众基本上无法接触到本族语版《圣经》，人们通过聆听牧师布道、观看教堂的彩绘玻璃画和挂毯，以及每年上映的奇迹剧才能对《圣经》故事有所了解。[②]如今，廷代尔的英语版《圣经》的印制出版使得英国普通民众也能直接通过民族语阅读《圣经》，这是廷代尔最大的历史功绩。其次，廷代尔的英语版《圣经》直接译自希腊语版本，更加忠实于《圣经》原文，从而暴露了拉丁语版《圣经》的许多不足。因此，廷代尔版《圣经》成为后世英语版《圣经》的基础。从科弗代尔版《圣经》，到马修版《圣经》，一直到钦定本《圣经》，译者都直接从廷代尔版本中直接引用了大量内容。最后，廷代尔的英语版《圣经》对英语语言和文学产生了重大影响。他在翻译中使用的许多词汇和习语，如 passover（过世）、scapegoat（替罪羊）、the powers that be（当权者）等，都进入了现代英语，极大丰富了英语的语言表达方式。他在翻译中所用的英语文体平易清晰，树立了一种新的英语文体风格，这种平易文体（plain style）深刻地影响了文艺复兴时期以及后世的英国文学。

继廷代尔之后，新教学者科弗代尔继续补充完成《圣经》英语译本。此时英国国内的政治宗教局势变化对《圣经》的翻译有利。经过亨利八世的宗教改革以后，英语版《圣经》可以合法地出现了。1534年，坎特伯雷教士会议

---

① David Daniell, William Tyndale, "The English Bible and the English Language", in Orlaith O'Sullivan ed., *The Bible as Book: The Reformation*, London: The British Library & Oak Knoll Press, 2000, p. 48.

② 张炜：《印刷媒介与15、16世纪英国社会变迁》，第99—106页。

正式向亨利八世提出请求:《圣经》应该被完整地翻译成民众所熟悉的英语。[①]1535年,科弗代尔在科隆出版了完整的英语版《圣经》,里面有对国王亨利八世的献辞。这个版本是历史上首部完整的印刷版《圣经》英译本,通常被看作英语版《圣经》的头版。[②]他的译本受廷代尔的英语版《圣经》的影响较大,对早期文本基本没有太大改动。

科弗代尔版《圣经》出现后,英国国王及其权臣对此表现出了较大兴趣。此时亨利八世已经与罗马教廷决裂,他认为英语版《圣经》的发行可以成为其宗教改革宣传战的有力工具,因此对英语版《圣经》的出版给予了许可。1537年,牧师约翰·罗杰斯(John Rogers)以廷代尔的译本为基础,并借用了科弗代尔版的《旧约》部分相关内容,编辑完成了一个新的完整的《圣经》版本。在获得王室许可后,以《马修圣经》(*Matthew's Bible*)的名义予以出版。[③]1538年,在国务大臣托马斯·克伦威尔(Thomas Cromwell)的直接赞助下,科弗代尔对《马修圣经》进行了重新修订。新修订的版本由大主教托马斯·克兰默(Cranmer)作序,史称《大圣经》(*The Great Bible*)。克伦威尔随即向神职人员发出指令,规定"圣诞节前每个教区的教堂内都必须放置一部最大开本的《圣经》,并细心保管,以便本教区信众可以方便地看到并阅读它"[④]。全国各地遵照指令,在所有教堂的诵经台上都放置了这一版《圣经》。

政府的支持进一步推动了英语版《圣经》出版的热潮。据统计,1526—1547年间,有64种完整《圣经》或《新约》英语版本出现,英语版《圣经》销售总量超过12万部。大众读写能力的提高与英语版《圣经》的传播携手并行,相互促进。在公众场合大声诵读《圣经》片段已经蔚然成风,《圣经》成为英国民众生活中不可或缺的一环。16世纪末,一名叫威廉·韦斯顿的耶稣会修士记录下了他在英国剑桥郡威兹比奇目睹的清教徒集会情形:

---

① 戴维·克里斯特尔:《英语的故事》,第360页。

② Guido Latre, "The 1535 Coverdale Bible and its Antwerp Origins", in Orlaith O'Sullivan ed., *The Bible as Book: The Reformation*, London: The British Library & Oak Knoll Press, 2000, p. 89.

③ 由于当时廷代尔已被判为异端,罗杰斯只能用托马斯·马修的化名来出版这部《圣经》。

④ David Daniell, *The Bible in English: Its History and Influence*, p. 201.

> 从一开始就有大批清教徒聚集在那里，有些是从城镇郊区来的，还有一些来自附近农村。急切的群众纷纷拥上前做礼拜……每人手头都有《圣经》，他们聚精会神地翻阅《圣经》，仔细查阅布道者所引用的经文段落，并在人群当中讨论布道者所引用的文本是否准确切题，与他们的信条是否一致。[①]

借助印刷术的力量，英语版《圣经》印刷本的销量巨大，在普通民众中相当普及。各种版本的《圣经》英译本使得普通民众可以通过阅读民族语版《圣经》建立与上帝的直接联系，不再需要依赖天主教会的中介作用。通过英语版《圣经》的阅读和传播，英格兰民众逐渐联合为一个宗教上的"想象共同体"，他们在以本族语阅读《圣经》或聆听他人读《圣经》的过程中，强化了自身的英格兰身份认同，并发展了英格兰作为一个独特的共同体的意识。

三、《公祷书》与英语宗教仪式

这一时期，除英语版《圣经》之外，其他英语宗教印刷品也在英国民众之中广泛传播。在这些宗教作品中，英语《公祷书》(*Book of Common Prayer*)的广泛使用在英国宗教仪式的改革和宗教共同体的建构方面发挥了核心作用。

拉丁语是中世纪教会的正式用语，直到中世纪晚期的英国宗教仪式都是用拉丁语进行的。在《第一祈祷书》(*First Prayer Book*)的序言中，克兰默引用了圣保罗关于教堂用语须是人人都懂的语言的观点，他感慨道：

> (这么多年来)英格兰教会的仪式都是用拉丁语进行的，而广大教众却不懂拉丁语；因此他们只是用耳朵在听，心灵和头脑却没

① Gillian E. Brennan, *Patriotism, Power and Print: National Consciousness in Tudor England*, Pittsburgh: Duquesne University Press, 2003, p. 77.

有得到相应的教诲。[①]

随着宗教改革的深入,对宗教仪式用语的改革势在必行。在亨利八世统治后期,英语在宗教仪式中的使用越来越广泛。1538年,官方下令在全国各教堂里放置英语版《圣经》,并规定用英语诵读《圣经》。1544年,亨利八世下令在对法战争前的公众游行中使用英语进行公开连祷(litany)。[②]当时一位名叫威廉·哈里森(William Harrison)的编年史家记录下了当时的情形:"10月18日国王颁布法令,在伦敦包乐斯的连祷用英语公开唱颂。法令还要求全英格兰用同样的语言演唱……"[③]

亨利八世于1547年去世后,以萨默塞特公爵(Duke of Somerset)为首的少数决策者掌握了政治权力,他们继续推行新教改革,其改革议程中的重要一项就是推行英国国教的礼拜仪式。为此,他与坎特伯雷大主教克兰默合作,印制出版了一系列宗教布道书和其他书籍,进行礼拜仪式改革。1547年,王家印刷商出版了克兰默等人创作的《讲道选粹》一书。同年7月,官方发布公告,规定在举行宗教仪式期间,要宣读《讲道选粹》,每一个讲堂都需在《圣经》旁放置一本伊拉斯谟所著的《新约释义》,随后又有文告强调宣讲《讲道选粹》,禁止使用其他布道书。[④]当然,英国礼拜仪式改革的核心文件是1549年出版的《公祷书》,它的传播对英国宗教改革影响深远。

当时各地礼拜仪式的辅助用书很不统一。单就弥撒用书来说,各地的版本就很不一样,使得弥撒仪式也没有统一规范。为了解决这些问题,统一礼拜仪式,克兰默与几位学识渊博的主教一起编撰完成了《公祷书》。他在《公祷书》的序言中,规定"教区牧师在举行公共仪式时,不得使用其他书籍,只能使用这本书与《圣经》"[⑤]。

---

① Gillian E. Brennan, *Patriotism, Power and Print: National Consciousness in Tudor England*, p. 76.

② 连祷是指教会祈祷仪式的一部分,包括牧师的连续祈求和教众的应答,均大声念出或唱出。

③ 戴维·克里斯特尔:《英语的故事》,第367页。

④ 张炜:《印刷媒介与15、16世纪英国社会变迁》,第93页。

⑤ *The First and Second prayer Books of Edward VI*, repr., London: J. M. Dent, 1977, pp. i–iv.

他随后又在序言中写道：

> 原来，在本国领域内存在各自不同的说法和唱词：一些人依据索尔兹伯里祈祷书，一些人使用赫特福德祈祷书，还有一些人则依靠班戈祈祷书……从现在开始，全国一律使用同一本祈祷书。①

1549年前后，在政府的强力推动下，英语版《公祷书》进入英国各地教堂和民众家里。英国国会规定，今后教会活动均以此书为依据，凡是礼拜日和节庆时举行的祈祷、领圣体、施洗、坚振、婚庆、访病、丧礼及授秩等仪式，都要遵守《公祷书》的礼仪及经文。在由《公祷书》主导的仪式中，人们可以参与用英语举行的仪式，朗读《圣诗集》，参加共同祈祷。在日复一日的祈祷和礼拜仪式中，英语语言成为英国民众想象英格兰宗教共同体的重要媒介。统一的英语礼拜仪式和《公祷书》印刷文本使得英国人感到他们被一种共同语言，以及这种语言背后的宗教信仰所联结，他们从基督教共同体的一部分转化为英格兰民族宗教共同体。

因此，通过印刷科技的发展，英语版《圣经》《公祷书》和其他宗教印刷品得到广泛传播，英语逐渐取代拉丁语成为英国宗教的常用语言，并在日常宗教仪式中不断构建和强化了英格兰作为民族宗教共同体的身份认同。这一独特的宗教身份认同在宗教改革中得到巩固和发展，打破了原先罗马天主教在思想上的统治，为英格兰民族身份认同的建立奠定了精神基石。

第三节　英语历史戏剧与民族共同体

安德森在其名著《想象的共同体》中指出，在宗教共同体和王朝两大体系衰退的同时，人们理解世界的方式正在发生根本的变化。这个变化，才是“想象”民族这个行为变得可能的最重要因素。安德森借用本雅明的“同质

---

① *The First and Second prayer Books of Edward VI*, repr., London: J. M. Dent, 1977, pp. i–iv.

的、空洞的时间"概念来描述新的时间观,并指出18世纪初兴起的两种想象形式——小说和报纸——为重现(represent)民族这种想象的共同体提供了技术的手段,因为它们的叙述结构呈现出"一个社会学的有机体遵循时历规定之节奏,穿越同质而空洞的时间的想法",而这个理念正好是民族这个"被设想成在历史之中稳定地向下或向上运动的坚实的共同体"的准确类比。[①]

16世纪时的英国还没有出现报纸这种现代媒介,小说也还没有流行。然而这一时期出现的另外一个大众传播媒介——戏剧,却成为构建民族想象的工具。随着中世纪晚期英国民族意识的形成,民众对于本民族历史的兴趣也日渐增长。但这一时期的历史书籍多是用拉丁文写成的,对于没有受过教育的广大民众来说,他们无法通过阅读历史书籍来获悉自己民族的历史状况。历史题材戏剧的出现,无疑满足了大众对于通俗历史知识的需求,为英格兰民众的民族想象提供了历史材料。

一、英语历史戏剧产生的背景

早期英国戏剧起源于中世纪教堂的宗教仪式。为了达到寓教于乐的目的,当时的许多宗教仪式都有表演在内。在一些宗教节日的庆典中加入一些赞美上帝的吟诵和简单的动作表演,再配上音乐和数句对白,这就成了英国戏剧的雏形。[②]起先,这种原始戏剧对白使用的是拉丁文,对于文化程度不高的平民来说欣赏起来有些困难,但缺乏其他娱乐方式的平民还是大批涌向教堂。为了满足平民的需求,教士们改用英语来朗读台词,或者先用拉丁文,然后翻译成英语。表演的内容日渐丰富,出现了简单的故事情节,戏剧演出的舞台也从教堂搬到了镇上的广场。

戏剧的世俗化加快了戏剧的发展。13世纪时,英国出现了以《圣经》主要事件为题材的奇迹剧(miracle play),增添了不少角色和情节,以吸引民众。14世纪后半叶,又出现了以道德劝诫为目的的道德剧(morality play)。

---

① 本尼迪克特·安德森:《想象的共同体:民族主义的起源和分布》,第24页。

② 王佐良:《文艺复兴时期英国文学史》,北京:外语教学与研究出版社,1996年,第148—149页。

虽然道德剧也具有很强的宗教色彩，但世俗化的发展趋势更为明显。奇迹剧和道德剧成为中世纪晚期英国戏剧的主要品种。都铎王朝时期（1485—1603年）的宗教改革运动对戏剧的发展产生了重要影响。16世纪，英语戏剧蓬勃发展，世俗化的趋势特别明显。在宗教改革中，过去资助宗教剧演出的修道院、天主教小教堂和同业公会已经消失，加上新教徒的质疑和反对，通俗宗教剧的发展受到压制。在伦敦，公众的不满和政府的审查制度逐步决定了戏剧的发展趋势，一些与官方宗教意识形态相抵触的剧目被查禁，以宗教题材为基础的剧目遭到摒弃。[①]与此同时，以世俗生活为题材的人文主义戏剧逐渐兴起，为都铎后期历史剧的发展奠定了基础。

除了戏剧自身的发展，这一时期导致英语历史剧兴起的因素还有都铎王朝时期英格兰民族意识的形成以及历史编纂的繁荣。自1066年诺曼征服以来，英格兰国王既是英格兰的君主，又是法国国王的封臣。英国与大陆之间存在领土和血缘上的紧密联系，英国一直没有明确的民族国家身份。因此，自13世纪初期开始，持续两个半世纪之久、时断时续的英法军事冲突实际上是英格兰明确自身身份、迈向独立自主的国家的过程。

英法百年战争虽然以英国的失败告终，但也使得英国从此退出欧洲大陆，专注于本国事务，其民族国家的身份日益明确，英国人民的民族意识也逐渐形成和发展。随后约克和兰开斯特两大皇族之间的内战严重削弱了封建大贵族势力，使得作为民族国家象征的王权进一步得到巩固和加强。同时，议会权力的扩大和两院制的确立使得国家政权机构进一步完备，民族国家的形成加速。英语语言也在这一时期重获官方语言地位，并成为英国民族身份的重要标志。

民族国家的形成要求宗教的民族化。亨利八世发起的英国宗教改革完成了这一历史使命。1533年，亨利八世下令禁止英国教会向罗马教会纳贡；1543年，英国议会通过《至尊法案》，宣布英国国王为英国教会的最高首领，拥有任命教职和决定教义的权力。天主教的基本教义、主教制度、宗教仪式不变，但改用英语做礼拜。改革后的宗教称“安立甘教”（Anglican Church）

---

① 安德鲁·桑德斯：《牛津简明英国文学史》（上册），第157页。

或英国国教。[1]此后又经过一系列改革，英国彻底摆脱了罗马教廷的控制，建立了自己独立的宗教信仰，为英格兰民族意识的形成扫清了障碍。

伊丽莎白女王统治时期推行温和却坚决的宗教改革政策和其他内外政策，基本上实现了政治的相对稳定和经济的繁荣。1588年，英国打败了西班牙无敌舰队，经此一役英国粉碎了西班牙的入侵企图，更获得了海上贸易的主导权。国家的繁荣稳定和对外战争的胜利一起推动了英国人民的民族情绪的高涨，使得他们的民族自豪感日益增强。民族意识的高涨，促使英国民众思考英格兰民族主体性的来源：英格兰民族缘何而来？自己拥有怎样的历史经历？对本民族历史来源的思考促使更多的学者投入对本国历史的研究。这一时期历史著作纷纷涌现，为历史剧的创作提供了史料来源。

不同于中世纪教士写就的编年史，这一时期的历史编纂带有鲜明的人文主义和民族主义特色。1516年，费边（Fabyan）编写的《新英格兰—法兰西编年史》问世，改变了之前把上帝创世作为历史起点的写法，而从罗马人入驻不列颠写起。他表示自己是一个英国人，应该展示英国最好的东西，因此他回避了英国历史上的一些耻辱事件。1513年，意大利学者波利多尔（Polydore Vergil）完成拉丁文版《英格兰史》，并于1534年出版。1548年，爱德华·霍尔（Edward Hall）的《两大望族的联姻——兰开斯特和约克》出版，该书依据波利多尔书中对理查二世至亨利八世时期历史的记述，纵览了14世纪末到16世纪中期的英国历史，强调这一时期的动荡不安是由亨利四世篡位导致的，亨利七世通过联姻重新联合两大皇族，结束了动乱。这一观点在当时具有一定的代表性。1577年，霍林西德（Raphael Holinshed）编写的两卷本《英格兰、苏格兰和爱尔兰编年史》出版，全书洋溢爱国主义精神，引发了伊丽莎白时期的主要戏剧家以此为依据创作历史剧的热潮。1587年，史学家威廉·卡姆登（William Camden）的拉丁文史著《不列颠志》出版，其中始终强调不列颠的持续历史传统，认为这个岛国的各种机构都是从罗马人登陆前的时期开始不断独立地发展起来的，这个论点为英国民族主义的形成

---

① 朱寰：《世界上古中世纪史》，北京：北京大学出版社，1990年，第509页。

提供了有力支持。[①]

这些史书并没有被束于学术界的象牙塔内，而是通过不断印刷出版成为社会流行读物。费边的史著出版后又再版六次，波利多尔的拉丁文版《英格兰史》有好几个英文译本，霍林西德的《英格兰、苏格兰和爱尔兰编年史》也多次再版，如1587年版本就因被莎士比亚用于创作而著名。在莎翁的剧作中，我们可以明显看到这些史书对剧本的影响。因此，这一时期史学书籍编撰的兴盛为历史剧的出现和繁荣提供了史料来源。

伊丽莎白时期高涨的民族主义和爱国主义情感催生了民众的历史意识，促进了史学的繁荣。这一时期涌现的大量史著又为历史剧提供了丰富的史料。因此，16世纪晚期出现了历史剧创作的热潮。除莎士比亚外，当时著名的历史剧作家还有马洛（Christopher Marlowe）、基德（Thomas Kyd）、格林（Robert Greene）、琼生（Ben Jonson）、皮尔（George Peele）、海伍德（Thomas Heywood）、米德尔顿（Thomas Middleton）、弗莱彻（John Fletcher）等人，他们创作的历史剧有《爱德华二世》（马洛）、《詹姆斯四世》（格林）、《爱德华一世》（皮尔）、《爱德华四世》（海伍德）、《亨利五世的辉煌时代》（佚名）、《约翰王的多事之治》（佚名）等，近三百年内的英国历史都被搬上了舞台。当时观剧的多为平民百姓，这些通俗历史戏剧为这些不识字的百姓提供了一条了解本国历史的捷径，从而为平民大众的民族主义想象奠定了历史意识基础。

二、莎士比亚历史剧与民族认同

本尼迪克特·安德森曾经在《想象的共同体》一书中探究历史学和民族主义的密切关系，指出民族历史的“叙述”（narrative）是建构民族想象不可或缺的一环。而莎士比亚历史剧恰恰为英格兰民族想象的建构提供了这样一套完整的民族历史叙述。英国学者安德鲁·桑德斯（Andrew Sanders）在其所著的《牛津简明英国文学史》中高度评价了莎翁及其历史剧对于英国民族身份形成所起的作用，认为莎士比亚是塑造特定民族意识的关键人物，莎剧传

---

① 李艳梅：《莎士比亚历史剧研究》，北京：中国社会科学出版社，2009年，第75—78页。

承了英国民族文化的悠久记忆，展现了全体英国人对于英格兰民族国家的认同感，记载了其国家历史的光荣时刻，“直到今日，他的历史剧还继续影响着不列颠人对民族的过去和民族本质的看法。它们仍然是具有某种力量的政治声明和爱国主义的声明”[①]。下面我们将对莎士比亚历史剧建构英国民族身份的过程进行具体分析。

首先，莎士比亚历史剧体现了当时英国的国家意志和官方意识形态。莎士比亚的戏剧创作受到他在世时英国两任君主的支持和庇护。伊丽莎白二世曾保护他的剧团不受市政部门的驱逐，詹姆斯一世则给他自由创作的权利，并擢升他的剧团为“国王侍从剧团”。来自王室的庇护并非仅仅出于统治者对莎士比亚本人的赏识，更重要的原因是因为莎士比亚的历史剧配合了官方的意识形态宣传以及造神运动。在统治者看来，历史并不是对过去发生事件的本质的研究，而是显示和加强在位统治者合法权威的手段。历史的这一意识形态功能集中体现在都铎王朝时期统治者建构的官方历史叙述之中。

“都铎神话”(Tudor Myth)是都铎王朝的官方历史叙述话语。亨利七世作为有威尔士血统的英格兰国王，必须为自己的正统性寻求依据，因此他推行两个历史观念。一是亨利四世篡夺王位，打破了原有秩序，导致一系列动荡不安的局面。亨利七世身为兰开斯特家族的男性继承人，同约克家族的伊丽莎白联姻，将约克家族同兰开斯特家族这对世仇家族联合起来，结束了动乱，弥合了国家的分裂。二是宣称他的祖先是最后一任不列颠国王卡德瓦拉德，借此联结上古不列颠君主亚瑟王，暗示他便是转世的亚瑟。为此他甚至将长子起名为亚瑟。这两种历史观念通过都铎时期史家霍尔和霍林西德等人的历史著作广为流传，之后整个都铎王朝坚持了这个起源传说。[②]

莎士比亚的历史剧，正是对这一官方历史叙述的戏剧化表现。它以历史剧的形式，完整展现了英国民族国家的“成长”历程：历史剧横跨了金雀花

① 安德鲁·桑德斯：《牛津简明英国文学史》(上册)，第235页。

② 特拉斯勒：《剑桥插图英国戏剧史》，刘振前等译，济南：山东画报出版社，2006年，第54页。

王朝、兰开斯特王朝、约克王朝、都铎王朝，其间英格兰经历了堕落、短暂中兴、分裂混乱，最终被都铎王朝的明君拯救。我们可以将莎士比亚的十部历史剧分为“第一四联剧”和“第二四联剧”以及单列的《亨利八世》和《约翰王》。“第一四联剧”包括《亨利六世》（上、中、下）和《理查三世》，“第二四联剧”包括《理查二世》、《亨利四世》（上、下）和《亨利五世》，讲述博林布鲁克（亨利四世）弑君自立、一代明君亨利五世如何建立功业却英年早逝。之后，《亨利六世》三部曲再现了从1422年11月7日亨利五世国葬到玫瑰战争，再到1471年约克家族杀害亨利六世的历史。《理查三世》讲述暴君理查三世篡位夺权、坏事做尽，最终不敌天命所归的亨利七世，自此英格兰得到拯救。整个历史剧系列贯穿了亚瑟两次复活（亨利五世与亨利七世），带领英格兰民众得救，走进“黄金时代”的神话。

作为民族国家历史叙事的戏剧表现，莎翁历史剧中处处洋溢着民族主义和爱国主义的强烈情感。《理查二世》中约翰·冈特临终前的慷慨表白是英国文学中关于英格兰民族国家的经典描述：

>……这一个君王们的御座，这一个统于一尊的岛屿，这一片庄严的大地，这一个战神的别邸，这一个新的伊甸——地上的天堂，这一个造化女神为了防御毒害和战祸的侵入而为她自己造下的堡垒，这一个英雄豪杰的诞生之地，这一个小小的世界，这一个镶嵌在银色的海水之中的宝石（那海水就像是一堵围墙，或是一道沿屋的壕沟，杜绝了宵小的觊觎），这一个幸福的国土，这一个英格兰，这一个保姆，这一个繁育着明君贤主的母体（他们的诞生为世人所瞩目，他们仗义卫道的功业远震寰宇），这一个像救世主的圣墓一样驰名、孕育着这许多伟大的灵魂的国土，这一个声誉传遍世界、亲爱又亲爱的国土……（《理查二世》第二幕第一场）[1]

《亨利五世》是莎士比亚历史剧中最具代表性的一部。近年来专门研究

---

① 莎士比亚：《莎士比亚全集》，朱生豪等译，北京：人民文学出版社，2009年，第112页。

早期英国文学与民族主义的学者菲利普·施韦泽(Philip Schweitzer)指出,《亨利五世》一贯被视作英国历史剧中最具“英国性”的作品,全剧人物对话中“英格兰”和“不列颠”两个词共出现了一百多次,一再唤起人们对于英格兰光荣历史的集体记忆。[①]在这部剧中,莎士比亚通过塑造一个雄才大略的“英明君主”——亨利五世的形象,成就了一个都铎王朝神话。历史上的亨利五世在位不过九年,却建立了辉煌的军功。他于1415年率军跨海在诺曼底登陆,与法国军队在阿金库尔地区展开决战。他与部下并肩作战,最终以少胜多,打败法军,获得了历史性胜利。莎士比亚在剧中赞颂了亨利五世在对法战争中指挥阿金库尔战役的卓越功勋,渲染了国王与士兵同仇敌忾、为国杀敌的英雄气概。在出征法国之前,亨利五世通过慷慨激昂的演讲,将君主争夺海外领地的私人野心转化为全民族的光荣事业:

> 到法兰西去吧!到那边去干一番事业,光荣将同样地属于我和你们。……亲爱的同胞,动身吧,把我们的大军交托在上帝的手掌里。马上就出兵吧。高扬起战旗,欢欣鼓舞下海洋;不在法国称帝,就不做英格兰国王。(《亨利五世》第二幕第二场)[②]

在战场上,亨利五世号召将士不畏牺牲,英勇作战:

> 冲呀,冲呀,你们最高贵的英国人,在你们的血管里,流着久经沙场的祖先的热血!就在这一带,你们的祖先,一个个都是盖世英雄,从早厮杀到晚,直到再找不见对手,才收藏起自己的剑锋。别羞辱了你们的母亲,现在,快拿出勇气来,证明的确是他们——你所称作父亲的人,生养了你!给那些没胆量的人树立一个榜样,教给他们该怎样打仗吧!还有你们,好农民们,你们从英格兰土地上成长起来,就在这儿让大家瞧一瞧祖国健儿的身手。让我们发誓

---

① 江宁康:《莎翁历史剧的国家认同意识》,《中国社会科学报》,2016年第7期,第19页。
② 莎士比亚:《莎士比亚全集》,第424页。

吧，你们真不愧是个英国人。(《亨利五世》第三幕第一场)[①]

莎翁历史剧中的国王就是英国人心中民族国家的象征，而亨利五世作为莎士比亚时代人们想象中的理想君主形象，随着莎剧的流传而播撒四方，也构成了英国民族身份认同和国家政治认同的双重符号。1613年，《亨利八世》在伦敦环球剧院上演，为整个英国民族"堕落—拯救"的故事画上完美句号。亨利八世手持政教两项大权，杀权臣、黜主教，俯瞰一切。更重要的是他还留下光荣的后裔：伊丽莎白公主。后者会"为这片国土带来无穷的幸福"，甚至连她的继承人詹姆斯一世也将"从她的光荣的、神圣的灰烬之中像明星一样升起，赢得和她媲美的名声，永世不替"[②]。

莎士比亚戏剧在当时广为流传，为广大民众所认可和喜爱。在莎士比亚生活的50多年内，伦敦共开设18所剧院，35个剧团互相竞争，剧作家不下180人，印行的剧本500多部，这还不包括失传的。伦敦城有20万名市民，每逢周末十分之一的人都会涌入剧院中，当局不得不禁止公共剧院开在城内。戏剧竞争极为激烈，一部戏演出十天就会停演换新剧，除非它能长久受观众喜爱。莎士比亚的历史剧往往能激起观众强烈的民族情感，据时人记载，每当莎翁的《亨利八世》演至结尾，克兰默大主教为尚是婴儿的伊丽莎白女王洗礼祝福时，全体观众都会自发地起立齐颂"阿门！"，声浪如海潮般持续许久。莎士比亚历史剧所唤起的共同民族自豪感成为伊丽莎白时期英国民族认同的重要构成元素，它以女王为认同核心，自上而下地辐射至全国各社会阶层和各地区的民众。[③]

除了通过舞台上的历史叙述来构建民族意识，莎翁历史剧也通过语言问题与民族身份的关系来建构民族身份。

综上所述，莎士比亚历史戏剧不但在剧院里完整地"重现"和"重演"了民族形成和发展的历史过程，还通过印刷媒介进一步广泛传播这一历史知

① 莎士比亚：《莎士比亚全集》，第433—434页。
② 同上书，第611—612页。
③ 阿萨·布里格斯：《英国社会史》，第164页。

识，不愧为英格兰民族的伟大史诗。英国社会各阶层在日常观剧和阅读文本的过程中，获得了关于本民族和本国的通俗历史知识，他们的民族概念和民族意识在此基础上变得更加清晰和完善。通过反映民族历史的英语戏剧，广大民众可以进一步想象一个“穿越同质而空洞的时间”“在历史之中稳定地向下或向上运动的共同体”，这个拥有共同语言和共同历史的英格兰想象共同体也就呼之欲出了。

第五章 结 语

英国历史学家彼得·伯克在其著作《近代早期欧洲的语言和共同体》中对语言和民族认同之间的关系进行了论述,他借鉴了本尼迪克特·安德森的“想象的共同体”的著名概念,指出语言不仅表达了共同体的凝聚意识,也是建构或重构共同体的手段。[①]这也是本书的立论基础。当然,语言不是民族认同的唯一要素,宗教、历史等因素对于中世纪英国民族认同的建构也很重要。但限于篇幅和研究重点,本书主要考察语言因素在中世纪英国民族认同建构中所起的作用。语言的建构活动不是无条件和自发的,语言凝结民族意识、建构民族认同的过程是在统治阶层、文化精英的因势利导下,通过社会各阶层的普遍参与而共同完成的。通过全书对英语在英国民族认同形成中的作用的论述,我们能够更加清晰地看到这一论断的合理性。

英语的形成与发展与英国民族国家的建设有着紧密联系。英国的早期历史是一个持续不断的外族侵略的过程。从公元1世纪中期罗马人的侵略,到5世纪中期盎格鲁-撒克逊人的入侵,再到11世纪中期的诺曼征服,这三次侵略奠定了英国民族发展的方向,开辟了罗马-不列颠时代、盎格鲁-撒克逊时代和盎格鲁-诺曼时代。通过一次次入侵和殖民,盎格鲁-撒克逊人与原居岛上的凯尔特人以及后来的诺曼人不断冲突融合,他们的文化传统与语言也逐渐趋于统一。古英语来源于盎格鲁-撒克逊方言,起初并没有标准书面形式。9世纪末,威塞克斯王国在阿尔弗雷德大帝的领导下崛起,形成英格兰统一王国。西撒克逊语也随之崛起,在政治权威的支持下成为古英语的标准变体。阿尔弗雷德开始了英国历史上最早的语言规划活动:他大

---

① 本尼迪克特·安德森:《想象的共同体:民族主义的起源和分布》,第8页。

力倡导英语的使用,鼓励英语文学创作,用英语编撰史书和法典。他的活动实际上奠定了英语作为英格兰正式书面语的官方地位。英吉利民族的名称来源于教士比德,他最早将英格兰看成一个整体。在《英吉利教会史》一书中,比德也指出了语言在构建宗教共同体中有重要作用,呼吁以民族语阐释宗教教义。在统治者和文化精英的共同努力下,英语成为整合初生的英格兰统一国家的工具。大卫·坎贝尔认为,到1066年,英格兰已经是一个民族国家。[①]这个结论尚有商榷的余地,但不可否认的是诺曼入侵之前英格兰已经拥有民族的一些重要特征,如确定的领土、统一的宗教文化和随之而来的政治统一,政治文化精英对共同文化的努力倡导,以及通过繁荣的民族文学联系起来的语言文化共同体。

1066年的诺曼征服打断了英国民族认同建构的进程,为英格兰民族身份增添了新的不确定的因素。诺曼人通过武力征服改变了英国的社会制度和阶级结构,成为英国的统治阶级。社会阶层结构的变化带来了语言地位和功能的变化,而语言的变化又进一步影响和建构着人们的心理意识,促使他们形成新的社会认同。诺曼征服后的很长一段时间里,新的统治阶级频繁来往于海峡两岸,统治着横跨英格兰海峡的广袤领土。安茹王朝开启之后,英格兰统治者在法国的领地急剧增加,几乎占到整个法国领土的三分之二。这使得英国与欧洲大陆尤其是法国之间的政治文化联系更加紧密。在这种情况下,对法语和法国文化的认同感在上层阶级的思想意识中占据了主导地位。统治阶级不关心英格兰民众的语言认同,也没有意愿来通过语言整合民众、建构民族认同。同时,异族的武力征服和统治给英国社会集体心理带来了巨大冲击,激发了民众的强烈抵触心理。当时的史料显示征服后初期的诺曼人和盎格鲁-撒克逊人之间存在广泛的敌意和对抗心态。在这种情形下,说英语的大众自然也无法对诺曼王国贵族形成认同。

语言是社会现实的反映。这一时期英国的复杂社会状况反映在"三语共用"的语言结构上。拉丁语是官方书面语言、教会的正式语言以及学术语

---

① Adrian Hastings, *The Construction of Nationhood: Ethnicity, Religion and Nationalism*, p. 42.

言。法语则是统治阶级日常使用的语言，也是行政法律事务的用语。英语则是所谓的底层语言，即民众的生活用语。随着时间的推移，诺曼人和盎格鲁-撒克逊人之间开始走向融合，语言之间的民族区别逐渐变成阶级差别。使用法语的诺曼人群开始逐渐认同其英国身份，他们中的知识分子(主要是神职人员)借助于历史著述，将诺曼人的历史与英格兰的历史相联结，由此编纂出新英国史，从而为自己族群建构出新的英格兰身份。有文化的盎格鲁-撒克逊修士，在修道院里编辑抄写古英语文献，持续记录历史。这一方面是对诺曼统治者的消极抵抗，另一方面则是表达英格兰身份认同的途径。

在民族融合过程之中，三种语言也不可避免地相互接触和影响。一方面，处于优势地位的法语和拉丁语向英语输入了大量词汇，英语的词汇和表达方式得到了极大的丰富；另一方面，由于英语成为底层民众的口头语言，其词尾屈折形态在日常的交流中被大幅简化。英语的形态发生了重大变化，从古英语转变为中古英语，兼具日耳曼语和罗曼语的特征。变化中的中古英语既反映了诺曼人和盎格鲁-撒克逊人的民族融合，也为在此基础上逐渐萌生的新英格兰民族提供了语言基础，英格兰民族认同在曲折中艰难发展。

13世纪初期，英国与欧洲大陆的军事冲突为英国民族认同的发展带来了新的契机。在战争中，英国失去了诺曼底及其他法国领地，使得联系英国与欧洲大陆的纽带不复存在。英国的盎格鲁-诺曼贵族被迫做出选择：是继续效忠英国国王还是转向法国国王？大部分贵族选择效忠英王，保留他们的英国领地。领地和利益的变化导致他们身份认同的变化。盎格鲁-诺曼贵族开始认同他们的英格兰身份，将英格兰事务作为他们的首要关注。英国上层阶级的利益认同感和民族意识无形中增强，与此同时，英语逐渐成为贵族阶层的母语，地位有所上升。法语则逐步成为英国贵族需要学习的外语，转变为身份和等级的标志。

日益英国化的贵族阶层将目光投向内部，关注英格兰本国的治理事务。此时的英格兰国王亨利三世却未认同其英格兰身份，而是继续将自己视为跨海峡的欧洲大陆帝国的君主。为此，他企图以军事手段收复法国领地，积极干涉“西西里事务”，又在宫廷中重用外国亲信。这些措施引起了贵族集团的不满,他们的民族意识日益增长,发出了“英国人的英国”的呼声。1258年,部分贵族在西门·孟福尔等人的领导下发动改革运动,提出了“王国共同体”的口号。改革中颁布的《牛津条例》首次以英语向全国公布,这表明统治阶级已经开始意识到英语与人民大众的联系,并开始用语言凝聚共同体意识。13世纪末,英格兰统治者多次在议会上发表言论,将法国入侵与英语的灭亡联系在一起,以争取全国各阶层的支持。这说明此时英语已经成为英国民族身份的重要标志,它与民族性之间的联系深入人心。

英语真正得到统治阶级和民众的一致认同是在英法百年战争期间。14世纪中期前后英国与欧洲大陆之间发生一系列的敌对和冲突,最终发展成英法百年战争(1337—1453)。在这场旷日持久的战争中,英国统治者如何动员民众,共同反法?诉求于民族通用语言就成了凝聚民族力量和激发民族意识的重要手段。统治阶层和民众开始重新审视自己使用的语言,法语成为“敌人”和“他者”的语言而在使用上受到抑制,英语作为维持统治阶层和民众内部认同的纽带日益受到重视,被广泛使用,同一时期爆发的黑死病给英国带来了巨大灾难,同时也带来了英国社会结构的重大变化。以地主乡绅以及城市富商为代表的平民中产阶级在战争和瘟疫中逐渐壮大,政治、经济影响力与日俱增,他们所讲的语言——英语自然也越来越重要。在民族意识和阶层流动的双重影响下,英语地位逐渐上升。1362年,议会通过法令,规定今后的法律诉讼一律用英语进行。这象征英语重新成为英国的官方语言,在成为民族共同语的道路上迈出了一大步。

兰开斯特王朝统治者的语言政策对于英语成为民族共同语起到了关键作用。1399年,兰开斯特家族的亨利·博林布鲁克废黜理查二世,登基成为亨利四世。他是诺曼征服后首位以英语为母语的英国国王。14世纪后期,英语已经成为下层阶级和正在崛起的市民阶层广泛使用的语言,贵族阶层也越来越多地使用英语。亨利四世通过篡夺王位获得了政权,因此他急于确立其统治权力的合法性。利用民族语言获得各阶层民众的支持,建立以王朝为中心的民族认同就成为亨利四世确立自身权力合法性的重要举措。1399年,亨利四世以英语对议会发表继位演讲,开议会演讲使用英语之先河。他的继承人亨利五世更加积极地倡导使用民族语言。还是皇储时,亨利王子就吩咐当时的著名诗人莱德盖特(John Lydgate)将特洛伊的故事译成英文以便民众熟知特洛伊人"高尚的故事"。他身体力行,用英语写作书信和手谕。由于他在手谕中特别注意语言的规范和修辞,他的手谕成为当时书面英语的规范。亨利五世鼓励和倡导在中央行政中枢——中书法官法庭(Chancery)使用英语作为书面记录的语言。在他和继任君主的倡导下,英语在官方书面记录中也慢慢开始取代拉丁语和法语,成为主要的政府书面语言。[①]

与此同时,文化精英阶层也开始积极使用英语进行文学创作,建立民族文化身份认同。以乔叟为代表的英国诗人用英语创作出大量杰作,促进了英国民族文学的繁荣,英语从此成为民族文学的语言。这一时期英语的广泛使用既是民族意识激发的结果,又进一步促进了民众的民族意识。英语成为英国民族语言的过程同时也是它建构民族认同的过程。14世纪晚期,威克里夫及其追随者罗拉德派开展了反教权运动,开启了英国宗教民族化的进程。他们率先将拉丁文版《圣经》翻译成英语,启发了英国人的民族宗教意识,也促进了英语从中古英语向早期现代英语的过渡。

15世纪晚期,印刷技术的引入大大加快了民族认同建构的过程。本尼迪克特·安德森曾经指出,中世纪基督教共同体是由"古老的神圣语言"——拉丁语整合起来的。拉丁语的衰亡,是这个"神圣共同体逐步分裂、多元化以及领土化过程的一个例证"[②]。正是从神圣语言及其共同体的衰亡中,民族意识才得以产生,民族共同体的想象才成为可能。对于促进这一转变的原因,安德森给出的答案是印刷科技,他认为印刷科技和市场资本主义的结合促使人们的共同体想象方式发生转变,催生了民族意识。[③]

以卡克斯顿为代表的英国印刷商利用印刷技术推动了书面英语的标准化。通过统一的英语印刷品的大量传播,英语形式得到规范化,原先由于方言障碍无法交流的各地民众可以相互沟通交流,从而促进了民族共同体的

① John H. Fisher, *The Importance of Chaucer*, Carbondale: Southern Illinois University Press, 1992, p. 9.

② 本尼迪克特·安德森:《想象的共同体:民族主义的起源和分布》,第18页。

③ 同上书,第32—33页。

形成。廷代尔和科弗代尔等翻译家将《圣经》翻译成英语,并借助印刷媒介将英语版《圣经》在民众中广泛传播。宗教改革家克兰默等人则编写了英语版《公祷书》,通过政府权力将其作为英国宗教仪式的统一用书。英语宗教印刷品的广泛传播使得民众能通过民族语接受宗教教义,参与宗教仪式。《圣经》和《公祷书》成为界定英格兰宗教身份的统一工具,在日复一日的阅读和礼拜活动中,英语通过宗教印刷品建构着英国人的民族宗教认同。

历史记忆是民族认同建构的要素之一。民族主义研究的原初派认为共同的历史记忆是维系民族共同体的基础,可以追溯到遥远的过去,并通过语言、宗教、习俗、神话传递下来,是构成民族共同体的关键因素。现代派则认为历史记忆和民族语言一样,都是当代建构的产物,是经过筛选和改造的意识形态的反映。[①]都铎王朝统治者对官方历史叙述的建构过程说明这两种观点都有其合理性。

都铎王朝的官方历史叙述集中体现在所谓的"都铎神话"之中。亨利七世作为有威尔士血统的英格兰国王,必须为自己的正统性寻求依据,因此他推行两个历史观念。一是亨利四世篡夺王位,打破了原有秩序,导致一系列动荡不安的局面。亨利七世身为兰开斯特家族的男性继承人,同约克家族的伊丽莎白联姻,将约克家族同兰开斯特家族这对世仇家族联合起来,结束了动乱,弥合了国家的分裂。二是宣称他的祖先是最后一任不列颠国王卡德瓦拉德,借此联结上古不列颠君主亚瑟王,暗示他便是转世的亚瑟。为此他甚至将长子起名为亚瑟。这两种历史观念通过都铎时期史家霍尔和霍林西德等人的历史著作广为流传,之后整个都铎王朝坚持了这个起源传说。[②]

16世纪中期以来,英国在伊丽莎白二世的统治下实现了国内政治和宗教局面的稳定。1588年,英国击败西班牙无敌舰队,取得了对外战争的胜利,促使国内民族意识高涨。强烈的民族意识推动了史学著作的编写,也促进了英语历史戏剧的兴起。以莎剧为代表的英语历史戏剧,其史料来源正是反映官方意识形态的民族历史著作。这些英语戏剧在剧院里完整地"重

---

① 见本书的文献综述部分。

② 特拉斯勒:《剑桥插图英国戏剧史》,第54页。

现”和“重演”了民族形成和发展的历史过程,还通过印刷媒介进一步广泛传播了这一历史知识,为英国大众的民族想象提供了历史知识材料。英国社会各阶层民众在日常观剧和阅读文本的过程中,获得了关于本民族和本国的通俗历史知识,他们的民族概念和民族意识在此基础上变得更加清晰和完善。通过反映民族历史的英语戏剧,广大民众可以进一步想象一个“穿越同质而空洞的时间”“在历史之中稳定地向下或向上运动的共同体”,这个拥有共同语言和共同历史的英格兰想象共同体也就呼之欲出了。

英国民族认同的形成经历了一个漫长而曲折的过程,英语在这一过程中起到了至关重要的作用。英语成为民族语言的过程,也是它建构民族认同的过程。中世纪不同时期的社会变迁对于语言和民族认同都产生了重大的影响。在中世纪晚期的社会变迁中,英国统治者和精英阶层逐渐形成了共同的身份认同意识,并利用共同语言加强了这一认同,使之涵盖广大民众。统治阶层与下层民众逐渐通过英语语言联结在一起。英语在中世纪晚期从社会底层语言逐渐上升为民族共同语,成为民族认同的重要标识。它的使用范围逐步囊括了英国社会生活的各个重要领域:政治、法律、宗教、文学和历史编纂。统治阶层和文化精英借助于英语印刷品和戏剧文学等媒介,积极建构了英国人的民族身份认同,使得英格兰民族共同体在伊丽莎白一世统治时期最终形成。

参考文献

外文文献

论文

[1]BERNDT R. The period of the final decline of French in medieval England [J]. Zeitschrift für Anglistik und Amerikanistik, 1972, 20: 341-369.

[2]BREHE S K. Reassembling the first Worcester fragment[J]. Speculum, 1990, 65, 7(3) 96: 530-531.

[3]CARLA J, REGINALD J. Racial identity, African self-consciousness and career in decision making in African-American college women[J]. Journal of multicultural counseling and development, 1998, 26 (1): 28.

[4]DODD G. Trilingualism in the medieval English bureaucracy: the use and disuse of languages in the fifteenth-century privy seal office[J]. The journal of British studies, 2012 (51): 262.

[5]FISHER J H. Chancery and the emergence of standard written English in the fifteenth century[J]. Speculum, 1977 (52): 875-876, 880.

[6]FISHER J H. A language policy for Lancastrian England [J]. PMLA: publications of the modern language association of America, 1992,107: 91.

[7]FOOT S. The making of Angelcynn: English identity before the Norman conquest[J]. Transactions of the royal historical society, 1996 (6): 25-49.

[8]GALBRAITH V H. Nationality and language in medieval England [J]. Transactions of the royal historical society, 1941, 23: 61-63.

[9]HOLT J C. A vernacular French text of Magna Carta[J]. English historical review, 1974, 8: 346-364.

[10]HUTCHINSON, REYNOLDS, SMITH, et al. Debate on Krishan Kumar's the making of English national identity [J]. Nations and nationalism, 2007,13 (2): 179-203.

[11]ORMROD W M. The use of English: language, law, and political culture in fourteenth-century England[J]. Speculum, 2003, 78(3): 750-787.

[12]PAUL D. Geffrei Gaimar's estoire des Engleis, peacemaking, and the "twelfth-century revival of the English nation"[J]. Studies in philology, 2007,104(4): 427-454.

[13]POWER D J. The French interests of the marshal earls of Striguil and Pembroke, 1189-1234[J]. Anglo-Norman studies, 2003, xxv: 199-224.

[14]SHORT I. On bilingualism in Anglo-Norman England [J]. Romance philology, 1980, 33: 469.

图书

[1]AKZIN B. State and nation[M]. London: Hutchinson, 1964.

[2]ALGEO J. The Cambridge history of the English language (Vol. 6)[M]. Cambridge: Cambridge University Press, 1998.

[3]ALLMAND C. The hundred years war: England and France at war c. 1300 - c. 1450[M]. Cambridge: Cambridge University Press, 2001.

[4]ASHE L. Fiction and history in England, 1066-1200[M]. Cambridge: Cambridge University Press, 2007 .

[5]BAKER D N. Inscribing the hundred years' war in French and English cultures [M]. Albany: State University of New York Press, 2000.

[6]BAUGH A C, CABLE T. A history of the English language[M]. Beijing: Foreign Language Teaching and Research Press, 2001.

[7]BARBOUR S, CATHIE C. Language and nationalism in Europe [M]. Oxford: Oxford University Press, 2000.

[8]BERGER P, LUCKMAN T. The social construction of reality[M]. Garden City, NY: Anchor Books, 1996.

[9]BLAKE N F. Caxton and his world[M]. London: Andre Deutsch Limited, 1969.

[10]BOLLAND W C. Selected bills in Eyre, AD. 1292-1333[M]. London: Selden Society, 1914.

[11]BOLTON W F. The middle ages[M]. London: Sphere Books Ltd., 1970.

[12]BOURDIEU P. Language and symbolic power[M]. Cambridge: Polity Press, 1991.

[13]BRENNAN G E. Patriotism, power and print: national consciousness in Tudor England[M]. Pittsburgh: Duquesne University Press, 2003.

[14]BREUILLY J. Nationalism and the state[M]. Chicago: The University of Chicago Press, 1982.

[15]BURROW J A. Medieval writers and their work: middle English literature and its background 1100-1500[M]. Oxford: Oxford University Press, 1982,

[16]CARPENTER D. The minority of Henry III[M]. Berkeley: University of California Press, 1990.

[17]CARPENTER D. The struggle for mastery: Britain 1066-1284[M]. London: Penguin Books, 2004.

[18]CHADWICK N K. Celtic Britain [M]. London: Thames and Hudson, 1963.

[19]CLANCHY M T. England and its rulers: 1066-1272[M]. Oxford: Blackwell, 1983.

[20]CLANCHY M T. From memory to written record: England 1066-1307 [M]. Oxford: Blackwell, 2013.

[21]CRANE S. Anglo-Norman cultures in England [M]//WALLACE D. The Cambridge history of medieval English literature. Cambridge: Cambridge University Press, 1999.

[22]CURRY A. The hundred years war 1337-1453 [M]. Oxford: Osprey

Publishing, 2002.

[23]DANIELL D W T. The English Bible and the English language [M]//The Bible as book: the reformation. O'SULLIVAN O. London: The British Library & Oak Knoll Press, 2000.

[24]DANIELL D. The Bible in English: its history and influence[M]. New Haven & London: Yale University Press, 2003.

[25]DEANESLY M. The Lollard Bible and other medieval versions [M]. Cambridge: Cambridge University Press, 1920.

[26]EISENSTEIN E L. The printing press as an agent of change [M]. Cambridge: Cambridge University Press, 1979.

[27]ELTON G. The English[M]. Oxford: Oxford University Press, 1992.

[28]ERIC J. Reassessing Anglo-Saxon England [M]. Manchester: Manchester University Press, 1996.

[29]FEBVRE L, MARTIN H-J. The coming of the book: the impact of printing, 1450–1800[M]. London: Verso, 2010.

[30]FISHER J H. The importance of Chaucer [M]. Carbondale: Southern Illinois University Press, 1992.

[31]FRANZEN C. The tremulous hand of Worcester: a study of old English in the thirteenth century[M]. Oxford: Clarendon Press, 1991.

[32]FREEBORN D. From old English to standard English [M]. Macmillan Publishers Ltd., 1992.

[33]GALLOWAY A. Writing history in England[M]//The Cambridge history of medieval English literature. WALLACE D. Cambridge: Cambridge University Press, 2002.

[34]GOTTFRIED R S. The black death: natural and human disaster in medieval Europe[M]. New York: The Free Press, 1983.

[35]GREEN D. National identities and the hundred years war[M]//Fourteenth century England VI. CHRISGIVEN-WILSON. Woodbridge: Boydell Press, 2010.

[36]HAHN T. Early modern English[M]//The Cambridge history of medieval English literature. WALLACE D. Cambridge: Cambridge University Press, 1999.

[37]HASTINGS A. The construction of nationhood: ethnicity, religion and nationalism[M]. Cambridge: Cambridge University Press, 1997.

[38]HUDSON A. Lollards and their books[M]. London: Hambledon, 1985.

[39]HUNTER B P. Roman Britain and early England: 55 B.C. - A.D. 871 [M]. New York: Norton, 1966.

[40]IRVINE S. The compilation and use of manuscripts containing old English in the twelfth century[M]//Rewriting old English in the twelfth century. MARY S, TREHARNE E M. Cambridge: Cambridge University Press, 2000.

[41]JAMES E. Britain in the first millennium[M]. London: Arnold, 2001.

[42]JAMES S. The Atlantic Celts: ancient people or modern invention? [M]. London: British Museum Press, 1999.

[43]JENNETT S. Pioneers in printing[M]. London: Routldge & Kegan Paul Limited, 1958.

[44]JOSEPH J. Language and identity: national, ethnic, religious[M]. Hampshire and New York: Palgrave Macmillian, 2004.

[45]KENNEDY K. Le tretiz of Walter of bibbesworth[M]//Medieval literature for children. KLINE D T. London: Routledge, 2003.

[46]KIBBEE D A. For to speke Frenche trewely: the French language in England, 1000-1600: its status, description and instruction[M]. Amsterdam & Philadelphia: John Benjamins, 1991.

[47]KNIGHTON H. The plague according to Henry Knighton[M]//The black death. HORROX. Manchester, New York: Manchester University Press, 1994.

[48]KNOWLES D. A cultural history of English language[M]. Beijing: Peking University Press, 2004.

[49]KUMAR K. The making of English national identity[M]. Cambridge: Cambridge University Press, 2005.

[50]LATRE G. The 1535 Coverdale Bible and its Antwerp origins[M]//The Bible as book: the reformation. O'SULLIVAN O. London: The British Library & Oak Knoll Press, 2000.

[51]LAVEZZO K. Imagining a medieval English nation[M]. Minneapolis: University of Minnesota Press, 2003.

[52]LEITH D. A social history of English[M]. London: Routledge & Kegan Paul World Publishing Corp, 1986.

[53]LERER S. Old English and its afterlife[M]//The Cambridge history of medieval English literature. WALLACE D. Cambridge: Cambridge University Press, 1999.

[54]MACKRIDGE P. Language and national identity in Greece, 1766–1976 [M]. Oxford: Oxford University Press, 2009.

[55]MADDICOTT J R. Simon de Montfort [M]. Cambridge: Cambridge University Press, 1994.

[56]MARGARET M. Postcoloniality: the French dimension [M]. New York and Oxford, 2007.

[57]MORGAN K O. The Oxford illustrated history of Britain[M]. Oxford: Oxford University Press, 1984.

[58]O' DAY R. Education and society 1500–1800: the social foundation of education in early modern Britain[M]. London & New York, 1982.

[59]ORME N. Medieval schools: from Roman Britain to renaissance England [M]. New Haven & London: Yale University Press, 2006.

[60]POWICKE M. The thirteenth century, 1216–1307[M]. 2nd ed. Oxford: Oxford University Press, 1962.

[61]POOLE R. Nation and identity[M]. London: Routledge, 1999.

[62]PRESTWICH M. Plantagenet England, 1225–1360[M]. Oxford: Clarendon Press, 2005.

[63]REYNOLDS S. Kingdoms and communities in Western Europe 900-1300 [M]. 2nd ed. Oxford: Clarendon Press, 1997.

[64]ROBINSON F N. The complete works of Geoffrey Chaucer[M]. 2nd ed. Oxford: Oxford University Press, 1983.

[65]SAYLES G O. The medieval foundations of England [M]. New York: Barnes, 1950.

[66]SMITH A. National identity[M]. Columbia: University of Nevada Press, 1991.

[67]SMITH A. Myths and memories of the nation[M]. Oxford: Oxford University Press,1999.

[68]SMITH A. The antiquity of nations[M]. Cambridge: Polity Press, 2004.

[69]STANLEY E G, GRAY D. Five hundred years of words and sounds: a festschrift for Eric Dobson[M]. Cambridge: D. S. Brewer, 1983.

[70]SWAN M, TREHARNE E. Rewriting old English in the twelfth century [M]. Cambridge: Cambridge University Press, 2000.

[71]TAYLOR D, MOGHADDAM F. Theories of intergroup relations: international social psychological perspectives [M]. 2nd ed. Westport, CT: Praeger Publishers, 2010.

[72]THOMAS C. Christianity in Roman Britain to AD 500 [M]. London: Batsford, 1981.

[73]THOMAS H. The English and the Normans: ethnic hostility, assimilation, and identity c.1066-c.1220[M]. Oxford: Oxford University Press, 2005.

[74]TILLER K J. Laȝamon's brut and the Anglo-Norman vision of history[M]. Cardiff: University of Wales Press, 2007.

[75]TREHARNE E. Living through conquest: the politics of early English, 1020-1220[M]. Oxford: Oxford University Press, 2012.

[76]TREVELYAN G M. English social history[M]. London: Longman's, Green and Company, 1942.

[77]TURNER R V. King John: England's evil king? [M]. Stroud: History

Press, 2009.
[78]TURVILLE-PETRE T. England the nation: language, literature, and national identity, 1290-1340[M]. Oxford: Clarendon Press, 1996.
[79]WILSON R M. Early middle English literature[M]. 3rd ed. London: Methuen, 1968.

中文文献

图书

[1]阿尔韦托·曼古埃尔.阅读史[M].吴昌杰,译.北京:商务印书馆,2004.
[2]阿萨·布里格斯.英国社会史[M].陈叔平,等译.北京:商务印书馆,2015.
[3]艾伦·麦克法兰.英国个人主义的起源[M].管可秾,译.北京:商务印书馆,2008.
[4]艾瑞克·霍布斯鲍姆.民族与民族主义[M].李金梅,译.上海:上海人民出版社,2000.
[5]安德鲁·桑德斯.牛津简明英国文学史:上[M].谷启楠,等译.北京:人民文学出版社,2000.
[6]安东尼·史密斯.全球化时代的民族与民族主义[M].龚维斌,良警宇,译.北京:中央编译出版社,2002.
[7]安东尼·史密斯.民族主义:理论、意识形态、历史[M].叶江,译.上海人民出版社,2011.
[8]本尼迪克特·安德森.想象的共同体:民族主义的起源和分布[M].吴叡人,译.上海:上海人民出版社,2011.
[9]比德.英吉利教会史[M].陈维振,周清民,译.北京:商务印书馆,1996.
[10]比德.盎格鲁-撒克逊编年史[M].寿纪瑜,译.北京:商务印书馆,2009.
[11]彼得·伯克.语言的文化史[M].李霄翔,等译.北京:北京大学出版社,2007.
[12]查尔斯·霍默·哈斯金斯.十二世纪文艺复兴[M].张澜,等译.上海三联

书店,2008.
[13]车文博.弗洛伊德原著选辑:上卷[M].沈阳:辽宁人民出版社,1988.
[14]戴维·斯科特·卡斯顿.莎士比亚与书[M].郝田虎,等译.北京:商务印书馆,2012.
[15]戴维·克里斯特尔.英语的故事[M].晏奎,杨炳钧,译.北京:商务印书馆,2016.
[16]厄内斯特·盖尔纳.民族与民族主义[M].韩红,译.北京:中央编译出版社,2002.
[17]G. 昂温,P. S. 昂温.外国出版史[M].陈生铮,译.中国书籍出版社,1988.
[18]高宣扬.布迪厄的社会理论[M].上海:同济大学出版社,2004.
[19]哈里·狄金森.关于“历史分期”问题的讨论[M]//英国史新探:全球视野与文化转向.钱乘旦,高岱,黄硕,译.北京:北京大学出版社,2011.
[20]哈罗德·伊罗生.群氓之族:群体认同与政治变迁[M].邓伯宸,译.桂林:广西师范大学出版社,2008.
[21]J. W.汤普森.历史著作史:上卷[M].谢德风,译.北京:商务印书馆,1988.
[22]克伯雷.外国教育史料[M].任宝祥,等译.武汉:华中师范大学出版社,1991.
[23]费孝通.论人类学与文化自觉[M].北京:华夏出版社,2004.
[24]克里斯托弗·道森.宗教与西方文化的兴起[M].长川某,译.成都:四川人民出版社,1989.
[25]肯尼斯·摩根.牛津英国通史[M].王觉非,译.北京:商务印书馆,1993.
[26]里亚·格林菲尔德.民族主义:走向现代的五条道路[M].王春华,等译.上海:上海三联书店,2010.
[27]李寒梅.日本民族主义形态研究[M].北京:商务印书馆,2012.
[28]李赋宁.英语史[M].北京:商务印书馆,1991.
[29]李艳梅.莎士比亚历史剧研究[M].北京:中国社会科学出版社,2009.
[30]李肇忠.近代西欧民族主义[M].北京:人民出版社,2011.
[31]罗伯特·麦克拉姆,等.英语的故事[M].欧阳昱,译.天津:百花文艺出版

社,2005.

[32]马克思,恩格斯.马克思恩格斯全集:第47卷[M].中共中央编译局,编译.北京:人民出版社,1995-2008.

[33]迈克尔·亚历山大.英国早期历史中的三次危机[M].林达丰,译.北京:北京大学出版社,2008.

[34]尼古拉斯·奥斯特勒.语言帝国:世界语言史[M].章璐,等译.上海:上海人民出版社,2011.

[35]钱乘旦,许洁明.英国通史[M].上海:上海社会科学院出版社,2007.

[36]培根.新工具[M].许宝骙,译.北京:商务印书馆,1984.

[37]屈勒味林.英国史:上[M].钱端升,译.北京:中国社会科学出版社,2008.

[38]莎士比亚.莎士比亚全集[M].朱生豪,等译.北京:人民文学出版社,2009.

[39]史蒂文·罗杰·费希尔.阅读的历史[M].李瑞林,等译.北京:商务印书馆,2009.

[40]苏·赖特.语言政策与语言规划:从民族主义到全球化[M].陈新仁,译.北京:商务印书馆,2012.

[41]塔西陀.阿古利可拉传、日耳曼尼亚志[M].马雍,译.北京:商务印书馆,1959.

[42]特拉斯勒.剑桥插图英国戏剧史[M].刘振前,等译.济南:山东画报出版社,2006.

[43]王承绪.英国教育[M].长春:吉林教育出版社,2000.

[44]王佐良.文艺复兴时期英国文学史[M].北京:外语教学与研究出版社,1996.

[45]王佐良.英国散文的流变[M].北京:商务印书馆,2011.

[46]威利斯顿·沃尔克.基督教会史[M].孙善玲,等译.北京:中国社会科学出版社,1991.

[47]威廉·冯·洪堡特.论人类语言结构的差异及其对人类精神发展的影响[M].姚小平,译.北京:商务印书馆,1999.

[48]肖明翰.英国文学传统之形成:中世纪英语文学研究:上[M].北京:社会科学出版社,2009.

[49]阎照祥.英国政治制度史[M].北京:人民出版社,1999.

[50]张尚莲.英格兰民族语言形成的社会历史根源[M].北京:外语教学与研究出版社,2016.

[51]张焱.语言变异建构社会身份[M].北京:社会科学文献出版社,2013.

[52]朱寰.世界上古中世纪史[M].北京:北京大学出版社,1990.

论文

[1]陈宁.中世纪英国民众文化状况研究[J].历史教学,2006(11):24-28.

[2]陈平.语言民族主义:欧洲与中国[J].外语教学与研究[J].2008(1):4-9.

[3]程冷杰,江振春.英国民族国家形成中的语言因素[J].外国语文[J].2011(3):80-84.

[4]戴曼纯,朱宁燕.语言民族主义的政治功能:以南斯拉夫为例[J].欧洲研究,2011(1):11.

[5]高铁军.近几年国内中世纪黑死病问题研究综述[J].世纪桥,2007(6):95.

[6]侯建新.英格兰的种族、语言和传统探源[J].天津师范大学学报,1995(5):58-63.

[7]江宁康.莎翁历史剧的国家认同意识[J].中国社会科学报,2016(7):19.

[8]李桂芝.罗拉德派和中世纪后期英国社会[D].北京:中国社会科学院,2009:62-63.

[9]李化成.论黑死病对英国人口之影响[J].史学月刊,2006(9):88.

[10]李忠,石文典.当代民族认同研究述评[J].西北民族大学学报,2008(3):24-28.

[11]龙彧.语言与民族身份的认同:以诺曼征服后英语官方语言地位的重获为例[J].湖南科技大学学报(人文社科版),2013(4):173-176.

[12]施诚.中世纪英国国王的借款活动[J].首都师范大学学报(社会科学版),2004(6):38.

[13]孙宏伟.中世纪英国中书法庭的起源和演进[J].首都师范大学学报(社

会科学版),2003(3):31-36.

[14]孙立田.工业化以前英国乡村教育初探[J].世界历史,2002(5):8-17.

[15]王晋新.论近代早期英国社会结构的变迁与重组[J].东北师大学报(哲学社会科学版),2002(5):45.

[16]王晓臣.十四世纪的黑死病与英国社会之变迁[D].苏州:苏州科技学院,2010:27-30.

[17]王宗华.威克里夫〈圣经〉翻译研究[D].济南:山东大学,2014:13-17.

[18]吴应辉.关于民族意识的定义问题[J].黑龙江民族丛刊,1996(1):24.

[19]于文.语言、阅读与出版变迁:论威廉·卡克斯顿的出版史意义[J].中国出版,2012(23):68-71.

[20]约翰·费瑟.英国出版业的创立[J].张立,周宝华,译.编辑之友,1990(1):73.

[21]岳蓉."英国民族国家的形成"研究述评[J].史学月刊,2002(8):5-11.

[22]张加明.诺曼征服与中世纪英语[J].河南大学学报(社会科学版),2004(3):133-136.

[23]张炜.印刷媒介与15、16世纪英国社会变迁[D].北京:中国社会科学院,2009:146.

后　记

时光荏苒，不知不觉从浙江大学毕业已四年有余。在将博士论文修改出版之际，蓦然回首写作历程，觉得有千言万语，却又不知从何说起。

一切都源于我的史学之梦。直到2013年，我还是湖北一所地方高校外语系的年轻教师，教授英语语言和文学。但长久以来，我一直怀揣着“通古今之变”的史学梦想。在成为英语教师之后，这种愿望不但没有削弱，反而越来越强烈。西方语言的背后是多姿多彩的西方文化，还有广博深邃的西方思想。这一切都要在历史之中去寻找。抱着这个信念，我决定报考西方文明史的博士。其间虽有一些波折，但2013年我终于考上了浙江大学世界史专业的博士研究生，得以追寻自己的史学之梦。

转瞬之间，四年已经过去，我顺利地完成了博士学位论文的写作。论文写作的整个过程，真可谓是如鱼饮水，冷暖自知。论文选题是语言与英国民族认同的联系，本来下笔之前感觉思路已经比较清晰，可是真正下笔才懂得博士论文写作的艰辛。从资料收集到谋篇布局，无一不充满了困难和挑战。到了论文写作的后半程，因为时限将近而引发的焦虑和失眠常常伴随着我，其中滋味不足为外人道。也许这篇论文的写作尚有很大的改善余地，但这段艰难的探索历程必将是我人生中永难忘记的一次历练。幸运的是，师友至亲的关心和陪伴，使得这一艰难的路途不至于成为一场孤独的冒险旅程。

入学前，我虽然有着强烈的学习动机，但从未接受过专业史学训练，以至于在开学之初就陷入迷茫之中。这时，我的导师董小燕教授给了我最大的帮助和支持。当我迷失在西方历史的汪洋之中时，她总是能以广博的学识和清醒的头脑给予我适当的指导。平时，她要求我定期写读书报告，然后仔细修改，耐心教我史学文章的写法。在正式进入学位论文写作阶段后，董老师更是定期与我交流,为我答疑解难。学位论文的顺利完成,与董老师细致入微的指导和谆谆教诲是分不开的。此外,我还要感谢浙江大学人文学院历史系世界史所的诸位师长。吕一民教授在我决定报考浙江大学博士生时给予了极大的鼓励和支持,他的严谨治学态度对我影响很大。刘国柱教授时常关心我的学习和论文写作,并提出宝贵意见。乐启良教授在繁忙的科研之余,对我论文写作的全过程都给予了指导和帮助,平时常常抽时间和我讨论论文,并对我的论文初稿提出了建设性的批评意见。

在浙江大学求学的四年中,诸位同窗也对我多有照顾和帮助。江晟不时与我讨论论文写作的经验和体会,鼓励我加快写作进度。杨磊则向我提供相关的文献资源和学术信息,并提醒我扩宽研究角度。研究所的学弟和学妹常邀我去一起爬山,以舒缓论文写作的压力。写作期间和浙江大学传媒与国际文化学院的彭英龙每日在西溪校区的学术散步,言谈中尽显书生意气。虽然搬到紫金港校区后与同学的交流少了很多,但同窗之情早已融入求学经历之中,自难忘怀。

在浙江财经大学任教期间,我在外语学院领导的支持下得以教授与专业方向相关的西方历史文化课程,使自己的教学和研究可以相互促进。院长黎昌抱教授关心我的教学和科研工作,对本书的出版给予了热情的支持和帮助,在此一并谢过。

博士论文的写作过程是一个充满困难和挑战的过程,亲情支持尤其重要。虽然父母文化程度不高,但他们性格爽朗坚强,一直默默支持我的学习和工作。亲情也激发了我面对困难的勇气,使我能够顺利走完艰难的读博旅程,因此这本书也应该献给我的家人。

最后,史海无涯,笔者自知学力有限,书中不当之处还请方家不吝赐教。

侯明华

2021年3月20日

于杭州钱塘望江楼踯躅斋